# 7세기 신라 정치사의 이해

# 7세기 신라 정치사의 이해

박 명 호

景仁文化社

# 목 차

# 제1장
# 머리말

신라사에서 中代는 『삼국사기』의 시기구분 용어이다.[1] 이에 따르면 중대인 태종무열왕(654~661)부터 혜공왕(765~780) 때까지를 전후시기인 上代·下代와 구분하였다. 『삼국유사』는 上古와 中古에 이어 태종무열왕 이후를 下古라 하였다.[2] 시기구분에 약간의 차이를 보이지만, 두 사서 편찬자 모두 聖骨에서 眞骨로의 왕계의 변화가 있는[3] 7세기 태종무열왕 때를 중요한 변화의 시기로 인식하고, 신라사 시대구분의 기준점으로 삼았다.

신라사의 시대구분에서[4] 중대는 진골로의 왕계 변화와 맞물려 태종무열왕과 문무왕 시기에 치열하게 전개된 주변 국가와의 전쟁을 거쳐, 이른바 신라통일기[5]가 시작되었던 시기이기도 하다.

---

1) '國人自始祖至此 分爲三代 自初至眞德二十八王 謂之上代 自武烈至惠恭八王 謂之中代 自宣德至敬順二十王 謂之下代云.'(『삼국사기』 권12, 신라본기12 경순왕 9년).

2) '第二十八眞德女王 … 已上中古聖骨 已下下古眞骨.'(『삼국유사』 왕력28 진덕여왕).

3) '國人謂始祖赫居世至眞德二十八王 謂之聖骨 自武烈至(永)末王 謂之眞骨.'(『삼국사기』 권5, 신라본기5 진덕왕 8년).

4) 末松保和, 1954, 「新羅三代考」, 『新羅史の諸問題』, 東洋文庫 ; 신형식, 1977, 「신라사의 시대구분」, 『한국사연구』 18 ; 신형식, 1995, 「신라사의 시대구분 문제」, 『한국사의 시대구분에 관한 연구』, 한국정신문화연구원.

5) 백제, 고구려, 당과의 전쟁 승리 후 신라사에서는 이른바 '통일신라시대'가 시작된다. 그러나 얼마 후 699년 발해의 건국으로 남북국시대로 칭하는 것이 일반적이다. 이러한 시각에 대해서는 동의하지만, 이 글의 주내용이 신라 중대 사회 내부의 변화

이러한 시기적 변화를 반영하듯 중대에 대한 논의 중 가장 많은 비중을 차지하는 것은 정치사 분야였다.[6] 즉 왕계의 변화와 함께 정치세력의 변동을 수반하는 당시의 정치적 특징을 고려하여 중대사회의 특징을 추출하는 연구가 이루어졌다.

일찍이 상대등에 대한 연구가 이루어졌지만,[7] 중대 정치사 연구에서 빼놓을 수 없는 것은 이기백의 신라 혜공왕대의 정치적 변혁에 관한 연구였다.[8] 사실 이 글은 중대로부터 하대로의 전환을 이해하고자 하는 것이 목적이었다.[9] 그렇기 때문에 중대에 대한 논의가 중심이 아닌 하대로의 전환을 설명하는 과정에서 중대를 설명하기 위해 '專制主義' 용어를 사용하였다.[10] 그러나 그 용어 사용에 대한 설명이나 개념 정의는 없었다.[11]

이 연구 이후 專制王權은 신라 중대를 가리키는 용어로, 또는 신라 중대사회를 이해하는 용어로 굳어져 버렸다고 할 수 있다. 이후 '大等', '景

---

와 체제 등이므로 시기를 표기할 필요가 있는 경우에는 신라통일기로 표기한다.

6) 이에 대해서는 기존의 연구성과를 정리한 글들에서도 확인이 된다(배종도, 1995, 「전제왕권과 진골귀족」, 『한국역사입문』 2 ; 이영호, 1999, 「통일신라 정치사 연구의 현황과 방향」, 『백산학보』 52 ; 정운용, 2006, 「신라 중대의 정치」, 『한국고대사입문』 3, 신서원).

7) 전봉덕, 1956, 「신라 최고관직 상대등론」, 『법조협회잡지』 5-1·2·3 ; 전봉덕, 1968, 『한국법제사연구』, 서울대출판부.

8) 이기백, 1958, 「신라 혜공왕대의 정치적 변혁」, 『사회과학』 2 ; 이기백, 1974, 『신라정치사회사연구』, 일조각.

9) 이기백, 1974, 앞의 책, 229쪽.

10) 구체적으로 논문의 내용을 살펴보면 '비록 景德王의 고집 -專制主義-으로 嗣位는 하였으나', '과거의 眞骨貴族의 聯合을 부정하고 왕권의 專制化를 촉진시키는 경향', '武烈王 이후의 專制主義的 경향', '武烈王系의 專制主義的 경향', '中代의 專制主義的 경향', '專制主義的 경향에서 貴族聯合的 혹은 貴族聯立的인 것으로의 政治體制의 변경' 등으로 서술하였다(이기백, 1974, 앞의 책, 231쪽 주10 및 246·247·251·252쪽).

11) 신형식, 1985, 앞의 책, 111~112쪽.

德王代', '上大等', '執事部'[12] 등에 대한 논의를 통해 중대를 '專制化', '專制的', '專制主義', '專制主義的', '專制的 王權', '專制王權', '專制君主', '專制主義的 政治體制' 등의 용어를 사용하여 설명하였지만 이론적 토대와 개념 설명은 없었다.

이후 중대의 정치운영에 대한 논의가 이루어졌는데,[13] 이러한 과정에서 이기백에 의해 제시된 '전제왕권'에 대한 검토와 비판이 이루어졌다.[14] 그 논의와 시각은 다양하게 나타났는데, 중대를 전제왕권 시기로 보는 견해,[15] 중대에 이어 하대에도 전제왕권의 모습이 보인다는 견해,[16] 골품제에 의한 규제에 주의하여 국왕의 권력이 강하다고 해서 그것을 전제적이라 일괄 파악하기는 곤란하다는 견해[17] 등이 제기되었다.[18]

---

12) 이기백, 1962, 「대등고」, 『역사학보』 17·18합집 ; 이기백, 1962, 「경덕왕과 단속가·원가」, 『한국사상』 5 ; 이기백, 1962, 「상대등고」, 『역사학보』 19 ; 이기백, 1964, 「신라 집사부의 성립」, 『진단학보』 25·26·27합집. 이상의 글들은 이기백, 1974, 『신라정치사회사연구』, 일조각에 재수록.

13) 신형식, 1977, 「무열왕권의 성립과 활동」, 『한국사논총』 2 ; 신형식, 1984, 『한국고대사의 신연구』, 일조각 ; 이명식, 1989, 「신라 중대왕권의 전제화과정」, 『대구사학』 38.

14) 신형식, 1985, 앞의 책 ; 신형식, 1990, 『통일신라사연구』 ; 이기동, 1980, 「신라 중대의 관료제와 골품제」, 『진단학보』 50 ; 이기동, 1984, 『신라 골품제사회와 화랑도』, 일조각 ; 이기동, 1991, 「신라 홍덕왕대의 정치와 사회」, 『국사관논총』 21 ; 이기동, 1997, 『신라사회사연구』, 일조각 ; 이영호, 1990, 「신라 혜공왕대 정변의 새로운 해석」, 『역사교육논집』 13·14합집 ; 이영호, 1992, 「신라 귀족회의와 상대등」, 『한국고대사연구』 6 ; 이인철, 1991, 「신라의 군신회의와 재상제도」, 『한국학보』 65 ; 이인철, 1993, 『신라정치제도사연구』, 일지사.

15) 김수태, 1996, 『신라중대정치사연구』, 일조각.

16) 신형식, 1990, 「신라 중대 전제왕권의 전개과정」, 『산운사학』 4, 산운학술문화재단 ; 신형식, 1990, 「신라 중대 전제왕권의 특질」, 『국사관논총』 20. 이상의 글들은 신형식, 1990, 『통일신라사연구』, 삼지원에 재수록.

17) 이기동, 1997, 앞의 책.

18) 전제왕권과 관련된 그 동안의 논의는 김영하, 2007, 「신라 중대의 전제왕권론과 지배체제」, 『한국 고대사 연구의 새 동향』, 서경문화사, 281~283쪽 참조.

이후 1990년대에 들어 이러한 비판에 대한 이기백의 재반론과 논지 보완이 이어졌다.[19] 이러한 일련의 글들은 그동안 이루어진 전제정치 비판에 대한 반박이라 할 수 있는데, '전제'와 관련하여 여러 용어들이 혼재되어 사용되다가 이때에 이르러 개념 등의 정리가 이루어졌으며, 용어도 '전제정치'로 정리되었다. 전제정치는 단순한 君主政治, 혹은 君主制 아래의 귀족정치와는 구별이 되며, 한 사람의 군주에게 권력이 집중되어 있는 정치형태를 말한다.[20]

그러나 이후에도 여러 연구자들에 의해 계속적인 갑론을박이 이어졌는데, 이론적 배경의 검토와 사학사적 접근을 통해 전제정치[전제왕권]에 대한 문제점과 한계를 제시하였다.

먼저, 하일식은 '전제주의'는 귀족과의 역학관계만을 분석한 결론으로 보고, 사회와 역사에 대한 구조적 인식이 결한 상태에서 나온 하나의 견해라고 비판하였으며,[21] 전덕재는 논리적인 측면과 실증적인 측면으로 몇 가지 문제점을 제기하고, 지배세력의 사회경제적 기반에 대한 철저한 분석이 뒤따르지 않아서였다고 보았다.[22]

전덕재는 이와 함께 기존의 '전제왕권론'에 대한 비판이 그 미비점을 지적하는 정도에 그쳤을 뿐, 결코 대안을 제시하는 생산적인 논쟁이 아니었음을 지적하였는데,[23] 이와 관련되어 중고기와 중대를 동질적인 고대

19) 이기백, 1993, 「신라 전제정치의 성립」, 『한국사 전환기의 문제들』, 한국사연구회 편, 지식산업사 ; 이기백, 1993, 「통일신라시대의 전제정치」, 『한국사상의 정치형태』(이종욱 외), 일조각 ; 이기백, 1995, 「신라 전제정치의 붕괴과정」, 『학술원논문집-인문·사회과학편』 34. 이상의 글들은 이기백, 1996, 『한국고대정치사회사연구』, 일조각에 재수록.

20) 이기백, 1996, 앞의 책, 254~256쪽.

21) 하일식, 2006, 「신라 '전제정치'의 개념에 관하여」, 『신라 집권 관료제 연구』, 혜안, 314~322쪽.

22) 전덕재, 2009, 「이기백의 사학과 한국고대사연구」, 『한국고대사연구』 53, 110~118쪽.

사회로 보는 것을 부정하고, 중대는 骨品貴族의 관료화를 통한 중앙집권적 골품귀족관료체제가 성립된 사회로 보는 견해가[24] 있다.

김영하는 전제왕권론은 왕과 귀족 또는 관료의 권력관계로 구성된 전근대사회의 통시적 정치체제에 대해 토대를 배제한 채 이루어진 성격규정은 그만큼 편의적일 수밖에 없다고 하였다. 즉 전제왕권의 개념에서 긴요한 민에 대한 성격 규정을 결여한 문제점이 있다고 파악하였다.[25]

이러한 논의들은 신라 중대 정치사 연구에 좀더 진전된 논의를 이끄는 계기가 되었으며, 아울러 연구자들에게 '전제왕권'이라든가 '전제'라는 용어 사용에 주의를 환기시켜 이후 중대사회를 이해하는 데에 더욱 다양한 시각을 제공하는 역할을 하였다고 할 수 있다. 최근까지도 많은 연구자들이 구체적인 정치양상과 실질적인 국가제도의 분석 등등을 통해 중대사회를 이해하고 개념화하면서 신라사회의 성격규명에 일조를 하고 있다. 하지만 아직도 많은 주장과 견해들이 혼재되어 있으며, 이러한 논란의 중심은 여전히 '전제왕권[정치]'이라고 할 수 있다.

이 글에서는 신라 중대를 중심으로 7세기 신라 국가운영체제의 변동이라는 시각에서 접근하였다. 지배체제란 왕조국가가 다양한 제도와 정책을 통해 국가를 운영하는 틀이라고 할 수 있다. 이런 경우 체계적인 통치·지배라는 면에서 왕조보다는 국가라는 성격에 더 어울리는 용어라고 할 수 있다.

1990년대 이후 다양한 관점에서 중대의 지배체제 이해를 위한 논의들이 이미 이루어졌다.[26] 이러한 논의에서는 삼국통일 후에도 신라 지배층

23) 전덕재, 2009, 앞의 논문, 110~118쪽.
24) 김영하, 2004, 「신라 중대왕권의 기반과 지향」, 『한국사학보』 16 ; 김영하, 2007, 『신라중대사회연구』, 일지사.
25) 김영하, 2007, 앞의 책, 160~161쪽.

은 정치체제 운영의 원리에 근본적인 변화를 추구하지 않았다는 견해와[27] 중대 이후의 일정 시기를 동질의 사회로 이해한 시각으로[28] 차이를 보이긴 하지만, 전체적으로 정치체제뿐만 아니라 관료제, 대민지배, 통치조직 등을 통해 중대에 대한 총체적인 시각을 제시하였다.

신라 중대의 지배체제를 구성하는 다양한 모든 요소들을 검토하기는 힘들다. 따라서 이 글에서는 7세기 신문왕대를 중심으로 주로 권력의 집중화, 진골귀족의 관료화, 중앙관부와 지방제도의 정비 내용을 바탕으로 크게 '권력구조', '통치조직', '정치세력'이란 관점으로 나누어[29] 검토하고자 한다. 이 중 관료화와 통치조직의 완비에 중점을 두고 논의를 전개할 것이다.

이를 위해 첫째, 권력구조 면에서 국왕과 진골귀족의 관계변화 양상을 관료화와 권력의 집중화 과정을 통해 살펴보겠다. 신라에서 권력구조란 중고기에는 골품제를 바탕으로 (성골)왕족과 진골귀족 중심의 정치구조라고 할 수 있을 것이다. 이 중 '골품제'가 신라 멸망 때까지 지속되었다는 사실에 주의한다면 골품제는 권력구조의 불변 요소이다. 그런 면에서 일찍이 신라사회의 특징인 골품제에 대한 논의가 이루어졌음은[30] 긍정적이다.

---

26) 강봉룡, 1994, 「신라 통일기의 지배체제」, 『역사와 현실』 14 ; 한국역사연구회, 1994, 「종합토론문 : 신라통일기의 사회성격」, 『역사와 현실』 14 ; 하일식, 1996, 「신라 정치체제의 운영원리」, 『역사와 현실』 20 ; 하일식, 2001, 「삼국통일후 신라 지배체제의 추이」, 『한국고대사연구』 21 ; 김영하, 2007, 앞의 책 ; 김영하, 2007, 앞의 논문.

27) 하일식, 2001, 앞의 논문, 124~125쪽.

28) 김영하, 2007, 앞의 책, 161쪽.

29) 배종도는 신라 정치사의 연구현황을 이와 같이 나누어 살펴보았다(배종도, 1995, 「전제왕권과 진골귀족」, 『한국역사입문』 2).

30) 이기동, 1984, 앞의 책 ; 이종욱, 1999, 『신라골품제연구』, 일조각.

이러한 권력구조를 이해함에 가장 많은 논의가 이루어진 것은 上大等과 執事部(中侍)였다. 특히 상대등과 집사부는 전제왕권이라는 용어와 맞물려 전제왕권을 보여주는 시금석으로까지 인식되어졌다. 그래서 상대등과[31] 집사부의[32] 성격과 기능에 대한 논의가 중점적으로 이루어졌다. 상대등과 집사부에 대한 논의가 중대를 이해하는 데에 많은 도움을 준 것은 사실이다. 그러나 한편으론 거기에 매몰되어 버림으로서 전체 중대사회의 실질적인 모습과는 괴리가 생겼고, 일부 관직과 관부를 통해 중대의 권력구조를 이해하는 시각을 보여줬다.

그밖에 신라 관부 중 가장 먼저 설치된 병부의 병부령에 대한 논의도 활발히 이루어졌다.[33] 이러한 초기 연구들은 중대 정치사 연구의 특징을 잘 보여줬는데, 관부 자체에 대한 연구보다는 사료에 보이는 인물 등에 집중하는 경향을 보였다. 이것은 물론 사료의 한계에 따른 자연스러운 경향이기도 하지만, 한편으론 구조적인 접근보다는 정치세력간의 다툼으로 보는 시각이 그대로 노출된 것이다. 이러한 접근방법이 현재에도 유효하게 유지되는 것은 아마도 초기의 이러한 경향에서 기인하는 듯하다.

집사부 등등을 제외하고 기타 관부에 주의를 가지고 논의를 진행한 연

31) 이기백, 1962, 앞의 논문 ; 김영미, 1988, 「성덕왕대 전제왕권에 대한 일고찰 - 감산사 미륵상·아미타불명문과 관련하여」, 『이대사원』 22·23합집 ; 이인철, 1991, 「신라의 군신회의와 재상제도」, 『한국학보』 65 ; 이영호, 1992, 「신라 귀족회의와 상대등」, 『한국고대사연구』 6.

32) 이기백, 1964, 앞의 논문 ; 신형식, 1985, 앞의 책 ; 이기백, 1993, 「통일신라시대의 전제정치」, 『한국사상의 정치형태』, 일조각 ; 이기동, 1991, 「신라 흥덕왕대의 정치와 사회」, 『국사관논총』 21.

33) 井上秀雄, 1962, 「新羅政治體制の變遷過程-門閥貴族の集團支配と專制王權」, 『古代史講座』 4(石母田正 外), 學生社 ; 신형식, 1974, 「신라 병부령고」, 『역사학보』 61 ; 김철준, 1975, 「신라 고대국가의 발전과 그 지배체제」, 『한국고대국가발달사』, 한국일보사.

구자는 그리 많지 않다. 신형식은 진덕왕·문무왕 시기에 설치된 左理方府와 外司正 등 법률·감찰 기능에 주목하였고,[34] 이정숙은 內省의 설치를 전제왕권의 성립시기로 파악하였다.[35]

그런 면에서 관부의 구조와 체계에 대한 연구방향은 바람직하다. 신형식은 중앙의 일급 행정관부가 직능상 분화되어 있으며, 관부들은 병렬적으로 왕과 직접 연결되어 있으므로 귀족관료의 권한을 약화시키고 국왕권을 제도적으로 강화시켰다고 보고 있다.[36] 그 외에도 관부의 조직체계에 대한 논의,[37] 관부와 관련된 장관의 복수제와 겸직제,[38] 정치세력간의 관계 규명을 통해 중대 정치사를 이해한 연구도[39] 전제왕권 논쟁의 연장선상에서 이루어졌다.

성골에서 진골로의 왕계 변화가 중고기와 중대의 구분기준임을 전제하면, 지금까지의 중대사회에 대한 논의에서 정치사가 중심이었던 것은 당연하였다. 이는 중앙관부의 성립과 발전과정, 관부·관직 관련 인물들에 대한 논의를 통해 구체화되었다고 할 수 있다. 이러한 접근은 더 나아가 왕권과 정치세력과의 관계인 권력구조와 정치체제의 논의로까지 파급, 확산되어 나아갔다. 결국 신라 중대에 있어 권력구조 변화의 핵심은 국왕과 진골귀족과의 관계변화 양상이었다.

---

34) 신형식, 1990, 앞의 책.
35) 이정숙, 1986, 「신라 진평왕대의 정치적 성격 -소위 전제왕권의 성립과 관련하여」, 『한국사연구』 52.
36) 신형식, 1985, 앞의 책 ; 신형식, 1990, 앞의 책.
37) 이기동, 1980, 「신라 중대의 관료제와 골품제」, 『진단학보』 50.
38) 井上秀雄, 1962, 앞의 논문 ; 신형식, 1990, 「신라 중대 전제왕권의 특질」, 『국사관논총』 20 ; 이문기, 1984, 「신라시대의 겸직제」, 『대구사학』 26 ; 이인철, 1993, 「신라 율령관제의 운영」, 『신라정치제도사연구』, 일지사.
39) 이영호, 1995, 『신라 중대의 정치와 권력구조』, 경북대박사학위논문 ; 김수태, 1996, 앞의 책 ; 박해현, 2003, 『신라 중대 정치사 연구』, 국학자료원.

중대 왕권은 전쟁 수행을 통해 권력의 집중화를 시도하였고, 통치조직의 정비와 여러 정책을 통해 진골귀족의 서열화·관료화를 추구하였다. 이 글에서는 이를 중대 권력구조의 변화상과 특징을 드러내는 일면으로 파악하고자 한다.

둘째, 통치조직 면에서 중앙관부뿐만 아니라 지방제도를 함께 검토하여 국가기구를 통한 지배체제의 강화라는 관점으로 살펴보겠다. 통치조직이란 국가운영을 위한 실질적인 조직으로 각각의 제도 설치와 그 운영조직일 것이다. 그동안 중앙관부는 상대등과 집사부(중시)·병부령 등 일부 관부·관직과 관련 인물들을 중심으로 논의가 이루어졌다.[40] 즉 상대등과 중시에 임명된 인물들의 정치적 관계에 집중하거나, 친왕파·반왕파라는 시각 등등은 국왕에 의해 임명된 관료들이라는 기본적인 사실을 간과하고 대립적인 관계로 파악하는 경향을 보여줬다. 이것은 경우에 따라 한 관직과 관부를 통해 중대 전체의 권력구조를 이해하는 경향까지 낳았으며, 이에 대해서는 이미 비판이 있었다.[41]

이런 점에서 상대등과 집사부의 검토를 통해 '전제왕권', '전제정치' 용어가 사용되기 시작하였다는 점은 그 용어 사용의 부적절한 면을 드러냈다. 1950·1960년대 이후 한국고대사 연구성과에서 신라 중대의 이해를 위한 용어로서 그 가치는 충분히 발휘했다고 본다. 그리고 여러 연구성과

---

40) 이기백은 신라의 정치형태가 귀족연합정치에서 전제정치를 거쳐 귀족연립정치로 발전해갔다고 주장하며, 상대등과 집사부에 대한 구체적인 검토를 통해 얻은 결론이라고 하였다(이기백, 1996, 『한국고대정치사회사연구』, 일조각, 329쪽).

41) 이영호는 '인간활동을 유형화'함으로서 역사해석을 경직화시킬 우려가 있다고 보았다(이영호, 1990, 「신라 혜공왕대 정변의 새로운 해석」, 『역사교육논집』 13·14합집, 358쪽). 이에 대해 이기백은 전제정치의 지지자인가 귀족정치의 지지자였는가를 가려서 그 성격에 따르는 유형화를 할 필요가 있으며 반드시 해야만 하는 작업이라고 하였다(이기백, 1996, 『한국고대정치사회사연구』, 280~281쪽).

들이 축적된 현재에 그 용어 사용의 문제는 어느 정도 드러났다고 생각한다.

이에 이 글에서는 통치조직의 정비와 완비가 지배체제의 구조 강화와 짝을 이루는 실질적인 요소라고 파악하고, 중앙관부뿐만 아니라 지방제도인 주군현제의 정비과정도 함께 살펴보겠다. 즉 중대 이후 주군현을[42] 통한 통치영역의 획정이라는 면과 함께 그 정비 방향이 일정하게 권력구조를 변화시키는 요소로 작용을 하였다면 지배체제라는 관점에서[43] 지방제도를 바라보아야 한다는 것이다. 이러한 접근방식은 지배체제를 강화하는 방법으로써 국가조직기구의 역할에 중점을 둔 것이다.

이와 관련하여 신라 중대의 祿邑의 폐지와 부활은 흥미로운 사실이다. 녹읍이 지역지배가 허용되는 관료보수였다면, 지방제도를 완비하고자 하는 노력은 이전의 녹읍과 같은 지역지배를 더 이상 허용하지 않겠다는 의미였다. 이를 위해 먼저 통치영역을 정비하고 중고기의 관료보수였던 녹

42) 이미 주군현에 대한 연구성과는 이루 헤아릴 수 없을 만큼 많은 연구성과가 이루어졌다. 대강을 살펴보아도 다음과 같다.
藤田亮策, 1953,「新羅九州五京巧」,『朝鮮學報』5, 朝鮮學會 ; 木村誠, 1976,「新羅郡縣制の確立過程と村主制」,『朝鮮史研究會論文集』13, 朝鮮史研究會 ; 이종욱, 1980,「신라장적을 통하여 본 통일신라의 촌락지배체제」,『역사학보』86 ; 주보돈, 1989,「통일기 신라 지방통치체제의 정비와 촌락구조의 변화」,『대구사학』37 ; 주보돈, 1998,『신라 지방통치체제의 정비과정과 촌락』, 신서원 ; 이문기, 1990,「통일신라의 지방관제 연구」,『국사관논총』20 ; 강봉룡, 1994,『신라 지방통치체제연구』, 서울대박사학위논문 ; 강봉룡, 1999,「통일신라 주군현제의 구조」,『백산학보』52.
그간의 연구성과는 김갑동, 1986,「신라 군현제의 연구동향 및 그 과제」,『호서사학』14, 호서사학회 ; 노중국, 1990,「국사학 연구의 현황과 과제 -통일신라의 지방통치조직의 편제를 중심으로-」,『한국학논집』17, 계명대 한국학연구원 ; 박명호, 2006,「신라의 지방통치와 촌」,『한국고대사입문』3, 신서원 참조.

43) 강봉룡, 1994, 앞의 논문 ; 하일식, 2001, 앞의 논문 ; 김영하, 2004, 앞의 논문 ; 2007, 앞의 논문.

읍을 전면적으로 폐지한 것이었다. 이 글에서 녹읍의 폐지와 부활을 중대 지배체제 이해의 중요 요소로 파악하는 것은 이러한 이유 때문이다.

셋째, 정치세력간의 관계와 그 양상을 권력구조와 통치조직 내에서 이해하고자 한다. 권력구조와 통치조직을 구성하는 정치세력은 중대뿐만 아니라 어느 시기에서도 가장 중요한 요소일 것이다. 왕조국가 내의 정치세력간의 정쟁은 항상 존재하였다. 그러나 정치세력을 친왕파·반왕파의 논리로 이해함은 문제가 있다.[44] 정치세력간의 대립구도는 현상을 이해함에는 도움이 되지만, 그러한 권력다툼이 왜 장기간 지속되는지에 대한 물질적·사회적 기반에 대한 규명도 필요한 것이다.[45]

즉 그 양상과 성격은 왕조에 따라, 시기에 따라 차이점이 있고, 그 시기를 이해하는 많은 내용을 함축하고 있다. 그러나 그것으로 한 시대를 이해하고 규정함에는 한계가 있다. 따라서 그러한 면과 함께 신라사 전체의 권력구조와 통치조직 안에서 살펴보아야 한다.[46] 특히 중대의 국왕이 진골 신분이었음이 기본적인 이해의 전제이다. 그런 면에서 중고기와는 달리 국왕을 정점으로 하여 다른 진골귀족세력들을 관료화하고자 하는 노력은 이와 같은 정치세력을 변화시키고자 하는 중대 왕권의 모습일 것이다.

이상의 내용들을 구체적으로 살펴보기 위해, 먼저 제2장에서는 중대 왕권의 시작점인 태종무열왕과 문무왕대의 권력의 집중화 과정을 진골귀족과의 관계에서 살펴보고자 한다. 이를 위해 먼저, 중대의 개창자인 김춘추의 정치성향을 선덕·진덕왕대의 활동을 통해 다시 한번 검토하고, 진덕

44) 하일식, 1996, 「신라 정치체제의 운영원리」, 『역사와 현실』 20, 36~37쪽.
45) 배종도, 1995, 앞의 논문, 47~48쪽.
46) 하일식은 이와 관련하여 향후의 신라 정치사 연구가 질적인 발전을 이루기 위해서는 '왕권론'을 벗어나서 토지와 인민을 포괄하는 지배체제를 염두해 둔 인식방법, 즉 '왕권론'에서 '지배체제론'으로 전환이 필요하다는 견해를 제시하였다(하일식, 1996, 앞의 논문, 37쪽).

왕대의 관부 정비와 한화정책이 가지는 정치적 의미도 살펴볼 것이다. 그리고 치열한 전쟁기인 태종무열왕과 문무왕대의 전쟁수행 모습을 통해 권력집중의 과정과 그 모습을 파악하고자 한다.

제3장에서는 신문왕대에 진행된 일련의 정책을 진골귀족의 관료화라는 관점에서 살펴볼 것이다. 이를 위해 먼저 신문왕 원년에 발생한 김흠돌의 모반을 통해 당시의 정치현실과 관료화 모습을 확인하겠다. 이어 687년의 문무관료전 분급, 689년 녹읍의 폐지와 歲租 지급 등 중대에 들어 정비된 보수체계의 의미와 그 성격을 살펴볼 것이다. 문무관료전과 녹읍의 이해는 많은 연구자들의 관심주제인데, 이러한 중대 관료보수체계의 정비는 변화된 중대사회에 조응하는 결과물이며, 진골귀족들을 관료화하고자 하는 경제적·정치적 배경으로 작용하였을 것이다.

제4장에서는 전쟁 승리 후 확장된 영역과 民을 지배하기 위한 신문왕대 통치조직의 정비 과정을 정리하였다. 주로 중앙관부와 지방제도의 정비현황과 그 특징을 살펴볼 것인데, 중앙관부의 정비에서는 관료화의 목적이 투영되어 있었음을, 지방제도는 민의 직접지배를 위한 행정적 성격이 강해졌음을 말하고자 한다. 또한 구체적인 제도의 정비과정을 통해 신문왕대의 제도 정비가 일정한 계획 아래에 순차적으로 실시되었으며, 이후 신문왕대의 정책 실행을 위한 기반으로 작용하였음을 서술하고자 한다.

제5장에서는 8세기 신라사회의 재정난과 관련하여 경덕왕 16년(757)의 녹읍 부활의 배경과 혜공왕대의 정치적 혼란을 당시 모반의 내용을 중심으로 살펴보고자 한다. 이를 위해 7세기 효소왕 이후 자연재해와 재정난 등을 확인하고, 이를 극복하기 위한 각 국왕의 국정운영의 모습을 살펴볼 것이다. 결국 경덕왕의 재정난 극복을 위한 현실적인 정책이 녹읍 부활이며, 이것은 권력구조라는 면에서 진골귀족의 경제적·정치적 입지를 강화하는 결과를 가져왔을 것이다. 그런 면에서 혜공왕대의 중대 왕권의 붕괴

는 혜공왕대의 정치적 혼란과 함께, 지속적인 재정난이라는 현실적 이유와 녹읍 부활이라는 정치경제적 정책 실시의 배경 속에서 이해할 수 있는 일면이 있음을 논하겠다.

# 제2장
# 중대 왕권의 성립과 중앙집권화

신라 중대의 개창자인 김춘추의 모습은 『삼국사기』에서 선덕왕 11년(642)에 처음으로 확인할 수 있다. 이후 고구려와 당에 請兵使臣으로 가면서 점차 정치적인 성장을 하였고, 654년 진덕왕의 사후에 진골로는 처음으로[1] 왕의 자리에 올랐다. 따라서 김춘추의 등장과 활동에 대한 검토는 7세기 신라 중대의 지배체제 내용과 성격들을 살피기 위한 전제라 할 수 있다.

이를 위해 먼저 선덕왕·진덕왕대 김춘추의 활동을 통해 그의 정치성향을 재검토하고자 한다. 특히 선덕왕 11년(642)의 大耶城의 상실 이후 그의 정치적 활동이 보이기 시작했음에 주의하였다. 그런 면에서 선덕왕 11년을 기준으로 김춘추의 정치성향은 달리 볼 여지가 있으며, 이러한 이해 속에서 선덕왕대의 고구려, 진덕왕대의 唐으로의 청병활동은 그의 정치적 성장과 짝을 이루어 진행되었음을 확인하고자 한다.

이어서 진덕왕대에 진행된 한화정책과 관부 정비의 방향을 살펴보겠다. 이에 대해서는 이미 많은 연구자들의 연구성과가 있는데, 주로 당나라와의 관계와 中代 왕권의 입지 강화에 초점이 맞추어져 있다고 할 수 있다.[2] 이러한 시각은 적절하며, 결과적으로 무열왕계의 왕위 승계에 주

1) '國人謂始祖赫居世至眞德二十八王 謂之聖骨 自武烈至末王 謂之眞骨.'(『삼국사기』 권5, 신라본기5 진덕왕 8년).

2) 김영하, 1988, 「신라 중고기의 정치과정시론」, 『태동고전연구』 4 ; 김영하, 2002, 『한국고대사회의 군사와 정치』, 고려대 민족문화연구원 ; 남동신, 1992, 「자장의 불교사상과 불교치국책」, 『한국사연구』 76 : 주보돈, 1993, 「김춘추의 외교활동과 신

요한 영향을 준 정책들이라 할 수 있다. 즉 선덕왕 16년(647)에 毗曇·廉宗의 난을 진압한 이후 당의 청병 허락(648), 한화정책(649~651), 관부 정비(652)라는 진덕왕대의 순차적인 정치과정은 김춘추세력에 의해 다양한 정치적 포석을 두고 진행되었다.

먼저, 진덕왕대의 정치적 과정은 성골인 '여왕의 권위 세우기'를[3] 통해, 김춘추와 김유신세력이 다른 진골귀족세력들을 정치적으로 서열화하고, 한편으론 중앙관부의 정비를 통해 중대 왕권의 기반을 형성하고자 하였음을 살펴보겠다. 특히 진골귀족세력을 국왕 아래에 서열화하는 과정으로써 관부에 신설된 실무관직인 大舍에 주목하였다.

마지막으로 중대가 성립된 이후 진행되었던 태종무열왕과 문무왕의 권력 집중화 모습을, 전쟁 수행을 통한 권력구조의 변화라는 시각에서 살펴보겠다. 물론 이 시기는 주로 대백제전과[4] 나당전쟁[5] 등 전쟁사 중심으로 많은 연구성과가 축적되었다. 그럼에도 이 시기에 유의하는 것은 중대 왕권을 확립시킨 태종무열왕과 문무왕의 전쟁 수행과 승리가 결과적으로 정치세력의 재편을 야기하였다고 보기 때문이다. 대외적인 전쟁은 그 자

---

라 내정」, 『한국학논집』 20, 계명대 한국학연구소 ; 임경빈, 1993, 「신라 진덕여왕대의 정치개혁; 무렬왕의 즉위와 관련하여」, 『북악사론』 3, 국민대 국사학과 ; 최현화, 2004, 「7세기 중엽 나당관계에 관한 고찰」, 『사학연구』 73.

3) 이 글에서 사용하는 '여왕의 권위 세우기'는 '국왕에 즉위한 여왕으로서의 권위와 위신의 회복'을 의미한다. 이를 위한 구체적인 내용을 살펴보면, 선덕왕은 '善德王知幾三事'와 같은 先知觀, 神聖性을 강조하는 것이었다면, 진덕왕은 '牙笏制'와 '賀正之禮'처럼 국가의 공식적인 의례절차를 통해 국왕으로서의 권위를 높였다. 이러한 내용의 차이를 통해 진덕왕대에 입지를 강화한 김춘추·김유신세력의 정치적 의도를 파악하고자 하였다.

4) 김영하, 1999, 「신라의 백제통합전쟁과 체제변화」, 『한국고대사연구』 16 ; 김영하, 2007, 『신라중대사회연구』, 일지사.

5) 서영교, 2000, 『나당전쟁사 연구』, 동국대박사학위논문 ; 서영교, 2006, 『나당전쟁사 연구』, 아세아문화사 ; 노태돈, 2009, 『삼국통일전쟁사』, 서울대출판부.

체로써 이미 대내적인 정치의 연장으로서의 의미를 담보하고 있을 뿐만 아니라, 고대국가의 발전에서 기본적인 토대가 되는 토지와 인민 획득의 가장 유력한 수단이었다.[6)]

이러한 시각은 중고기말인 진덕왕대의 정책 추진의 연장선에서 이해할 수 있는데, 전쟁 수행 과정을 거치면서 진골 신분의 국왕이 같은 眞骨貴族群 내에서 분리되어 그들과 차별화가 되었고, 한편으론 그들을 정치적으로 서열화하는 과정으로 이해하는 것이다. 이것은 至難한 전쟁의 수행과정과 승리를 통해 자연스럽게 이루어졌다고 할 수 있다. 이를 위해 두 국왕의 정국운영 방식, 전쟁 지휘 형태, 관부 정비 방향 등을 살펴볼 것이다.

6) 김영하, 1991, 「신라의 발전단계와 전쟁」, 『한국고대사연구』 4, 105~106쪽.

# 1. 김춘추의 정치성향과 한화정책 추진

## 1) 선덕왕대 김춘추의 정치성향

신라 중고기의 마지막 왕인 진덕왕(647~654)은 선왕인 선덕왕(632~647)의 사촌 동생으로, 선덕왕 16년(647) 정월에 발생한 비담·염종의 모반과 8일 선덕왕이 사망함으로써[7] 즉위를 하였다. 비담의 모반에 대해서는 이미 많은 선행연구가 이루어졌는데, 대체적으로 국왕을 중심으로 한 정치세력간의 관계에서 이해를 하였다.[8] 이 중에는 선덕왕 측에서 일으킨 것으로 보는 견해와[9] 왕족 내의 혈족집단과 관련하여[10] 이해하는 등 다양한 시각과 이해가 존재하였다.[11]

---

7) '毗曇廉宗等謂女主不能善理 因謀叛擧兵 不克 八日 王薨 諡曰善德 葬于狼山.'(『삼국사기』 권5, 신라본기5 선덕왕 16년 춘정월). 자세한 모반의 내용은 『삼국사기』 권41, 열전1 김유신(상) 참조.

8) 이기백, 1962, 「상대등고」, 『역사학보』 19 ; 이기백, 1974, 『신라정치사회사연구』, 일조각 ; 정중환, 1977, 「비담·염종난의 원인고」, 『동아논총』 14 ; 김영하, 1988, 앞의 논문 ; 김영하, 2002, 앞의 책 ; 주보돈, 1994, 「비담의 난과 선덕왕대 정치운영」, 『이기백선생고희기념한국사학논총』(상).

9) 井上秀雄, 1962, 「新羅政治體制の變遷過程」, 『古代史講座』 4 ; 井上秀雄, 1974, 『新羅史基礎硏究』 ; 이기동, 1972, 「신라 내물왕계의 혈연의식」, 『역사학보』 53·54합집 ; 이기동, 1984, 『신라골품제사회와 화랑도』 ; 정용숙, 1994, 「신라 선덕왕대의 정국동향과 비담의 난」, 『이기백선생고희기념한국사학논총』(상).

10) 이기동, 1984, 앞의 책 ; 신형식, 1984, 앞의 책.

11) 그간의 연구경향은 고경석, 1995, 「비담의 난의 성격문제」, 『한국고대사논총』 7 ; 박순교, 1998, 「선덕왕대 정치운영과 비담의 난(Ⅰ)」, 『청계사학』 14 참조.

이러한 견해 차이들과 상관없이 김춘추가 모반의 진압을 통해 김유신과 함께 실질적으로 정치적인 입지가 강화되었다는 점에 대해서는 대부분의 연구자들이 동의하는 바이다. 그러나 의아스러운 점은 비담의 모반 관련 사료에서 김춘추의 활동이 보이질 않았다는 것이다. 모반의 자세한 과정을 알 수 있는 『삼국사기』 김유신 열전에도 김춘추의 모습은 보이지 않았다. 김춘추와 김유신이 돈독한 관계를 유지하고 있었음은 주지의 사실이다.[12] 그럼에도 김춘추의 활동은 전혀 확인할 수 없었다.[13]

김춘추는 당과 고구려에도 잘 알려진 인물이었으며, 범상치 않은 모습으로 그려졌다.[14] 그럼에도 불구하고 비담의 모반 때 그의 모습은 왜 전혀 보이지 않을까? 이러한 점에서 당시 김춘추와 김유신의 역할을 외교와 군사로 분리하여 이해하는 견해도[15] 있다.

결국 이러한 김춘추의 모습은 조금 달리 해석할 여지를 준다. 이를 위해 즉위 이전 그의 활동상이 보이는 선덕·진덕왕대의 여러 정황을 자세히 살펴볼 필요가 있다. 이러한 의도는 중대의 개창자로서 김춘추의 정치성향을 보다 분명히 확인할 필요 때문이다. 이를 위해 김춘추뿐만 아니라

---

12) 『삼국사기』 권41, 열전1 김유신(상)에 보이는 김춘추와 김유신과의 대화 중 '나는 공과 한 몸이고, 나라의 팔다리이다[吾與公同體 爲國股肱]'라는 표현은 이미 고구려 청병외교 때(선덕왕11년, 642) 두 사람의 정치적 관계를 보여주는 방증 사료이다.

13) 이에 대해 모반 시기 김춘추는 渡日하였을 것으로 이해한 견해들이 있다(山尾幸久, 1989, 『古代の日朝關係』, 392쪽 ; 주보돈, 1993, 「김춘추의 외교활동과 신라 내정」, 『한국학논집』 20, 계명대 한국학연구소, 42쪽).

14) '素聞春秋之名 嚴兵衛而後見之.'(『삼국사기』 권5, 신라본기5 선덕왕 11년).
'或告麗王曰 新羅使者 非庸人也.'(『삼국사기』 권41, 열전1 김유신 상).
'見春秋儀表英偉 厚待之.'(『삼국사기』 권5, 신라본기5 진덕왕 2년).
'春秋美姿顏善談笑.'(『일본서기』 권25, 효덕천황 3년 是歲).

15) 천관우, 1982, 『인물로 본 한국고대사』, 정음문화사, 260쪽.

그의 아버지인 龍春(龍樹)과 金舒玄·金庾信 부자의 활동상황을 먼저 검토해 보자.

(진평왕 44년 2월) 이찬 용수를 內省私臣으로 삼았다.[16]

(진평왕 51년 8월) 왕이 대장군 용춘과 서현, 부장군 유신을 보내 고구려 낭비성을 침공하였다.[17]

김춘추의 아버지인 이찬 용수는 진지왕의 아들이자 진평왕과는 사촌간으로, 용수(용춘)의 활동 모습은 이때에 처음 보인다. 진평왕 44년(622)에 용수를 내성의 사신[18]으로 삼아 大宮·梁宮·沙梁宮을 관리하였다. 내성이 궁정과 근시집단을 통괄한다고 할 때, 진지왕의 아들인 용수의 사신 임명은 정치적으로 다양한 성격을 가질 수 있다. 때문에 이를 신라사에서 시대를 나누는 중요한 사건으로 파악하기도 한다.[19]

진지왕은 國人에 의해 폐위가 되었고,[20] 이와 관련하여 연구자들은 정치적으로 銅輪系와 舍輪系와의 관계 속에서 이해한다. 그렇다고 한다면 용수를 왕실 내부의 관리자인 사신으로 임명하는 것은 그동안 대립하였던 왕실세력 간의 정치적 결합이며, 다른 귀족세력들에게 정치적으로 더욱 강력한 왕실의 모습을 드러내는 조치였을 것이다.[21]

16) '以伊湌龍樹爲內省私臣.'(『삼국사기』 권4, 신라본기4 진평왕 44년 2월).
17) '王遣大將軍龍春舒玄 副將軍庾信 侵高句麗娘臂城.'(『삼국사기』 권4, 신라본기4 진평왕 51년 8월).
18) 이때의 김용춘은 내성사신이므로, 당시 병부령이었다고 이해하는 견해도 있다(신형식, 1984, 앞의 책 157~158쪽).
19) 이정숙, 1986, 「신라 진평왕대의 정치적 성격 -소위 전제왕권의 성립과 관련하여」, 『한국사연구』 52, 21쪽.
20) '御國四年 政亂荒婬 國人廢之.'(『삼국유사』 권1, 기이2 桃花女鼻荊郞).

진평왕 51년(629) 8월의 고구려 공격 때 용춘과 김유신, 그리고 그의 아버지인 서현의 참전 모습이 확인된다. 특히 김유신은 낭비성을 함락함에 눈부신 활약을 펼쳤다.[22] 반면 상대적으로 고구려와의 직접적인 공방은 얼마 안 된다. 진평왕 47년(625) 11월에 당에 사신을 보내 고구려가 길을 막고 자주 침입한다고 호소하는 것으로 보아,[23] 군사적 요지인 낭비성의 공격은 당으로 가는 길목을 확보하고자 하는 의도였을 것이다. 이 전투의 승리로 진평왕 때에 이르러 김춘추·김유신 계열의 인물들은 신라 내부에서 영향력을 발휘할 수 있는 계기가 되었을 것이다. 그러나 김유신은 뛰어난 활약을 보였지만, 김춘추 관련 기록은 전혀 없다. 이것은 한편으로 사료의 누락으로 볼 수도 있다. 이후 진평왕을 이어 선덕왕이 즉위하였다.

> (선덕왕 원년) 아들이 없어 국인이 덕만을 세웠다.[24]
>
> (선덕왕 원년 2월) 大臣 乙祭로 하여금 국정을 총괄하게 하였다.[25]

선덕왕의 즉위는 국인에 의해 이루어졌다. 국인은 많은 연구자들이 관심을 가지고 있는 주제이지만, 아직 그 실체가 분명하다고 할 수는 없다. 주로 중앙의 정치세력과 관련하여 이해를 하고 있지만,[26] 한편으론 일반

---

21) 이정숙, 2005, 「중고기 신라의 중앙정치체제와 권력구조」, 『신라문화』 25, 58쪽. 반면 신형식은 범내물왕권의 단합으로 보았다(1984, 앞의 책, 113쪽).

22) 낭비성 전투에서의 김유신의 활동은 『삼국사기』 권41, 열전1 김유신(상) 참조.

23) 『삼국사기』 권4, 신라본기4 진평왕 47년 11월.

24) '無子 國人立德曼.'(삼국사기』 권5, 신라본기5 선덕왕 원년).

25) '以大臣乙祭摠持國政.'(삼국사기』 권5, 신라본기5 선덕왕 원년 2월).

26) 이종항, 1972, 「화백 -그 기원과 구성과 권한을 중심으로-」, 『국민대논문집』 3 ; 남재우, 1992, 「신라상고기의 '국인'층」, 『한국상고사학보』 10 ; 박남수, 2003, 「신라 화백회의에 관한 재검토」, 『신라문화』 21 ; 김희만, 2003, 「신라화백회의의 인적구

선덕왕릉

민을 지칭하는 경우로도 이해하고[27] 있기 때문이다.[28] 그러나 선덕왕의 즉위에 관여하는 국인을 당시의 중앙 정치세력으로 이해함에는 무리가 없다.

신라사에서 無子를 이유로 국인들이 왕을 즉위시킨 경우는 벌휴이사금·미추이사금·성덕왕·신덕왕의 예가 있다.[29] 이 경우들은 왕의 사후에 子가 없어 유력한 다른 왕족이 왕위를 승계하여 즉위를 하였음을 보여준다. 그밖에 당연승계자인 子가 어려서 국인들이 다른 인물을 즉위하게 한

성과 운영」, 『신라문화』 21.

27) 신형식, 1985, 앞의 책.

28) 이것은 사료상 국인이라는 용어가 다양하게 해석이 가능하기 때문이다. 따라서 그것의 개념이나 내용을 정형화하기에는 무리가 따른다. 그동안의 연구성과에 비해 국인에 대한 專論이 적은 것은 이러한 입장이 반영된 것이다. 국인에 대한 그동안의 연구성과와 用例 검토는 최의광, 2005, 「『삼국사기』 『삼국유사』에 보이는 신라의 '국인' 기사 검토」, 『신라문화』 25 참조.

29) 자세한 내용은 『삼국사기』 권2, 신라본기2 벌휴이사금·미추이사금 ; 권8, 신라본기8 성덕왕 ; 권12, 신라본기12 신덕왕 원년 참조.

경우도 있다.[30] 이처럼 국인들이 왕의 즉위에 관여하는 경우는 무자 내지 子가 어린 경우였다.

선덕왕은 이 두 가지 중 '무자'에 해당하지만 그 실상은 다르다. 앞서 살펴본 무자는 '子'가 없는 경우이지만, 선덕왕은 '子'이기는 하지만 '아들'이 아니었기 때문이었다. 따라서 진평왕 당시 여자의 왕위 승계는 이전까지 선례가 없었기 때문에 이전의 무자에 해당하는 경우와 마찬가지로 국인들이 나서서 선덕왕을 세우는 형식을 취하였음을 알 수 있다.

이러한 국인의 즉위 관여에 이어 바로 대신 을제가[31] 국정을 총괄하였다는 기록이 보인다. 신라왕의 즉위에 국인이 관여하는 것이 비정상적 즉위의 모습이라면, 이어지는 대신의 '摠持國政'은 국인의 국정 관여와 연관하여 이해할 여지가 크다.

연구자들은 대체로 이때의 대신 을제를 상대등으로 파악하였다.[32] 대신이라는 용어와 국정을 총괄하는 모습은 충분히 그를 상대등으로 이해할 수 있다. 진평왕 10년(588)에 이찬 首乙夫를 상대등으로 삼는[33] 기사 이후 선덕왕 원년(632)까지 44년 동안 상대등 임명기사가 확인되지 않는다. 수을부가 이때까지 상대등 관직을 수행하고 있었는지, 아니면 진평왕대 언젠가부터 상대등이 없는 상태인지, 을제가 상대등인지, 또는 상대등은 임명되었지만 사료의 누락인지 알 수는 없다.

그러나 법흥왕 18년(531)에 상대등 관직이 설치된 이후 상대등은 계속 임명되었으며, 선덕왕 5년(636)에 水品을 상대등으로 임명하였던 것으로

30) 『삼국사기』 권3, 신라본기3 실성이사금 원년 참조.

31) '宗室大臣乙祭.'(『구당서』 권199, 신라전)라는 표현으로 보아 을제는 왕실의 어른으로 추정할 수 있다.

32) 이기백, 1974, 『신라정치사회사연구』, 97쪽 ; 井上秀雄, 1974, 『新羅史基礎硏究』, 244쪽.

33) '以伊湌首乙夫爲上大等.'(『삼국사기』 권4, 신라본기4 진평왕 10년 겨울 12월).

보아[34] 이 시기 상대등 임명을 확인할 수 없다는 사실은 수을부와 을제가 동일인물이 아닌 이상 정상적인 정국운영이라 할 수는 없다.

설령 두 인물이 동일인이고 을제가 상대등이라 할지라도, 엄연히 국왕이 존재하는데 상대등이 '총지국정'한다는 기록은 다른 왕대에는 없는 표현이다. 국인의 즉위 관여와 함께 생각해 볼 때 대신 을제의 모습은 당시 즉위한 선덕왕의 정치적 지위가 불안한 상태였음을 보여준다고 할 수 있다. 따라서 선덕왕의 즉위와 함께 을제로 대표되는 국인세력이 국정에 관여할 소지는 충분히 상정할 수 있다.

그렇다면 이와 관련하여 먼저, 진평왕대의 정치현황을 선행연구를 바탕으로 간략히 살펴볼 필요가 있다. 진흥왕의 사후에 왕위는 銅輪의 적자인 白淨이 계승했어야 하지만, 진지왕이 즉위할 수 있었던 배경은 귀족세력의 대표인 居柒夫의 지원이 있었을 것이다.[35] 따라서 진지왕대를 전후한 시기에 귀족세력은 두 세력으로 분열되었을 가능성이 있었으며, 이러한 귀족세력의 반발은 銅輪系인 백정(진평왕)이 즉위함으로써 극복되었다.[36]

진평왕은 즉위 후 관부의 정비를 통해 왕권강화를 시도하였으며,[37] 이러한 기반 위에서 동륜계 小家系集團인 왕족은 王者支配意識의 정당화를 위해 범내물왕계의 진골귀족과는 구별되는 성골의식을 형성하였다.[38] 그러나 진평왕 말기에는 성골 신분의 남자가 없는 데서 기인하는 왕권 약화의 조짐이 드러났다.[39] 이를 극복하기 위해 관부의 정비와 앞서 살펴본

34) '拜伊湌水品爲上大等.'(『삼국사기』 권5, 신라본기5 선덕왕 5년 춘정월).
35) 신형식, 1984, 앞의 책, 113쪽.
36) 김영하, 2002, 앞의 책, 248~250쪽.
37) 진평왕대 관제정비의 현황과 특징은 이문기, 1983, 「신라 중고의 국왕근시집단」, 『역사교육논집』 5 ; 이정숙, 1986, 앞의 논문 참조.
38) 이기동, 1984, 앞의 책, 87쪽 ; 김영하, 2002, 앞의 책, 253쪽.

진평왕릉

사륜계인 용춘의 내성사신 임명 등의 조치가 이루어졌다. 특히 김용춘의 내성 사신 임명은 범내물왕계의 단합이라는 면과[40] 함께 진흥왕계 가계 집단의 내적 통합을 이루고, 범내물왕계의 귀족세력을 견제하기 위한 정치적 포석이었다.[41]

이러한 진평왕 말기의 정치현황에서 김용춘과 김서현의 정치적 결합이 이루어졌는데, 이에 대한 귀족세력의 반발은 진평왕 53년(631) 5월의 이찬 柒宿과 아찬 石品의 모반으로[42] 나타났다. 이 모반에 대해서는 왕위 계승의 문제,[43] 진평왕의 왕권강화정책에 대한 반발,[44] 씨족의 집단주의

39) 김영하, 2002, 앞의 책, 253쪽.
40) 신형식, 1984, 앞의 책, 113쪽.
41) 김영하, 2002, 앞의 책, 256쪽.
42) '伊湌柒宿與阿湌石品謀叛.'(『삼국사기』 권4, 신라본기4 진평왕 53년 5월).
43) 정중환, 1977, 「비담·염종난의 원인고」, 『동아논총』 14, 10쪽.
44) 주보돈, 1979, 「신라 중고의 지방통치조직에 대하여」, 『한국사연구』 23, 26쪽 ; 박해현, 1988, 「신라 진평왕대 정치세력의 추이 -왕권강화와 관련하여-」, 『전남사학』

적 이념과 왕자지배의식의 갈등,[45] 선덕왕을 후계자로 정한 것에 대한 지배계급의 반발,[46] 진평왕 이후의 왕위계승을 둘러싼 신·구귀족세력의 알력에서 기인하는 갈등[47] 등으로 이해하였다. 결국 모반은 사전에 발각되었으며, 이후 선덕왕은 즉위하였다.

이러한 선덕왕의 즉위는 성골로 왕위를 계승하는 비상조치로서의 성격도 있지만,[48] 진평왕 말기에 신·구귀족세력이 상호견제하는 상황 속에서 중고왕실의 지속이라는 명분으로 추대한 정치적 요인이 더 강조되어야 한다는 의견도[49] 있다.

이러한 여왕의 즉위에 대해 당나라가 부정적이었음은 다음의 사료를 통해 알 수 있다.

> (당태종 정관 9년) 이해에 사신을 보내 신라 김선덕의 책봉을 명하였다.[50]

> (선덕왕 12년 9월) 너희 나라는 부인을 왕으로 삼아 나라가 업신여김을 받게 되고, 왕의 도리를 잃어 도둑을 불러들여 해마다 편할 때가 없다. 내가 왕족 중의 한 사람을 보내 너희 나라의 왕으로 삼아 …[51]

> 지금 그대의 나라는 여자를 왕으로 삼아, 덕은 있으나 위엄이 없기 때문에 이웃나라가 침략을 도모하니 빨리 본국으로 돌아가야 합니다.[52]

---

2, 20쪽.

45) 이기동, 1984, 앞의 책, 83쪽.

46) 이종욱, 1980, 「신라중고시대의 성골」, 『진단학보』 50, 20쪽.

47) 김영하, 2002, 앞의 책, 258~259쪽.

48) 이종욱, 1980, 앞의 논문, 18쪽.

49) 김영하, 2002, 앞의 책, 259~260쪽.

50) '是年 遣使持節册命新羅金善德.'(『책부원귀』 권964, 外臣部9 册封2).

51) '爾國以婦人爲主 爲國輕侮 失主延寇 靡歲休寧 我遣一宗支 以爲爾國主…' (『삼국사기』 권5, 신라본기5 선덕왕 12년 9월).

당의 선덕왕에 대한 책봉은 선덕왕 4년(635)에야 이루어졌는데, 다음 왕인 진덕왕이 원년에 바로 책봉 받는 것과 비교가 된다. 이러한 당나라의 태도는 이후 선덕왕 12년(643) 9월에 사신을 보냈을 때 부인을 왕으로 삼았기 때문에 나라가 업신여김을 받는다는 당 태종의 반응을 통해서도 짐작할 수 있다. 이에 대해 연구자들은 다양한 견해를 제시하였는데,[53] 당에서는 여왕에 대해 그리 탐탁하게 생각하지 않았음을 짐작할 수 있다. 이러한 여왕에 대한 당의 인식은 太和池 가에서 만난 神人이 慈藏에게 말한 내용을 통해서도 다시 한번 확인할 수 있다.

이러한 대내외의 상황으로 보아 선덕왕은 국왕으로서 국정운영에 많은 난관이 있었을 것임은 어느 정도 추측이 가능하다. 즉 을제로 대표되는 국인세력에 의해 선덕왕대의 국정이 좌지우지되었을 가능성은 높다고 할 수 있다.

그러나 선덕왕대에는 비담·염종의 모반 이전까지 국내적으로 특별한 정치적 문제는 없었다. 도리어 문제는 백제·고구려와의 전투였다. 진평왕대에 이어서 선덕왕대에도 백제와 고구려와의 지속적인 전투는 계속 발생하였다.

특히 백제와의 전투에서 신라는 많은 영토를 빼앗겼다. 선덕왕 2년(633) 백제의 신라 서곡성 공격을 시작으로[54] 선덕왕 11년(642)에는 의자

---

52) '今汝國以女爲王 有德而無威 故隣國謀之 宣速歸本國.'(『삼국유사』 권3, 塔像 4 黃龍寺九層塔).

53) 주본돈은 신라를 고구려 원정에 끌어들이려는 책략으로(주보돈, 1993, 「김춘추의 외교활동과 신라 내정」, 『한국학논집』 20, 계명대 한국학연구소. 32쪽), 정용숙은 신라의 선택적 자주외교 노선에 대한 당 태종의 불만 표출(정용숙, 1994, 「신라 선덕왕대의 정국동향과 비담의 난」, 『이기백선생고희기념한국사학논총』 상, 262쪽), 정효운은 당의 출병시 당군의 안전을 확보할 수 있는 문제에 대한 신라 측의 대책을 완곡하게 질문한 것(정효운, 1995, 『고대한일정치교섭사연구』, 학연문화사, 70쪽) 등으로 보았다.

왕이 신라의 40여 성을 빼앗고,[55] 고구려와 함께 당항성을 빼앗아 당과의 교통길을 끊는 등[56] 신라는 백제와 고구려의 연합공격으로 인해 곤궁에 처하게 되었다. 특히 40여 성의 상실은 신라 내부의 큰 손실을 가져왔을 것이고, 신라 내부로부터 많은 불만이 터져 나왔을 가능성이 높다. 이에 신라는 당에 사신을 파견하여 그 사실을 알리고 구원을 요청하였다.[57]

김춘추가 『삼국사기』 기록에 처음 등장하는 때는 선덕왕 11년(642)이었다. 백제의 공격으로 대야성이 함락되었고, 이때 品釋과 그의 부인 古陁炤娘(김춘추의 딸)이 사망하는 때에 처음으로 보인다.

> (선덕왕 11년) 처음 대야성이 패하였을 때 도독 품석의 아내도 죽었는데, 이는 춘추의 딸이었다. 춘추가 이를 듣고 기둥에 기대어 서서 하루 종일 눈도 깜박이지 않았고 사람이나 물건이 그 앞을 지나가도 알아보지 못하였다. 얼마가 지나 "아, 슬프다! 대장부가 되어 어찌 백제를 삼키지 못하겠는가?" 하고는, 곧 왕을 찾아 "臣이 고구려에 사신으로 가서 군사를 청하여 백제에게 원수를 갚고자 합니다."라 말하니 왕이 허락하였다.[58]

위의 사료는 딸을 잃은 아버지의 감정 상태와 모습이 사실적이고, 섬세하게 서술되어 있다. 이러한 딸과 사위의 죽음에 대한 슬픔은[59] 당시 김

54) 『삼국사기』 권27, 백제본기5 무왕 34년.

55) 『신당서』 권220, 열전 백제전에는 '… 與高麗連和伐新羅 …' 라고 하여 백제와 고구려가 연합공격을 한 것으로 서술하고 있다.

56) 『삼국사기』 권5, 신라본기5 선덕왕 11년 8월.

57) 이 사실은 『삼국사기』 신라본기에는 선덕왕 11년(642) 8월 기사 바로 다음에 있지만, 고구려본기와 백제본기, 『구당서』, 『자치통감』 등에는 643년에 기록되어 있기 때문에 선덕왕 12년에 사신을 파견한 것으로 본다(권덕영, 1997, 『고대한중외교사-견당사연구-』, 일조각, 23쪽).

58) 『삼국사기』 권5, 신라본기5 선덕왕 11년.

59) 신형식, 1984, 앞의 책, 115쪽.

춘추의 분기와 노기를 충분히 감지할 수 있다. 이에 김춘추는 고구려에 청병하여 백제의 원수를 갚겠다고 하여 왕의 허락을 받는다. 사료상 처음으로 신라왕실을 위해 외교 활동을 하였던 것이다.60) 그러나 그의 고구려에 대한 청병 요청은 실패로 돌아갔고, 결국 김유신의 도움으로 고구려로부터 탈출하였다.61) 이후 선덕왕대 김춘추의 활동은 보이질 않았다. 비담의 모반이 진압된 후 진덕왕이 즉위한 다음 해인 진덕왕 2년(648) 겨울에 당에 사신으로 가면서 다시 등장하였다.

이상의 내용을 정리하면 김춘추의 정치적 활동은 대야성 전투 이후 고구려에 사신으로 가면서 처음으로 보이며, 그러나 이후 비담의 모반이 발생했을 때 김유신의 적극적인 활약이 보일 뿐 김춘추의 활약 여부는 알 수가 없었고, 김춘추는 진덕왕대에 당의 사신으로 가면서 다시 등장하였음을 확인할 수 있다.

먼저 살펴볼 점은 선덕왕 11년(642)까지 그의 활동이 전혀 보이지 않는다는 것이다. 김춘추의 아버지인 용춘은 진평왕 44년(622) 2월에 내성사신으로 임명되었다. 진지왕이 사망한 후 실로 45년만에 그의 아들을 왕실 책임자로 임명한 것이었다. 이후 용춘은 김유신 부자와 함께 고구려를 공

60) 그의 외교활동에 대한 기존의 연구성과는 대강 다음과 같다.
三池賢一, 1966, 「『日本書紀』‘金春秋の來朝記事’について」, 『駒澤史學』 13 ; 三池賢一, 1974, 『古代の日本と朝鮮』, 學生社 ; 三池賢一, 1968·1969·1970, 「金春秋小傳」 (1)·(2)·(3), 『駒澤史學』 15·16·17 ; 김현구, 1983, 「日唐關係의 성립과 羅日同盟 -『일본서기』 ‘김춘추의 渡日’ 기사를 중심으로-」, 『김준엽교수화갑기념중국학논총』 ; 山尾幸久, 1989, 『古代の日韓關係』, 塙書房 ; 주보돈, 1993, 「김춘추의 외교활동과 신라 내정」, 『한국학논집』 20, 계명대 한국학연구소 ; 정효운, 1995, 『고대한일정치교섭사연구』, 학연문화사 ; 노태돈, 2002, 「연개소문」, 『한국사시민강좌』 31, 일조각 ; 최현화, 2004, 「7세기 중엽 나당관계에 관한 고찰」, 『사학연구』 73 ; 김선숙, 2004, 「나당전쟁 전후 신라·일본간 외교관계의 추이와 그 배경」, 『일본학』 23.

61) 자세한 내용은 『삼국사기』 권41, 열전1 김유신(상) 참조.

격하여 승리하였고, 선덕왕 4년(635)에는 주현을 돌며 순무하는 등[62] 민들을 보살피며 정치적·군사적으로 든든한 지원군 역할을 하였다고 볼 수 있다. 이러한 용춘의 모습을 볼 때 그의 아들인 김춘추도 진지왕의 손자로서 선덕왕 때부터 그러한 역할을 충분히 수행할 수 있는 인물이었다.

특히 여왕의 즉위와 함께 정치적으로 불안한 요소들이 보였다. 국인이 德曼을 세웠다거나, 대신 을제가 국정을 摠持했다는 기록들은 즉위부터 내부적으로는 을제로 대표되는 국인 세력들이 정치적 실권을 장악하고 있지 않았는가 하는 의심을 갖게 한다. 이들은 아마 이후 상대등인 水品, 그리고 비담과 염종으로 대표되는 진골귀족세력으로 보아도 무방할 듯하다. 선덕왕 5년(636)에 수품을 상대등에, 선덕왕 14년(645) 11월에 비담이 상대등에 임명되는 것도[63] 이러한 국내정치 상황의 반영이었다.

다행히 비담·염종의 모반 이전까지 신라사회 내부에서의 충돌과 혼란은 없었다. 이것은 이른바 '善德王知幾三事'[64]로 대표되는 여왕의 권위 세우기와 왕실 측근세력들의 적극적인 노력이 있었기 때문일 것이다. 그러나 이러한 노력은 수포로 돌아갔고, 결국 당시 상대등인 비담의 모반을 맞이하게 되었다.

이렇듯 선덕왕대는 대내적으로는 많은 불안 요소를 가지고 있었으며, 대외적으로는 고구려와 백제의 지속적인 침입을 받았었다. 이러한 선덕왕대의 대내외적인 상황에서 김용춘의 적극적인 협조와는 달리, 그의 아들인 김춘추의 활발한 정치활동 모습을 확인할 수 없는 것은 의문이다.

이에 대해서는 김용춘과는 달리 정치적인 이유, 또는 의도적으로 정치

62) '遣伊湌水品龍樹 一云龍春 巡撫州縣.'(『삼국사기』 권5, 신라본기5 선덕왕 4년 10월).

63) '拜伊湌毗曇爲上大等.'(『삼국사기』 권5, 신라본기5 선덕왕 14년 11월).

64) 『삼국유사』 권1, 기이2 善德王知幾三事.

현실을 회피하였을 가능성을 상정할 수 있다. 즉 동륜계인 진평왕의 신라 왕실에 사륜계인 김춘추는 그의 아버지와는 달리 정치·군사적으로 신라 내부의 정치현실에 깊숙이 참여하지 않고 일부러 회피하였을 가능성에 유의한 것이다. 이것은 왕실의 孫이라는 정치적 위상과 관계없이 그의 조부인 진지왕의 국인에 의한 폐위로 인해 신라왕실에 부정적 입장을 고수하였을 가능성을 말한다. 이와 관련하여 다음의 기록을 살펴보자.

> 이름은 춘추이고 진지왕의 아들 이찬 용춘[또는 용수라고도 하였다]의 아들이다. … 어려서부터 세상을 다스릴 뜻이 있었다. 진덕을 섬겨 지위는 이찬을 역임하였다.[65)]

위의 김춘추 관련 사료에서 '진덕을 섬기어'라는 표현은 흥미롭다. 김춘추는 이미 642년 선덕왕대에 고구려에 사신으로 간 적이 있었음에도 불구하고 선덕을 섬겼다는 표현은 없다. 이것은 그의 중심 활동시기가 진덕왕대였으며, 선덕왕대는 사료 그대로 선덕왕 11년에 이르러서야 본격적인 활동을 시작하였음을 보여주는 기록으로 이해된다.

그러나 만약 김춘추가 642년에 이르러서야 신라왕실을 위한 정치적 활동을 본격적으로 시작하였다면, 진평왕 때인 622년에 내성사신에 임명되어 이미 정치적·군사적 활동을 시작한, 용춘과의 20년이라는 시간적 괴리는 해결해야할 문제이다. 이미 유교적 이념이 도입된 신라에서[66)] 왕실의 자제가 아버지의 뜻에 어긋나는 독자적인 행동을 취한다는 것은 그리 쉬운 문제가 아니다. 이와 관련하여 다음의 기록들을 살펴보자.

---

65) '諱春秋 眞智王子伊湌龍春 一云龍樹 之子也 … 幼有濟世志 事眞德 位歷伊湌.'(『삼국사기』 권5, 신라본기5 태종무열왕 원년).

66) 김철준, 1975, 『한국고대사회연구』, 305~314쪽 ; 이기백, 1973, 「유교 수용의 초기 형태」, 『한국민족사상사대계』 2 ; 이기백, 1986, 『신라사상사연구』, 일조각.

선덕대왕 11년 壬寅에 백제가 大梁州를 격파하였을 때, 춘추공의 딸인 古陁炤娘이 남편 品釋을 따라 죽었다. 춘추가 이를 한으로 여겨 고구려에 청병하여 백제의 원한을 갚으려 하니, 왕이 허락하였다.[67)]

(태종무열왕 7년 7월 13일) 전에 너의 아비가 나의 누이를 죽여 옥중에 묻어, 나로 하여금 20년간 마음이 아프고 머리를 아프게 하였는데, 오늘 너의 목숨은 내 수중에 있구나.[68)]

또한 黔日을 잡아 죄목을 세어 말하였다. "네가 대야성에서 있을 때 毛尺과 도모하여 백제병을 끌어들여, 창고를 불 질러 성 안에 식량이 모자라 패하게 한 것이 첫 번째 죄이고, 품석 부부를 죽였으니 두 번째 죄이며, 백제와 함께 본국을 공격하였으니 세 번째 죄이다."[69)]

대야성 전투는 『삼국사기』 본기와 김유신 열전에서 확인할 수 있다. 앞서 살펴본 것처럼 김춘추의 모습은 대야성 전투의 참패 이후 처음으로 보인다. 대부분의 연구자들은 대야성 전투는 이후 신라뿐만 아니라 주변국가들의 역학 관계에 심대한 영향을 끼친 중요한 전투로 이해하였다.[70)]

67) '善德大王十一年壬寅 百濟敗大梁州 春秋公女子古陁炤娘 從夫品釋死焉 春秋恨之 欲請高句麗兵 以報百濟之怨 王許之.'(『삼국사기』 권41, 열전1 김유신 상).

68) '向者 汝父枉殺我妹 埋之獄中 使我二十年間 痛心疾首 今日汝命在吾手中.'(『삼국사기』 권5, 신라본기5 태종무열왕 7년 7월 13일).

69) '又捉黔日 數曰 汝在大耶城 與毛尺謀 引百濟之兵 燒亡倉庫 令一城乏食致敗 罪一也 逼殺品釋夫妻 罪二也 與百濟來攻本國 罪三也.'(『삼국사기』 권5, 신라본기5 태종무열왕 7년 8월 2일).

70) 대강의 내용을 보면, 신귀족세력의 인적 손실이자 물적기반의 약화를 가져와 정치적으로 성장하던 신귀족세력에게는 충격적인 사건으로(김영하, 1988, 「신라의 삼국통일을 보는 시각」, 『한국고대사론』, 한길사 ; 김영하, 2007, 앞의 책, 258쪽), 동아시아 諸國의 대외관계 구조, 즉 신라·당 그리고 백제·고구려·왜의 상반되는 두 세력권을 배태시키는 계기가 된 것(정효운, 1995, 앞의 책, 61쪽) 등으로 보았다.

이러한 견해들은 7세기 이후 전개된 신라의 대내외적 정국 변화를 살펴보면 적절한 지적이다. 아울러 김춘추의 본격적인 정치활동이 시작되었으며, 백제 멸망의 배경이 되었던 전투라는 점에서도 신라사에서 중요한 정치적 사건이었다. 김춘추는 신라의 국가적 위기에서 신라왕실을 위해 사신을 자청하였던 것이다. 검일을 죽일 때에 그의 죄목의 첫 번째가 대야성전투의 패배라는 것은 이와 같은 점이 잘 드러나 있다.

그러나 이러한 정치적 측면 외에 사료 내용을 좀더 자세히 살펴볼 필요가 있다. 사료를 통해서도 알 수 있었지만, 김춘추의 분노와 울분은 백제 병탄으로 표현되었지만, 그 주된 이유는 대야성이라는 군사요지의 상실과 함께 딸의 죽음이었다. 김유신 열전에 보이는 김춘추의 태도에 대한 서술은 좀더 직접적이다. 그는 딸의 죽음을 한으로 여겨 백제에게 원한을 갚으려고 하였던 것이다.

나중이지만 김춘추의 아들인 문무왕[김법민]의 태도에서도 그 감정을 읽을 수 있다. 김법민은 백제를 함락시킨 후 의자왕의 아들인 부여융을 잡은 후에 침을 뱉고 처음으로 한 말은 누이의 죽음으로 내가 20년간 마음이 아프고 머리가 아팠다는 것이었다. 이러한 김법민의 태도는 그의 누이인 고타소낭의 죽음이 김춘추 부자에게 그동안 통한의 울분으로 자리잡고 있었음을 보여준다.[71] 검일의 두 번째 죄목이 품석 부부의 죽음이라는 것은 이러한 이면을 보여준다.

대야성의 상실은 신라의 입장에서 보면 삼국간의 치열한 공방전에서 막대한 손실이었다. 기존의 시각처럼 신라와 주변국가들의 역관계에 심대한 영향을 준 전투라 할 수 있다. 이를 계기로 김춘추가 위험을 감수하

71) 이후 21년이 지난 문무왕 21년(681) 문무왕의 遺詔에서도 '부자의 宿寃을 갚았다(下報父子之宿寃)'는 표현이 보인다. 이때의 부자는 태종무열왕과 문무왕을 가리킨다.

고 고구려로 청병을 가는 외교활동을 통해서도 그 중요성을 감지할 수 있다. 따라서 642년 대야성의 상실이라는 국가적 위급과 딸의 죽음은 김춘추가 신라의 왕손으로서 본격적이고 능동적으로 국정에 참여하는 계기가 되었을 것이다.

이러한 김춘추의 모습에서 흥미로운 사실은 고구려로 청병을 갔었다는 것이다. 왜 김춘추는 적국인 고구려행을 결심했을까? 이에 대해서는 많은 연구가 이루어졌다. 초기의 연구에서 김춘추의 고구려행을 상식에 벗어난 이례적인 행동으로 본[72] 이후 주로 정치세력간의 관계로 이해하는데, 신구세력간,[73] 친당자주파와 친당의존파,[74] 女主支持派와 女主不能善理派[75]등의 용어를 사용하여 이해하였다. 그밖에 연구자들에 따라 다양한 시각이 존재하였다.[76]

김춘추의 대고구려외교는 실패하였다.[77] 이와 관련하여 고구려의 신라

---

72) 이병도·김재원, 1959, 『한국사』 고대편, 을유문화사, 503쪽.

73) 이호영, 1981, 「신라 삼국통일에 대한 재검토」, 『사학지』 15, 11쪽.

74) 武田幸男, 1985, 「新羅'毗曇の亂'の一視角」, 『三上次男博士喜壽紀念論文集』, 平凡社, 241~245쪽.

75) 주보돈, 1993, 앞의 논문, 23~29쪽.

76) 조금 더 자세히 살펴보면 나려연합군 형성을 위하여(박남수, 1987, 「통일주도세력의 형성과 정치개혁」, 『통일기의 신라사회 연구』, 동국대 신라문화연구소, 108쪽), 대내적인 불리한 정국상황을 타개하기 위한 자구책으로(박순교, 1999, 『김춘추의 집권과정 연구』, 경북대박사학위논문, 118~120쪽 ; 박용국, 1996, 「신라 중대 지배세력의 형성과정과 그 성격」, 『경상사학』 12, 33~34쪽), 정치세력간의 관계보다는 국가 차원에서(서영교, 2000, 앞의 박사학위논문, 110쪽 주394 ; 최현화, 2004, 앞의 논문, 35쪽), 고구려의 국내정세의 동향 파악을 위한 외교(三池賢一, 1968, 「金春秋小傳」 (1), 『駒澤史學』 15, 54쪽 ; 서영수, 1987, 「신라 통일외교의 전개와 성격」, 『통일기의 신라사회 연구』, 동국대 신라문화연구소, 260~261쪽 ; 서인한, 1999, 『나당전쟁사』, 국방군사연구소, 31~32쪽), 국제관계 속에서 이해하는 시각(정선용, 2008, 「수·당 초기 중국적 세계질서의 변화과정과 삼국의 대응」, 『신라사학보』 12, 91~92쪽, 127쪽) 등이 있다.

에 대한 태도와 김춘추의 감금에 대해서도 다양한 견해들이 있는데, 신라와 연합할 뜻이 없었기 때문에 무리한 요구를 제시하였다는 견해,[78] 김춘추의 정탐을 두려워하여 竹嶺의 반환을 요구하면서 억류한 것으로,[79] 영토 반환을 얻어내려는 목적에서 김춘추를 일시적으로 억류, 인질의 효과를 노렸을 것으로 보는 견해[80] 등이 있다.

> (선덕왕 11년) 장차 (고구려에)가려 할 때 유신에게 말하였다. "나는 공과 한 몸이고, 나라의 팔다리이다. 지금 내가 만약 저 곳에 들어가 해를 당하면, 공은 무심하겠는가?"[81]

대야성 상실 이후 김춘추는 청병을 위해 고구려로 향했다. 위의 사료에서 알 수 있는 것처럼, 이미 김춘추는 고구려로의 청병이 위험함을 감지하고 있었음에도[82] 불구하고, 그는 청병을 위해 고구려로 갔다.

당시 고구려를 신라와 선린을 유지하고 있는 이웃 국가로 볼 수는 없다. 물론 주로 백제와의 전투가 이루어졌지만, 고구려와도 때때로 전투가 진행되었다. 4년 전인 선덕왕 7년(638) 10월과 11월에는 고구려가 七重城을 공격하였고, 이에 閼川이 나아가 고구려군을 물리치기도 하였다.[83] 따

77) 노태돈은 김춘추의 제의를 거부한 연개소문의 판단은 이후 고구려 멸망이라는 결과를 초래한 치명적인 오산이었다고 보았다(노태돈, 1989, 「연개소문과 김춘추」, 『한국사시민강좌』 5, 일조각, 31쪽).

78) 三池賢一, 1968, 앞의 논문, 53쪽.

79) 문경현, 1981, 「삼국통일과 新金氏家門 -金庾信 祖孫 四代의 貢獻」, 『군사』 2, 36쪽.

80) 양기석, 1981, 「삼국시대 인질의 성격에 대하여」, 『사학지』 15, 57쪽.

81) '將行 謂庾信曰 吾與公同體 爲國股肱 今我若入彼見害 則公其無心乎.'(『삼국사기』 권41, 열전1 김유신 상).

82) 주보돈, 1993, 앞의 논문, 27쪽.

83) 『삼국사기』 권5, 신라본기5 선덕왕 7년 10·11월.

라서 이 당시 고구려는 적국이었다.

그럼에도 김춘추는 독자적인 판단에 의해 고구려에 대한 청병을 왕에게 요청하였고, 이에 왕은 허락하는 형태를 취하였다. 그런 면에서 김춘추의 이러한 대고구려 청병외교는 예상치 못한 외교술이라고 할 수 있다. 그렇다면 김춘추가 선린을 유지하고 있는 당으로 먼저 가지 않고, 적국인 고구려로 청병을 가려고 했는가에 대한 설명이 필요하다.

첫째는 외교의 다변화를 시도하여 정치적인 입지를 굳히려는 의도이다. 당시 신라왕실과 정치세력들은 당을 통한 대외적인 군사적 요청을 생각하였을 것이다. 그러나 김춘추는 도리어 적국이라 판단되는 고구려를 찾아가 군사를 요청함으로써, 신라 내부에서는 우려와 함께 과감한 외교술에 기대를 하였을 것이며, 최대의 숙적인 백제에게는 허를 찌르는 외교적 담판의 시도였다. 만약 청병이 성공하였다면 김춘추는 열세인 백제와의 관계를 뒤집을 수 있었고, 당과 삼국간의 새로운 국제관계를 형성시키고, 신라 내부에서는 당당한 정치적 위치를 점하였을 것이다.

이와 같은 김춘추의 대고구려 청병외교가 가능했던 것은 당시 김춘추의 명성이 이미 고구려에 많이 알려진 상태였고,[84] 대내적으로는 진지왕의 孫이라는 왕족 내의 위치 등이 작용을 하였을 것이다. 신라왕실의 입장에서는 이제까지 활발한 정치활동을 하지 않던 김춘추의 적극적인 태도로의 변화는 바라던 바일 것이다.

이러한 외교의 다변화를 통한 정치적 입지의 강화라는 면에서 김춘추가 質로 왜에 갔다는[85] 내용에 대한 기존 연구성과를 살펴볼 필요가 있

84) '素聞春秋之名.'(『삼국사기』 권5, 신라본기5 선덕왕 11년)으로 보아 김춘추의 명성은 이미 고구려도 알고 있었다.

85) '新羅遣上臣大阿湌김춘추等 … 仍以春秋爲質 春秋美姿顔善談笑.'(『일본서기』 권25, 효덕천황 3년 是歲).

다. 이 기사에 대해서 불신하는 견해도 있지만,[86] 대체로 왜의 사신 파견 사실을 인정한다.[87] 그리고 일반적으로 김춘추의 왜로의 파견에 대해서는 군사적인 원조 때문으로 이해하였다.[88] 왜의 실질적인 군사협조가 이루어지지 않았다는 점에서 파견 사실 여부가 그리 큰 의미가 있다고 보지는 않는다. 다만 고구려 청병외교와 같이 외교의 다변화를 통한 정치적 담판이라는 측면에서는 도일 가능성도 높다고 할 수 있다.

둘째는 당나라에 대한 김춘추의 태도이다. 당시 김춘추가 당에 대해 어떠한 생각을 가지고 있었는지는 알 수 없다. 단지 추측할 수 있는 실마리는 김춘추의 고구려 청병외교 실패 다음해인 선덕왕 12년(643) 9월에 신라는 청병을 위해 당에 사신을 파견하였는데, 이때 파견되었던 사신은 김춘추가 아니었다.[89] 이때 간 사신은 당 태종의 곤란한 질문에 제대로 대처하지 못하였고, 이에 청병은 실패하였다.[90]

의심스러운 점은 백제에 대한 보복으로 고구려까지 간 김춘추가 당에는 왜 가질 않았을까 하는 점이다. 대야성과 딸을 잃은 분노로 당시 적국인 고구려까지 간 김춘추가 청병 성공이 높은 당에 가지 않은 것은 선뜻 이해를 할 수가 없다.

선덕왕대 신라의 대외적인 청병 요청은 642년 고구려를 찾아간 것이

---

86) 三池賢一, 1966, 「『日本書紀』 '金春秋の來朝記事'について」, 『駒澤史學』 13 ; 1974, 『古代の日本と朝鮮』, 學生社 ; 양기석, 1981, 앞의 논문.

87) 신형식, 1984, 앞의 책 ; 김현구, 1983, 앞의 논문 ; 武田幸男, 1985, 앞의 논문 ; 노태돈, 1989, 앞의 논문 ; 주보돈, 1993, 앞의 논문.

88) 김현구, 1983, 앞의 논문, 567쪽 ; 주보돈, 1993, 앞의 논문, 43쪽 ; 김상현, 1995, 「자장의 정치외교적 역할」, 『불교문화연구』 4 ; 김상현, 1999, 『신라의 사상과 문화』, 일지사, 36쪽 ; 박순교, 1999, 앞의 박사학위논문, 171쪽.

89) 김영하, 2002, 앞의 책, 262쪽 주)190.

90) 자세한 내용은 『삼국사기』 권5, 신라본기5 선덕왕 12년 가을 9월 ; 『책부원귀』 권991, 外臣部36 備禦4 정관 17년 9월 경진 참조.

처음이었고, 다음해에는 당에게 요청하였다. 그러나 김춘추는 고구려에는 찾아갔지만 당에는 가질 않았다. 이러한 김춘추의 태도에 대해 더이상의 적극적인 해석은 힘들지만 두 가지 경우를 생각할 수 있다.

첫 번째는 당시 상대등인 수품으로 대표되는 진골귀족세력이 대당외교권을 장악하여 신라 왕실세력으로 인식되는 김춘추가 갈 수 없었던 경우이다. 이런 경우라면 김춘추의 대고구려·대왜 청병외교 시도는 차선책의 결과라고 할 수 있으며, 643년 9월에 당으로의 사신 파견은 김춘추의 청병외교 실패 후 진골귀족세력의 정치력이 반영되어 행해진 청병외교라 할 수 있다.[91] 그렇기 때문에 김춘추는 그의 의지와 상관없이 당의 사신으로 갈 수 없었을 가능성이 높다.

두 번째는 김춘추의 당에 대한 인식이 신라의 지배세력들과 달랐을 경우이다. 이러한 시각은 첫 번째 경우와는 달리 왕실세력과 진골귀족세력을 구분하지 않고 모든 지배세력이 친당외교를 지향하였음을 전제로 하는 것으로, 김춘추는 이와는 달리 친당정책을 지향하지 않았을 가능성을 제시하는 것이다. 만약 그렇다면 김춘추는 643년 9월 당으로의 청병외교에는 적극적이지 않았을 가능성이 높다. 이러한 추측은 643년 당의 청병외교에 김춘추가 가지 않았던 것은 설명이 가능하지만 왜 그가 당에 대해 부정적인 입장을 취하였는가에 대한 설명이 힘들다.

김춘추의 대고구려 청병외교는 당과의 관계보다는 당시 신라 정치세력과의 관계에서 이해하는 것이 더 합리적일 듯하다. 군사요지인 대야성의 상실과 그로 인한 딸의 죽음으로 김춘추는 본격적으로 현실 정치에 참여하고자 하였다. 이 당시는 상대등인 수품으로 대표되는 진골귀족이 왕실과의 타협 속에서 정치의 주도권을 장악하였을 가능성이 높다.

---

91) 김영하, 2002, 앞의 책, 262~263쪽.

이러한 정치현황에서 김춘추는 적국인 고구려에 청병사신으로 갔다. 김춘추가 당나라가 아닌 위험을 알면서도 고구려로 간 것은 당시의 상황을 역으로 보여주는 사실이라 할 수 있다. 김춘추는 대고구려 청병외교를 통해 대내적으로는 외교의 다변화를 통한 정치적 입지의 강화라는 목적으로, 대외적으로는 최대의 숙적인 백제의 허를 찌르는 외교적 담판을 시도하였던 것으로 생각한다. 그러나 김춘추는 청병외교에 실패하였고 구사일생으로 고구려를 탈출하였다. 이러한 청병외교 과정에서 나타난 김춘추의 태도는 당시 그의 정치성향과 모습이 잘 드러나 있다.

> (선덕왕 11년) 고구려 왕 高臧은 평소 춘추의 명성을 들었던지라 군사의 호위를 엄중히 한 다음에 그를 만나 보았다. 춘추가 말하였다. "지금 백제는 무도하여 長蛇封豕가 되어 우리 강토를 침범하므로, 우리나라 임금이 대국의 군사를 얻어 그 치욕을 씻고자 합니다. 그래서 신하인 저로 하여금 대왕께 명을 전하도록 하였습니다." 고구려 왕이 말하였다. "죽령은 본시 우리 땅이니, 그대가 만약 죽령 서북의 땅을 돌려준다면 군사를 내보낼 수 있다." 춘추가 대답하였다 "신은 임금의 명을 받들어 군대를 청하는데, 대왕께서는 어려운 처지를 구원하여 이웃과 친선하는 데는 뜻이 없고 단지 사신을 위협하여 땅을 돌려 줄 것을 요구하십니다. 신은 죽을지언정 다른 것은 알지 못합니다." 보장왕이 그 말의 불손함에 화가 나서 그를 별관에 가두었다. 춘추가 몰래 사람을 시켜 본국의 왕에게 알리니, 왕이 대장군 김유신에게 명하여 결사대 1만 명을 거느리고 나아가게 하였다. 유신이 행군하여 한강을 넘어 고구려 남쪽 경계에 들어가니, 고구려왕이 이를 듣고 춘추를 놓아 돌려보냈다.[92)]

김춘추는 대고구려 사신으로서의 위험을 알고 있었다. 이러한 위험성

92) 『삼국사기』 권5, 신라본기5 선덕왕 11년. 더 자세한 내용은 『삼국사기』 권41, 열전 1 김유신 (상) 참조.

은 그만큼 청병외교가 실패할 가능성이 높았다는 것을 알고 있음을 보여준다. 물론 실패의 원인은 642년 연개소문의 집권 후 강경 외교로 선회한 고구려의 입장도 고려되어야 한다. 고구려 보장왕은 청병의 목적으로 온 김춘추를 자국의 형세를 살피러 온 것으로 파악하고, 김춘추가 수용하지 못할 죽령 서북의 영토 반환을 요청하였다.

주목되는 사실은 그 과정에 드러난 김춘추의 태도이다. 앞의 사료의 내용을 보면, 김춘추는 고구려의 영토 반환 요구에 외교적 언변이나 행동보다는 있는 생각 그대로 거부 의사를 밝혔다.[93] 이러한 김춘추의 태도는 청병을 요구하는 신라의 사신임을 생각한다면 이해하기에 어려움이 있다. 나중에 김춘추는 고구려의 총신 先道解로부터 토끼와 거북이 설화를 듣고 적절한 언변으로 신라로 돌아올 수 있었다.[94]

이러한 태도는 이제까지 신라의 국정에 적극적으로 참여하지 않았던 김춘추의 성향이 드러난 것이었다. 만약 그가 지속적으로 신라 정치에 참여하고 있었고, 현 국제질서를 간파하고 있었다면 이에 합당한 언행을 하였을 것이고, 사신으로서 이렇게 서투른 대처는 하지 않았을 것이다. 결국 대고구려 청병외교는 실패하였고, 김춘추는 이번 사건을 통해 냉혹한 국제질서와 힘을 느꼈을 것이다.

신라는 선덕왕대에 대외적으로는 백제의 공격과 대내적으로는 잇따른 고구려·당의 청병외교 실패로 수세에 몰렸다. 결국 647년 여왕을 불신하는 비담·염종의 모반이 발생하였다. 모반은 김유신의 활약으로 제압이 되었으며 이후 김춘추·김유신세력이 정치적 실권을 장악하였던 것으로 대

93) '麗王謂曰 竹嶺本是我地分 汝若還竹嶺西北之地 兵可出焉 春秋對曰 臣奉君命乞師 大王無意救患以善鄰 但威劫行人 以要歸地 臣有死而已 不知其他.'(『삼국사기』 권5, 신라본기5 선덕왕 11년).

94) '春秋聞其言 喩其意 移書於王曰 二嶺 本大國地分 臣歸國 請吾王還之 謂予不信 有如皦日 王悅迺焉.'(『삼국사기』 권41, 열전1 김유신 상).

부분의 연구자들은 파악한다.[95]

그러나 모반 진압 당시에 김춘추의 모습은 사료에서 확인할 수 없다. 오직 김유신만이 진압에 나섰을 뿐이다. 이미 642년 대고구려 청병외교를 통해 김춘추가 국정에 적극적으로 관여를 하였음을 상기해보면, 이때에 김춘추가 진압에 관여하는 모습이 보이지 않는 것은 의아스럽다. 연구자들이 이 시기에 김춘추가 도일하였을 것이라는 견해를 제시하는 것은[96] 이와 같은 맹점을 이해하는 방법이었다.

모반의 실상을 알 수 있는『삼국사기』본기와 김유신 열전에서 김춘추 관련 기록은 없지만, 사료의 누락 등을 가정하면 김춘추가 모반의 진압에 참여 내지 동조하였는지 그 실상을 알 수는 없다. 그러나 기존의 시각에서는 모반의 진압에 성공 후 김춘추와 김유신세력이 진덕왕대에 정치적 입지가 강화되었다는 점만을 인식하여 모반 진압에 김춘추가 보이지 않는 사실에 대해서는 간과하는 측면이 크다.

즉 그들의 아버지인 김용춘과 김서현의 정치적·군사적 활동을 통해 진평왕대 이후 김춘추와 김유신이 정치적 결합을 하였을 것으로 이해하는 경향이 강하다. 그렇기 때문에 모반 진압 기록에 김춘추의 활동이 보이지 않는다는 사실에 대해서는 그리 주목하지 않았다고 할 수 있다.

이런 면에서 김춘추와 김유신의 관계는 다시한번 검토할 필요가 있다.

> 유신이 춘추공과 蹴鞠을 하다가 춘추의 옷고름을 밟아 떨어졌다 … 춘추가 (문희를)보고 기뻐하여 곧 혼인을 청하고 예식을 치루었다. 곧 임신하여 아들을 낳으니 그가 법민이다.[97]

95) 반면 김춘추는 이 당시에 개혁 추진을 위한 국내기반이 안정되지 못하였고, 잃을 권력이 크게 없었던 상황으로 파악하는 견해도 있다(박순교, 1999, 앞의 박사학위논문, 200쪽).

96) 山尾幸久, 1989, 앞의 책, 392쪽 ; 주보돈, 1993, 앞의 논문, 42쪽.

유신이 춘추공과 함께 정월 午忌日에 유신의 집 앞에서 축국을 하다가 일부러 춘추의 치마를 밟아 그 옷깃의 끈을 찢었다 … (춘추)공이 유신의 뜻을 알고 드디어 관계하고 이후부터 수시로 내왕하였다 유신이 임신한 것을 알고 꾸짖으며 말하기를 "너는 부모에게 고하지도 않고 임신하였으니 어찌된 일이냐?"하고, 곧 나라 안에 그 누이를 태워 죽인다고 선언하였다. 어느 날 선덕왕이 남산에 놀러가는 것을 기다렸다가 뜰 가운데 장작을 쌓아놓고 불을 지르니 연기가 일어났다. 왕이 그것을 보고 무슨 연기인지 물었다. 좌우에서 아뢰기를 "아마도 유신이 그의 누이를 태워죽이는 것 같습니다." 왕이 그 이유를 물으니, "그의 누이가 남편도 없이 몰래 임신했기 때문입니다."라고 하니, 왕이 말하기를, "이것이 누구의 소행이냐?" 하였다. 이때에 公이 앞에서 왕을 모시고 있다가 안색이 크게 변화였다. 왕이 말하기를 "이것이 너의 소행이구나. 어서 가서 구원하라."고 하였다. 공이 명을 받고 달려가 왕명을 전하여 죽이지 못하게 하였다. 그후 떳떳하게 혼례를 행하였다.[98]

위의 사료들은 선덕왕대인 642년 이전 김춘추와 김유신의 모습과 그 관계를 확인할 수 있는 기록들이다. 정확히 연대를 파악하기는 힘들지만, 사료에 보이는 선덕왕의 모습을 통해 선덕왕대로 추정할 수도 있지만, 김춘추와 문희 사이에서 출생한 문무왕의 출생연대가 진평왕 48년(626)이므로 선덕왕대가 아닌 진평왕 48년 이전에 혼인이 이루어졌던 것으로 보는 견해가 있다.[99] 따라서 626년 이전부터 축국을 할 정도의 교류가 있었

97) '庾信與春秋公蹴鞠 因踐落春秋衣紐 … 春秋見而悅之 乃請婚成禮 則有娠生男 是謂法敏.'(『삼국사기』 권6, 신라본기6 문무왕 상 원년).

98) '庾信與春秋公 正月午忌日 … 蹴鞠于庾信宅前 … 故踏春秋之裙 裂其襟紐 … 公知庾信之意 遂幸之 自後數數來往 庾信知其有娠 乃嘖之曰 爾不告父母而有娠何也 乃宣言於國中 欲焚其妹 一日俟善德王遊幸南山 積薪於庭中 焚火烟起 王望之問何烟 左右奏曰 殆庾信之焚妹也 王問其故 曰爲其妹無夫有娠 王曰 是誰所爲 時公昵侍在前 顏色大變 王曰 是汝所爲也 速往救之 公受命馳馬 傳宣沮之 自後現行婚禮.'(『삼국유사』 권1, 기이2 태종춘추공).

음은 알 수가 있다.

그러나 사료의 내용을 좀더 살펴보면, 당시 두 사람의 관계를 이해하는 데에 많은 도움을 준다. 먼저, 『삼국사기』를 보면 축국에서의 인연을 계기로 두 사람이 인척관계로 발전하였음을 보여준다. 그러나 『삼국유사』의 내용은 『삼국사기』의 내용과는 달리 김유신과 김춘추의 모습과 태도 등을 풍부하게 보여주고 있다.

먼저, 김유신의 김춘추에 대한 정략적인 의도를[100] 확인할 수 있다. 유신은 고의로 치마를 밟아 춘추를 집으로 들어오게 하여 그의 누이가 임신을 할 수 있는 계기를 만들었다. 이것은 가야계인 김유신이 진지왕의 손자인 김춘추와의 혈연맺기를 시도한 것으로 이해할 수 있으며, 의도된 정치적 접근이라 할 수 있다.

그러나 이러한 혈연맺기는 의도대로 되지 않은 듯하다. 이에 유신은 그의 누이를 불태워 죽이려하였다. 이러한 김유신의 태도는 부모 몰래, 지아비도 없이 임신한 사실에 대한 가족으로서의 당연한 반응으로도 이해할 수 있다. 그러나 '나라 안에 누이를 태워 죽인다고 선언'하거나, '선덕왕이 남산에 놀러가는 것을 기다렸다 장작을 쌓아놓고 불을 지르는' 행동들은 유신의 의도성이 엿보인다.

즉 문희를 통해 김춘추와의 의도적인 혈연맺기를 시도하여 임신을 하였지만, 그것이 혼례로까지는 성공하지 않은 듯하다. 그래서 공공연히 그 사실을 나라사람에게 알리고 이어서 때를 맞추어 태워 죽이려는 행위를 선덕왕에게 보여줌으로써, 김춘추와의 관계를 공식화하고 혼례를 성사시키고자 하는 목적을 이루고자 하였다.

반면, 이러한 김유신의 의도에 춘추는 일정한 거리를 두고 있었다. 춘

99) 末松保和, 1954, 『新羅史の諸問題』, 東洋文庫, 14쪽.
100) 김영하, 2002, 앞의 책, 261쪽.

김유신릉

추는 유신의 뜻을 받아들여 문희와 자주 왕래를 하였지만, 그것이 바로 혼례로 이어지지는 않았다. 이러한 태도는 김춘추의 김유신 가문에 대한 일단의 태도를 유추할 수 있다. 김춘추는 유신의 뜻을 알고 있었지만, 그것이 가문과 가문과의 결합인 혼례로까지는 바라지 않은 듯하다.

이상의 사실들을 보건대, 진평왕대의 김유신은 김춘추와 의도적인 혈연맺기를 시도하였지만 김춘추는 적극적으로 그것에 응하지 않았다. 그러나 결국 김유신의 계책에 의해 혼례는 성사되었다.

앞서 살펴본 사료들은 진평왕 시기에 김유신과 김춘추가 이미 어느 정도 교류와 교감이 있었던 것을 보여준다. 그러나 당시에 두 사람의 정치적 결합이 이미 어느 정도 이루어졌음을 논하기에는 부족하다. 특히 김춘추의 태도는 김유신의 의도와는 차이가 컸다. 혼례를 원하지 않았던 김춘추의 태도로 보아 혼례는 나중에 성사되었지만, 그것이 바로 김유신 가문과의 적극적인 결합을 의미하는 것이었는지는 의문이다.

이후 642년 고구려로 가기 전에 춘추가 유신에게 '나는 공과 한 몸이다.'라는 표현이나, 고구려에 목숨을 걸고 김춘추를 구하러 가는 김유신의 모습을 보건대, 진평왕대 김유신의 정략적 접근에 의해 혈연관계가 성사된 두 사람은 늦어도 이때에 이르러서는 정치적 결합을 하였던 것으로 생각한다.

그러나 이후 비담·염종의 모반 진압에 김춘추의 모습이 보이지 않아 의심스럽다. 김춘추가 모반 진압에 참여하였는지 그 실상은 알 수 없지만, 만약 진압에 참여하지 않았다면 그 이유는 대고구려 청병외교의 실패가 한 요인일 수 있다. 의욕적이고 적극적인 대고구려 외교를 통해 신라에서 정치적 입지를 강화하려 했던 김춘추는 결국 비참한 실패를 맛보고 구사일생으로 살아왔다. 이러한 점을 고려한다면, 642년 이후 선덕왕대에 다시 신라국정에서 소극적인 태도를 견지할 가능성은 있었다.

이후 김유신은 비담의 모반을 제압하고 정치적 입지가 강화되었으며, 김춘추는 선덕왕대와는 달리 신라의 안위를 위해 적극적인 모습을 띠었다. 모반의 진압 이후 김춘추와 김유신은 이전보다 더 실질적인 정치적 결합과 동일한 정치 지향점을 갖게 되었을 것이다.

김춘추가 적극적으로 신라의 국정에 참여한 때는 642년경으로 추정된다. 사료상 김춘추의 이러한 변화의 원인을 찾기는 쉽지 않다. 그러나 대야성의 상실과 그로 인한 딸의 죽음으로 아마도 그는 백제를 멸망시키고자 하는 의지를 강하게 가졌을 것이다. 이후 고구려 청병의 실패로 얻은 정치적 경험 등이 진덕왕대에 외교가이자 능숙한 정치가로 그를 변화시켰다. 또한 비담의 모반을 진압한 김유신의 정치적 승리도 이후 김춘추가 적극적으로 정치에 참여하는 또 하나의 변수로 작용했을 가능성이 높다.

## 2) 진덕왕대 한화정책과 관부 정비

### (1) 한화정책의 실시와 그 목적

비담의 모반을 진압한 후 진덕왕대에 김춘추·김유신세력의 정치적 입지가 강화되었다는 시각은 많은 연구자들이 동의하는 바이다.[101] 따라서 진덕왕의 사후에 중대가 시작된다는 시기를 고려한다면 이때에 추진된 정책과 제도의 실시·정비 내용 및 그 성격에 대한 이해는 중대 왕권을 이해하는 초석이라 할 수 있다. 이를 위해 먼저 진덕왕대의 정치현황과 김춘추의 정치활동을 살펴보고, 이어서 한화정책과 관부정비의 내용과 그 특징을 살펴보겠다.

진덕왕은 진평왕의 친동생인 國飯葛文王의 딸로 선덕왕의 사후에 왕위에 올랐다. 이보다 앞서 647년 정월 8일에 선왕인 선덕왕은 사망하였고, 비담은 17일에 처형되었다.[102] 일단 비담의 처형까지 10일의 공백이 발생하였는데, 진덕왕의 즉위와 관련하여 정치적 문제가 발생하지는 않았다. 앞서 선덕왕대처럼 국인에 의해 즉위가 이루어졌던 모습은 찾아볼 수 없다. 이러한 사실은 비담의 모반 제압 후 선덕왕대에 신라왕실에 비판적이던 진골귀족세력이 어느 정도 제거가 되었음을 보여준다.

---

101) 이기백은 집사부 설치를 김춘추와 김유신의 필요에 의해서(이기백, 1974, 앞의 책, 151~153쪽), 신형식은 진덕왕 재위기간은 무열왕계의 정책시험기(신형식, 1984, 앞의 책, 117쪽), 주보돈은 國相이나 태자와 같은 비상 직책을 가지고 섭정을 하였으며, 김춘추의 즉위를 위한 준비기로(주보돈, 1993, 앞의 논문, 46~47쪽) 보았다.

102) '春正月 …… 因謀叛擧兵 不克 八日 王薨.'(『삼국사기』 권5, 신라본기5 선덕왕 16년).
'正月十七日 誅毗曇 坐死者三十人.'(『삼국사기』 권5, 신라본기5 진덕왕 원년).

당의 책봉도 원년에 바로 이루어져 앞서 선덕왕이 즉위 4년만에 책봉을 받는 것과는 차이를 보여준다. 선덕왕 12년(643)에 신라사신이 당에 갔을 때 여왕을 조롱하던 모습과는 다르다고 할 수 있는데, 이러한 대내외적인 모습은 같은 여왕이었지만, 선덕왕대의 불안정한 모습과는 달리 진덕왕대는 정치환경이 달라졌음을 추측할 수 있다.

그렇다면 진덕왕대에 이르러 선덕왕 초기의 국인세력 및 수품과 비담으로 대표되었던 정치세력과의 관계 내지 협조가 이루어졌는지 살펴볼 필요가 있다. 진덕왕대의 국내 정치세력과의 구체적인 관계를 알 수 있는 자료들은 없어 단정하기는 힘들다. 하지만 특별한 정치적 문제는 발생하지 않는 것으로 보아 비담세력의 제거로 한층 왕실의 정치적 입지가 강화되었다고 할 수 있다. 하지만 그것이 비판적 정치세력들의 적극적인 협조가 이루어졌음을 보여주는 사실은 아니었다. 이러한 정치세력들의 태도는 이 시기 대백제전투을 통해 어느 정도 추측이 가능하다.

백제와의 전투는 진덕왕 원년 10월, 2년 3월, 3년 8월[103) 등이 확인이 되는데, 모두 김유신의 혁혁한 활동만이 보이고 다른 장군의 모습은 전혀 보이지 않는다.[104) 즉 진덕왕대 8년 동안 진행된 백제와의 지속적인 전투에 출전 장군이나 무장은 오직 김유신과 그 휘하 인물들만이 보인다는 것이다.

사실 이러한 양상은 선덕왕 때에도 보였다. 선덕왕 2년(633) 8월의 백제의 공격, 636년 5월의 옥문곡 전투, 642년 7·8월의 백제의 공격, 644년 9월의 김유신의 백제 공격, 645년 정월의 백제의 매리포성 공격, 5월의 백

103) 『삼국사기』 권5, 신라본기5 진덕왕 원년 10월, 2년 3월, 3년 8월 참조.

104) 진덕왕 3년(649)의 도살성 전투에서 眞春·竹旨·天存이라는 인물들이 보이는데, 이들은 후에 태종무열왕과 문무왕 때까지 무장으로서 활발히 활동을 하였던 인물들로, 김유신 계열의 측근 인물들로 파악할 수 있다. 그러나 도살성 전투를 지휘한 장군도 역시 김유신이었다.

제 공격 등이[105] 확인되는데, 김유신을 제외하고는 閼川의 출전만이 보였다.[106] 알천은 비담을 제거한 후 진덕왕이 즉위하면서 상대등에 임명한 인물이자 진덕왕의 사후에 김춘추에게 왕위를 양보한 인물이었다.

이렇듯 진덕왕대의 대외전투에서 김유신 중심의 전투를 단지 사료의 누락이라고만 치부하기에는 미심쩍은 면이 많다. 이러한 사실은 비록 비담세력들은 제거가 되었지만, 비담으로 대표되었던 '女王不信'세력들은 선덕왕대에 이어 진덕왕대에도 비협조적인 태도를 견지한 듯하다.

이러한 대내적인 정치현실 속에서 김춘추는 진덕왕 2년(648)에 당의 사신으로 갔다.[107] 선덕왕 11년(642)에 고구려 청병외교 실패 후 다시 사료상 김춘추의 모습이 확인된다. 이번 조공의 목적도 역시 '청병'이었다. 이때 김춘추는 앞선 선덕왕대의 모습과는 달리 능수능란한 외교가의 모습을 보여줬다.

그는 사신으로 가서 國學의 釋奠과 강론을 청함으로써 당나라의 문물을 받아들이려는 강한 의지를 보여줬다. 그리고 '청병사신'으로 무릎을 꿇고 청병을 요청하였다. 또한 청병이 허락되자 章服을 고쳐 중화제를 따를 것을 요청하였고, 송별연에서는 김춘추 자제들의 숙위를 요청하였다.[108]

이러한 언변과 행동은 앞서 고구려 청병 때의 직설적이고 강변하는 서투른 외교가의 모습과는 전혀 달랐다. 특히 당의 요청이 없음에도 스스로 당나라의 장복을 받아들이겠다는 김춘추의 태도가 미리 준비한 제안인

105) 『삼국사기』 권5, 신라본기5 선덕왕 2년·5년·11년·13년·14년 참조.

106) '乃命將軍閼川弼呑 率兵往搜之 果百濟將軍于召 欲襲獨山城 率甲士五百人來伏其處 閼川掩擊盡殺之.'(『삼국사기』 권5, 신라본기5 선덕왕 5년).

107) 『삼국사기』 권5, 신라본기5 진덕왕 2년 ; 『삼국유사』 권1, 기이2 태종춘추공 ; 『구당서』 권199, 상 열전149 동이 신라전 ; 『신당서』 권225, 상 열전145 동이 신라전 참조.

108) 『삼국사기』 권5, 신라본기5 진덕왕 2년 참조.

지, 즉석 제안인지 모르겠지만, 당의 신라에 대한 호의적인 생각을 가져오는 효과를 가져왔을 것이다. 앞서 선덕왕 12년(643)에 청병 사신이 당태종의 곤란한 질문에 제대로 답을 못하자, 군사를 청하고 위급함을 알리러 올만한 인재가 아님을 탄식하였다고 하였는데,[109] 그 사신과 비교하여 김춘추는 그 임무를 훌륭히 소화하였던 것이다.

이러한 김춘추의 태도 변화의 요인을 정확히 파악하기는 힘들다. 고구려 청병의 실패로 얻은 정치적 경험과 국제질서의 냉혹함 직시, 비담의 모반을 제압한 김유신의 정치적 승리, 그리고 백제를 멸망시키고자 하는 강한 의지 등 복합적인 요소들이 그가 현실정치에 적극적으로 참여하게 하는 계기가 되었을 것이다.

청병외교의 성공으로 당으로부터 군사적 지원을 약속받은 이후 신라 내부에서는 변화가 포착되었다. 친당정책인 한화정책이 실시되기 시작하였다.

> (진덕왕 3년 정월) 처음으로 中朝의 의관을 입었다.[110]

> (진덕왕 4년 4월) 하교하여 진골로서 관위에 있는 자들은 牙笏을 잡도록 하였다.[111]

> (진덕왕 4년) 이해에 처음으로 중국의 永徽 연호를 시행하였다.[112]

---

109) '使人但唯而無對 帝嘆其庸鄙 非乞師告急之才也.'(『삼국사기』 권5, 신라본기5 선덕왕 12년).

110) '始服中朝衣冠.'(『삼국사기』 권5, 신라본기5 진덕왕 3년 정월). 이와 같은 의관의 변경은 『일본서기』 권26에 인용된 道顯의 『日本世紀』 註에서 김춘추의 입당 결과로 시행되었음을 다시 한번 확인할 수 있다.

111) '下教 以眞骨在位者 執牙笏.'(『삼국사기』 권5, 신라본기5 진덕왕 4년 4월).

112) '是歲 始行中國永徽年號.'(『삼국사기』 권5, 신라본기5 진덕왕 4년).

(진덕왕 5년 정월) 왕이 朝元殿에 나아가서 백관의 賀正을 받으니, 하정의 예가 이때에 시작되었다.[113)]

김춘추의 당에 대한 외교 목적은 비담의 반란 이후 노정된 대내외적인 모순을 극복하고 중앙집권적 귀족관료체제를 수립하려는 데에 있었던 것으로 보는 견해가 있다.[114)] 이러한 이해 속에서 진덕왕대 한화정책의[115)] 구체적인 실행과정과 그 내용을 보면 대외적으로는 전쟁 수행을 위해, 대내적으로는 여왕의 권위세우기라는 구체적인 목적을 확인할 수 있다. 이러한 접근방법은 중대의 시작 전 김춘추세력에 의해 정치적 의도와 목적하에 실시하였다는 시기적인 면과 본격적인 전쟁의 시작점이라는 것을 고려한 것이다.

먼저, 649년 정월에 처음으로 중조(당) 의관으로 변경하였다. 이와 관련된 구체적인 내용은 『삼국사기』 색복조에 더 자세히 보인다.[116)] 이러한 의관 변경은 김춘추의 요청에 의해 이루어졌다.[117)] 의관이라는 표현으로

113) '春正月朔 王御朝元殿 受百官正賀 賀正之禮 始於此.'(『삼국사기』 권5, 신라본기5 진덕왕 5년 정월).

114) 김영하, 2002, 앞의 책, 270쪽.

115) 일반적으로 漢化政策은 경덕왕대에 이루어진 관호개혁을 가리킬 때 쓰는 용어이다. 이것은 지명과 관직명의 변경이 대규모이기 때문에 그러할 것이다. 그러나 진덕왕대에 이루어진 唐制의 도입도 중대의 시작이라는 그 시기와 관련하여 중요한 의미를 가지고 있다고 본다. 이에 이 글에서는 필요에 따라 진덕왕대에 이루어진 한화정책을 1차, 경덕왕대에 이루어진 한화정책을 2차로 부르고자 한다.

116) '新羅之初 衣服之制 不可考色 至第二十三葉法興王 始定六部人服色尊卑之制 猶是夷俗 至眞德在位二年 김춘추入唐 請襲唐儀 太宗皇帝詔可之 兼賜衣帶 遂還來施行 以夷易華 文武王在位四年 又革婦人之服 自此已後 衣冠同於中國.'(『삼국사기』 권33, 잡지2 색복).

117) 반면 『삼국유사』 권1, 기이1 태종춘추공과 권4 의해5 慈藏定律에는 慈藏의 요청 내지 건의에 의해 이루어진 것으로 기록되어 있다. 이에 대해서는 자장계와 김춘추계가 대내외적인 중요 사안을 둘러싸고 대립하거나 경쟁한 것으로 파악한 견해

보아 아마도 관리들의 공복을 가리키는 듯하다. 그러니까 법흥왕 7년(520)에 신라 독자의 百官公服을 제정한 후[118] 실로 130년만에 고유의 복식을 포기하고 당의 공복을 채용한 것이었다. 15년 후인 문무왕 4년(664)에는 부인의 의복도 개혁하였는데,[119] 색복조의 서술대로 이후 唐式 의복이 신라에 전면적으로 도입이 되었다고 할 수 있다. 이러한 의관 변경의 특징으로는 김춘추의 적극적인 요청으로 이루어졌다는 사실과 부인 의상의 변경시기와는 시기적으로 차이가 있었다는 것이다.

다음의 정책은 '笏制'의 변경이다. 좀더 정확히 얘기하면 이전에 도입하였던 정책의 변경이라고 할 수 있다. 홀제는 법흥왕대에 이미 실시되었다.[120] 그 내용은 각 관등별 복색과 함께 太大角干부터 級湌까지 모두 牙笏을 쥐게 하였다는 기록이다. 진덕왕 4년의 기록과 비교하면 법흥왕 때의 아홀 기준은 관등이었는데, 이때에 이르러 진골이라는 신분 기준으로 변경이 되었다.

홀을 휴대하던 제도는 周代부터 시작되었는데,[121] 당에서는 무덕 4년인 621년 8월 16일 조칙에 의거하여 5품 이상은 象笏, 그 이하는 竹木笏을 사용하도록 하였다.[122] 당과 비교하면 관품이 기준이 아니라 진골이라

(남동신, 1992, 「자장의 불교사상과 불교치국책」, 『한국사연구』 76, 37~43쪽)와 자장은 대당외교의 중요정책을 조정에 건의하였고, 김춘추는 결정된 외교정책이나 기본방향에 따라 대당외교를 실무적으로 성공한 것으로 보는 견해(김상현, 1995, 「자장의 정치외교적 역할」, 『불교문화연구』 4 ; 김상현, 1999, 『신라의 사상과 문화』, 일지사, 44~45쪽)가 있다.

118) '始制百官公服 朱紫之秩.'(『삼국사기』 권4, 신라본기4 법흥왕 7년 정월).

119) '下敎婦人 亦服中朝衣裳.'(『삼국사기』 권6, 신라본기6 문무왕 4년 정월).

120) '法興王制 自太大角干至大阿湌 紫衣 阿湌至級湌 緋衣 並牙笏.'(『삼국사기』 권33, 잡지2 색복).

121) '凡笏周制七 周禮 諸侯以象 大夫以魚須文竹.'(『당회요』 권32, 輿服 下 笏條).

122) '笏 武德四年八月十六日 詔五品已上執象笏 已下執竹木笏.'(『당회요』 권32,

는 신분이 휴대의 기준이 되고 있어 신라만의 특징을 보여주고 있다.

그리고 진덕왕 4년(650)에는 당 고종의 연호[永徽]를 시행하였다. 신라는 법흥왕 23년(536)에 建元를 사용한 이래,[123] 진덕왕대까지 신라 고유의 연호를 사용하였다. 법흥왕대는 율령의 반포 등 여러 제도의 정비가 이루어졌던 시기인데, 결국 이때 제정된 신라 고유의 연호 사용은 114년이 지난 진덕왕대에 이르러 중국[唐]식으로 변경이 되었다.

연호의 변경 원인은 『삼국사기』에 자세히 나와 있어 그 전말을 알 수가 있다. 즉 진덕왕 2년(648)에 당의 사신으로 간 邯帙許에게 당은 신라의 고유 연호 사용에 대해 불쾌감을 보였고, 이에 감질허는 당의 명만 있다면 바꾸겠다고 하였다.[124] 연호의 변경은 의관의 변경과는 달리 당의 요청에 의한 것으로, 요청 후 2년만에 신라는 고유의 연호를 포기하였다.

또하나의 눈여겨 볼 정책은 진덕왕 5년(651) 정월 초하루에 '賀正之禮'를 시행한 것이다. 즉 백관으로 하여금 정월 초하루에 朝元殿[125]에 모두 모이게 하여 그들로부터 예를 갖추고 축하인사를 받는 것이었다. 이러한 사실은 이전까지 국왕과 관료와의 공식의례인 '하정지례'가 시행되지 않았다는 것이며, 과연 신라에서 이전부터 국왕과 백관 사이에 어떠한 형식의 공식의례가 존재했는지 확인할 수는 없지만, 하정지례는 이때에 이르러서야 시행이 되었다.

앞서 언급된 4가지 정책은 당의 문물과 제도를 도입했다는 면에서 '한

---

輿服 下 笏條).

123) '始稱年號 云建元元年.'(『삼국사기』 권4, 신라본기4 법흥왕 23년).

124) 『삼국사기』 권5, 신라본기5 진덕왕 2년 참조.

125) 조원전은 경문왕 8년(868) 8월에 重修한 기록이 있으며, 애장왕 7년(806) 3월과 헌강왕 4년(878) 8월에 일본국사를 인견한 곳으로(『삼국사기』 권10, 신라본기10 애장왕 7년 3월 ; 권11, 신라본기11 경문왕 8년 8월 및 헌강왕 4년 8월), 조원전의 건축시기와 위치는 알 수가 없지만 공식의식이 이루어졌던 장소로 추정된다.

화정책'이라 할 수 있다. 시기적으로 진덕왕 2년(648)에 김춘추가 당과의 외교에 직접 나서 청병을 허락받은 이후 649~651년 사이이다. 진덕왕대 한화정책의 성격은 크게 대내적·대외적인 면과 형식적·실질적인[126] 면으로 구별하여 이해할 수 있다.

먼저, 신라 고유의 문화와 제도를 포기하고 당의 문물을 수용한 경우이다. 이러한 고유문화의 포기를 신라사회, 좁혀서 국가운영의 주체인 왕실을 제외한 당시 정치세력들은 어떠한 생각을 가졌는지 궁금하다.

당의 의관 채용은 청병을 허락받은 이후 김춘추 스스로 요청하였다는 점에서 그 외교적 목적이 분명하다. 즉 차후 청병을 적극적으로 유도하고 당의 결심을 촉진하기 위한 적극적인 친당정책이라 할 수 있는데, 그런 면에서 전쟁 수행을 위한 실리적인 성격이 강하다고 할 수 있다.[127]

당의 의관 채용 정책이 신라 정치세력 내에서 사전에 충분한 논의하여 결정한 것인지, 김춘추 개인의 독자적인 판단에 의한 것인지 사료상 확인할 수는 없다. 그러나 이로부터 15년 후인 문무왕 때에서야 부인들의 의상이 唐式으로 바뀌었다. 이 사실은 당나라 문화의 순차적인 수용이라는 면과 함께 내부의 반발 가능성을 짐작하게 한다.

사실 '의복'이란 개인, 단체, 국가 여부를 떠나 그 개체의 고유성과 독자성을 보여주는 하나의 요소이다.[128] 그런 면에서 중조의관제로의 변화

126) 김영하, 2002, 앞의 책, 270쪽.

127) 이러한 唐制(唐服) 수용이 당의 환심을 얻는 데에 유용하였다는 견해는(최현화, 2004, 앞의 논문, 48~49쪽) 적절한 지적이다. 그밖에 신라와 당 사이에 동맹관계 수립을 상징하는 사건(남동신, 1992, 앞의 논문, 40~41쪽 주173), 정치개혁의 충격을 최소화할 수 있는 노련하고 조심스러운 한 가지 방편(임경빈, 1993, 「신라 진덕여왕대의 정치개혁; 무렬왕의 즉위와 관련하여」, 『북악사론』 3, 70~72쪽), 원병 요청에 대한 명분을 제공하기 위한 명분, 즉 당의 제2책의 수용(주보돈, 1993, 앞의 논문, 49쪽)으로 보았다.

128) 문무왕 원년(661)에 백제에서 투항한 助服과 波加에게 '田宅衣物'을 주었고, 문

는 신라조정의 면모를 형식적인 측면에서 중화화하였다.129) 또한 신라적인, 고유한 것을 과감히 탈피한다는 면에서 개혁의 의미가 강하였다. 이러한 고유성을 탈피하는 개혁은 내부의 반발을 예상할 수 있는데, 그럼에도 이와 같은 정책을 실시하였던 것은 청병을 위한 것이라 이해할 수 있다.

연호 변경도 청병이라는 실리적인 목적이 강하였다. 그러나 연호 변경은 의관 수용과 달리 당의 요청에 의한 것이었다. 따라서 신라 입장에서는 청병을 위해서라면 당연히 신속하게 시행되었어야 할 정책이었다. 그럼에도 불구하고 신라는 648년 요구한 연호 변경을 2년이 지난 650년에 시행하였다. 김부식의 사론처럼 '태종의 꾸지람을 듣고도 신라는 머뭇거린 것'이다.130) 이것은 앞서 당의 의관을 자발적으로 채용한 것과 비교가 된다. 이러한 면을 볼 때 신라 고유 연호의 폐지는 의관 수용 때보다 내부의 반발이 더 강경하였던 것 같다.

이러한 반발은 당시 신라사회를 이해하는 흥미로운 요소로, 보수적이고 폐쇄적이며 한편으론 자존적인 신라사회의 모습을 보여주는 하나의 예라고 생각한다. 비록 '청병' 때문에 어쩔 수 없이 받아들였지만, 신라사회의 반응이 그리 호의적이었다고 할 수는 없을 듯하다.

반면 아홀제와 하정지례는 앞의 두 가지 정책과는 성격이 달랐다. 笏은 국왕과 관료와의 명령체계를 보여주는 상징적인 도구이다. 신라의 아홀제는 당과는 달리 관등이 아닌 '眞骨在位者'를131) 대상으로 하였다는 면

무왕 6년에는 투항한 淨土 등에게 '衣物'을 주었는데, 이러한 하사품이 투항한 고구려인과 백제인들을 위한 실질적인 생필품이기도 하지만, 한편으론 '옷'이 가지고 있는 상징성을 보여주는 하나의 예로도 파악할 수 있다(『삼국사기』 권6, 신라본기6 문무왕 원년·6년 참조).

129) 김영하, 2002, 앞의 책, 271쪽.

130) '聞太宗之誚讓 猶且因循 至是然後 奉行唐號.'(『삼국사기』 권5, 신라본기5 진덕왕 4년 史論).

에서 진골에게만 주어진 하나의 특권이라고도 할 수도 있지만, 한편으론 그들을 왕과 구별하고자 하는 의도를 보여주는 정책이라 할 수 있다.

즉 왕의 존엄성과 위엄 등을 보여주기 위한 형식적인 의례라고 할 수 있으며, 그 목적대상이 진골귀족임은 자명하다. 하정지례도 아홀제와 같이 군신간의 수직적인 상하관계를 형식적인 의례를 통해 가시화함으로써 왕의 권위를 높이려는 목적의[132] 연장선에서 이루어진 한화정책이라 할 수 있다. 특히 두 정책이 국왕과 (진골)백관간의 관계를 보여주기 위한 공식적인 예나 형식의 도입이라는 면에서 형식적 성격이 강하다고 할 수 있다.

한화정책의 실시는 청병에 성공한 김춘추의 대내외적 현안의 해결방법을 모색하는 과정이었다. 그 현안이란 첫째, 대백제전 수행을 위한 당의 군사적 지원의 확보였다. 이를 위해 먼저 당과의 담판을 통해 군사협조를 허락받았다. 신라왕실의 입장에서는 대백제전 수행을 위한 최소한의 군사 지원의 확보였다. 이후 당의 의관 채용과 신라 고유연호의 폐기가 이루어졌는데, 당의 援兵을 확보하기 위한 대외적·실리적 정책으로 이해할 수 있다.

둘째는 국왕의 권위와 위신의 회복이었다. 이른바 '여왕의 권위세우기' 정책이라 할 수 있다. 청병 허락 후 김춘추는 무엇보다도 국내적으로 국

---

131) 삼국의 관료제 운영을 의관제, 관등제, 신분제의 연결고리 속에서 살펴본 김영심은 '在位者'에 주의하여, 진골로서 당연히 일정한 관등을 가지고 있었겠지만, 관등만이 아니라 관직에 나아가야만 牙笏을 소유할 수 있다는 의미로 파악하였다. 따라서 이 규정은 관료 개인의 위상을 결정하는데 실제로 어떤 관직에서 활약하느냐가 중요한 요소가 된 상황을 반영한다고 하였다(김영심, 2009, 「6~7세기 삼국의 관료제 운영과 신분제 -의관제에 대한 검토를 기반으로-」, 『한국고대사연구』 54, 113쪽). 이 견해는 이 시기의 관료제 운영에서 관료 개인의 능력이 작용할 소지가 있었음을 보여준다. 그러나 '在位者'가 관등뿐만 아니라 관직 소유자임을 보여주는 사료로 이해할 수 있는가는 좀더 숙고해야 할 문제이다.

132) 김영하, 2002, 앞의 책, 271쪽.

왕의 권위와 존엄성을 확보하고자 하였을 것이다. 이것은 선왕인 선덕왕대의 경험과 함께, 이와 같은 조치가 선행되어야만 차후 대백제전 수행이 좀더 원활하게 이루어진다고 판단하였을 것이다. 결국 '아홀제'와 '하정지례'의 실시는 국왕과 백관들을 분리, 서열화하여 국왕권의 존엄함을 회복하고자 하는 대내적·형식적 한화정책이라 할 수 있다.

그러나 '여왕의 권위세우기' 정책은 그 이면에 대한 정치적 해석이 필요하다. 이미 진덕왕대에 김춘추·김유신세력의 정치적 입지가 강화되었다면, 이 같은 정책에는 그들의 의도와 목적을 예상할 수 있다. 그런 면에서 성골인 여왕의 권위 확보라는 명분으로 아홀제와 하정지례를 통해 진골과 분리, 진골들을 서열화하려는 목적은 주목해야 한다.

이러한 공식적인 의례와 형식의 실시는 성골인 여왕의 권위 회복이라는 명분하에 국왕을 진골(백관)과 분리하고자 하는 것이었다. 성골 신분의 여왕이기 때문이 아니라 국왕이라는 지위로 진골(백관)을 서열화하는 것이었다. 이러한 방법은 이른바 중고기의 '선덕왕지기삼사'[133]처럼 先知觀·神聖性을 통한 성골 여왕의 권위 회복이 아닌, 국가의 공식의례절차를 통한 국왕과 백관의 수직적인 상하관계를 정립하는 정책이었다. 즉 이 정책들의 목적은 성골과 진골의 구별이 아닌 국왕과 진골(백관)의 구별이었으며, 정치적으로는 진골 신분자의 왕위계승을 정당화하기 위한 사전 整地作業으로[134] 이해할 수 있다.

133) 『삼국유사』 권1, 기이2 善德王知幾三事.
134) 김영하, 2002, 앞의 책, 266쪽.

## (2) 관부 정비의 방향

관부 정비는 한화정책의 실시 이후 바로 시작되었다. 즉 651년 정월에 '하정지례' 실시 후 바로 2월에 稟主를 집사부와 창부로 나누는 조치를 취하였던 것이다.[135] 신라사에서 통치를 위한 제도로서 관부 등에 대한 연구는 일찍부터 이루어졌다.[136] 또한 상대등, 병부령, 집사부 등에 대한 연구가 집중적으로 이루어졌으며,[137] 신라 중앙행정관부와 內廷官府에 대한 종합적인 검토도 이루어졌다.[138]

그러나 당과 활발히 교류하였지만 실제 정치기구나 제도의 도입은 그리 많거나 활발하다고 볼 수는 없다. 이와 관련하여 실제 관료제 운영방식에서 신라와 당 사이에 본질적인 차이가 있었기 때문이라 보는 견해가 있다. 즉 골품제에 입각하여 운영되는 관료제를 유지하는 이상 당나라의 관제를 참작할 여지가 적었을 것이며, 또 그럴 수도 없었을 것이라는 것이다. 따라서 9세기 전반까지 신라의 관부 편제는 6~7세기 이래의 기본 골격에서 크게 벗어나 있지 않았다고 보았다.[139]

---

135) 『삼국사기』 권5, 신라본기5 진덕왕 5년 2월 및 권38, 잡지7 직관 상 집사성·창부 참조.

136) 井上秀雄, 1969, 「三國史記にあらわれた新羅の中央行政官制について」, 『朝鮮學報』 51 ; 1974, 『新羅史基礎硏究』 ; 三池賢一, 1971, 「新羅內廷官制考」(上·下), 『朝鮮學報』 61·62.

137) 전봉덕, 1956, 「신라 최고관직 상대등론」, 『법조협회잡지』 5-1·2·3 ; 전봉덕, 1968, 『한국법제사연구』, 서울대출판부 ; 이기백, 1962, 「상대등고」, 『역사학보』 19 ; 이기백, 1964, 「신라 품주고」, 『이상백박사회갑기념논총』 ; 이기백, 1964, 「신라 집사부의 성립」, 『진단학보』 25·26·27합집 ; 신형식, 1974, 「신라 병부령고」, 『역사학보』 61.

138) 이인철, 1993, 『신라정치제도사연구』, 일지사.

139) 하일식, 2006, 『신라 집권 관료제 연구』, 332쪽.

<표 1> 진덕왕대 관부·관직의 정비 현황

| 연대 | 관부 | 관직 | 변동내용 | 비 고 |
|---|---|---|---|---|
| 5년(651) | 執事部 | 中侍 | 1인 둠 | 波珍湌 竹旨를 執事中侍로 삼음 |
| 5년(651) | 倉部 | 令 | 2인 둠 | |
| 5년(651) | 領客府 | | 2인 둠 | 眞平王 13년에 令 1명을 두었을 가능성 |
| 5년(651) | 調府 | | 2인 둠 | 眞平王 6년에 令 1명을 두었을 가능성 |
| 5년(651) | 左理方府 | | | |
| 6년(652) | 左理方府 | | | 波珍湌 天曉를 令으로 삼음 |
| 2년(648) | 禮部 | 卿 | 2인 둠 | 一云五年置 |
| 5년(651) | 倉部 | | 2인 둠 | |
| 6년(652) | 左理方府 | | 2인 둠 | 眞德王置 |
| 6년(652) | 左理方府 | 佐 | 2인 둠 | 眞德王置 |
| 5년(651) | 倉部 | 大舍 | 2인 둠 | 眞德王置 |
| 5년(651) | 賞賜署 | | 2인 둠 | |
| 5년(651) | 調府 | | 2인 둠 | 眞德王置 |
| 5년(651) | 禮部 | | 2인 둠 | |
| 5년(651) | 典祀署 | | 2인 둠 | |
| 5년(651) | 國學 | | 2인 둠 | |
| 5년(651) | 音聲署 | | 2인 둠 | |
| 5년(651) | 工匠府 | 主書 | 2인 둠 | 一云 主事·大舍 |
| 5년(651) | 彩典 | | 2인 둠 | |
| 5년(651) | 倉部 | 史 | 8인 둠 | 眞德王置 |
| 5년(651) | 禮部 | | 3인 증원 | |
| 5년(651) | 侍衛府 | | 三徒 설치 | |

이러한 점을 고려한다면 6~7세기 진행된 관부의 정비현황은 신라사 전체뿐만 아니라 중대의 통치조직을 이해하는 주요 요소라 할 수 있다. 신라의 관부는 법흥왕 3년(516)에 병부령 1인을 설치한[140] 이후 꾸준히

정비가 이루어졌으며, 진평왕대에는 관부의 조직화가 적극적으로 이루어졌다.141)

이후 선덕왕대에는 관부의 정비가 전혀 이루어지지 않았음에 비해, 진덕왕대에 이르러서는 활발하게 관부 정비가 추진되었다. 진덕왕대 관부의 관직을 令(中侍), 卿, 佐, 大舍(主書), 史의 순서로 정리하면 <표 1>과 같다.

관부는 국가운영의 원활한 수행을 위한 통치조직이라는 점에서 우선의 목표는 점차 증가하는 업무수행의 기능 강화라 할 수 있다. 그러나 한편으론 진덕왕대는 시기적으로 김춘추·김유신세력이 정치적 입지를 점차 강화하고 있었다는 면에서 일정하게 정치적 입장과 시각이 투영되어 있었다 할 수 있다. 먼저 살펴볼 것은 관부의 신설이다.

> 품주를 집사부로 고치고 파진찬 竹旨를 집사중시로 삼아 기밀사무를 맡겼다.142)

> 집사성은 본래 이름은 품주[혹은 祖主라고도 하였다]였다. 진덕왕 5년에 집사부로 고쳤고, … 중시는 1명인데, 진덕왕 5년에 설치하였다. … 관위가 대아찬에서 이찬인 자가 하였다.143)

---

140) '兵部 令一人 法興王三年始置.'(『삼국사기』 권38, 잡지7 직관 상).

141) 진평왕대 관제 정비의 현황과 특징은 이문기, 1983, 「신라 중고의 국왕근시집단」, 『역사교육논집』 5 ; 이정숙, 1986, 「신라 진평왕대의 정치적 성격 -소위 전제왕권의 성립과 관련하여」, 『한국사연구』 52 참조.

142) '改稟主爲執事部 仍拜波珍飡竹旨爲執事中侍 以掌機密事務.'(『삼국사기』 권5, 신라본기5 진덕왕 5년 2월).

143) '執事省 本名稟主 或云祖主 眞德王五年 改爲執事部 … 中侍一人 眞德王五年置 … 位自大阿飡至伊飡爲之.'(『삼국사기』 권38, 잡지7 직관 상 집사성).

(창부) 예전에는 창부의 일을 품주에게 겸임시켰다. 진덕왕 5년에 이르러 이 관청을 나누어 두었다. 영은 2명인데, 관위가 대아찬에서 대각간인 자가 하였다.[144)]

가장 눈에 띄는 조치는 품주를 집사부와 창부로의 분리 설치였다. 기존의 품주를 651년 2월에 이르러 '기밀사무'를 관장하는 집사부와 '재정'을 담당하는 창부로 업무를 분장하였는데, 연구자들은 이를 왕권강화정책으로 이해하였으며,[145)] 집사부를 통해 김춘추가 정치적 기반을 마련, 즉위 때 절대적인 역할을 수행하였다고 보았다.[146)]

이러한 조치는 통합적으로 운영되던 업무의 세분화라는 면에서[147)] '재정'과 '정치'의 분리를 통한 국가조직체계의 정비와 함께 국왕의 정치적 보좌 역할을 충실히 하고자 하는 정치력 강화의 움직임이었다고 할 수 있다.

집사부는 기존연구에서 관부뿐만 아니라 그 수장인 중시의 역할과 관련하여 상대등과 함께 중대를 설명하는 중요한 장치였다. 그래서 여러 관부를 거느리는 가장 중요한 최고 행정관부로,[148)] 나중에는 수정하여 핵심

144) '昔者倉部之事 兼於稟主 至眞德王五年 分置此司 令二人 位自大阿湌至大角干爲之.'(『삼국사기』 권38, 잡지7 직관 상 창부).

145) 稟主에 대해서는 왕권 강화와 관련하여 초기부터 연구자들이 많은 관심을 가졌는데(이기백, 1964, 앞의 논문 ; 井上秀雄, 1969, 앞의 논문), 이기백은 왕의 가신적 존재이자 국가의 전체적인 재정을 담당하였던 품주를 개편한 것이 집사부라고 하였다(이기백, 1974, 앞의 책, 141~144쪽).

146) 이기백과 井上秀雄은 김춘추와 김유신 등은 집사부를 통해서 그들의 정치적인 기반을 마련하였고, 그것은 전제왕권을 강화하려는 목적을 가지고 있었다고 보았다(이기백, 1974, 앞의 책, 153쪽 ; 井上秀雄, 1974, 앞의 책, 440~441쪽). 이명식도 집사부는 이후 김춘추가 즉위하는데 절대적인 역할을 수행하였다고 보았다(이명식, 1989, 「신라 중대왕권의 전제화과정」, 『대구사학』 38, 92쪽).

147) 권덕영, 1997, 『고대한중외교사』, 일조각, 271쪽.

적인 정치기구로 이해하였다.[149] 반면 왕의 측근에서 기밀사무를 관장하는 현대의 총무처에 해당하는 기구,[150] 여러 행정관부를 유기적으로 통제, 국가권력을 국왕에게 일원적으로 귀속하게 하는 기능,[151] 신라의 독창적인 관부로 그 지위를 고려의 중추원보다는 조선의 승정원 정도의 관부로 인식하는[152] 등의 견해가 제시되었다.

집사부에 대한 이러한 논의들이 중대 정치사 이해에 많은 도움을 주었음은 분명하지만, 각 관부들은 그 시대 속에서 이해를 해야 한다. 집사부는 '기밀사무'라는 기본적인 업무를 바탕으로 이해하여야 한다. 그러나 각 왕대별로 임명된 인물의 성향과 그 시대의 정치적 상황에 따른 기능과 권한의 차이 등은 주의해야 할 부분이다. 이러한 시각은 모든 관부에 적용이 될 수 있다.

그런 면에서 진덕왕대의 집사부가 품주의 기능에서 처음으로 정치적 기능을 분리하였다는 점을 고려하면 국왕의 정치적 보좌 역할을 위한 관부로 이해하는 것이 적절하다. 초대 중시로 진덕왕대부터 문무왕대까지 수많은 정치적·군사적 역할을 수행한 죽지가 임명된 사실로 보건대, 집사부는 김춘추세력이 죽지를 통해 여왕의 정치적 측근으로서 국정운영에 관여할 수 있는 公的 통로였다고 할 수 있다.

집사부의 설치와 함께 창부도 설치되었다. 令의 설치시기는 알 수가 없지만 卿·大舍·史의 설치시기가 모두 진덕왕대임을 고려한다면 영도 651년임을 알 수가 있다. 창부는 업무의 세분화라는 면에서 통치조직의 정비

148) 이기백, 1974, 앞의 책.
149) 이기백, 1996, 앞의 책.
150) 신형식, 1985, 앞의 책.
151) 이기동, 1997, 앞의 책.
152) 이인철, 1993, 앞의 책, 29~30쪽.

를 통한 국가조직체계의 구성이라는 면에서 의미가 있다. 즉 재정을[153] 품주에서 분리함으로서 중앙관부의 재정담당 관부의 신설로 이해할 수 있다.

> 좌리방부는 진덕왕 5년에 두었다. … 영은 2명인데, 관위가 급찬에서 잡찬인 자가 하였다.[154]

> (진덕왕 6년 정월) 파진찬 天曉를 좌리방부령으로 삼았다.[155]

좌리방부의 영은 2인인데 그 설치시기는 알 수가 없다. 단,『삼국사기』 신라본기에 따르면 진덕왕 6년(652) 정월에 파진찬 천효를 좌리방부령으로 삼았던 기록으로 보아 651년 관부 설치 후 652년 정월에 실질적으로 영 1인을 설치하였음을 알 수 있다.[156] 다른 관부에 비해 영에 취임하는 관위의 범위가 상대적으로 낮았다. 진덕왕대의 정치적 변화 등을 고려한다면 율령의 형식과 내용을 재개정하고자 하는 의도에서 설치되었다고 볼 수 있다.[157]

이처럼 진덕왕대에는 정치·재정·율령 관련 관부를 신설하였는데, 정치적으로는 김춘추세력의 입지 강화를, 재정적으로는 국가재정 관리의 전

153) 각 연구자들마다 그 기능에 대해서는 약간의 차이가 있지만, 재정 관련 관부로 보는 데에는 異議가 없다. 자세한 내용은 이인철, 1993, 앞의 책, 31~32쪽 참조.

154) '左理方府 眞德王五年置 孝昭王元年避大王諱 改爲議方府 令二人 位自級湌至迊湌爲之.'(『삼국사기』 권38, 잡지7 직관 상 좌리방부).

155) '以波珍天曉爲左理方府令.'(『삼국사기』 권5, 신라본기5 진덕왕 6년 춘정월).

156) 이 기록은 令이 2인임을 고려한다면 진덕왕 5년(651)에 이미 1인을 영으로 삼았고, 진덕왕 6년에 추가로 天曉를 영으로 두었을 가능성도 있다.

157) 반면 이인철은 입법기관이 아닌 형벌을 관장하는 관부로 이해하였다(이인철, 1993, 앞의 책, 39~40쪽).

문화와 세분화, 외교적으로는 당과의 관계 등을 고려한 관부의 신설로 이해할 수 있다. 따라서 효율적인 국가통치조직의 운영이라는 점과 함께 국왕권의 강화를 위한 정치적 포석의 일면도 갖고 있었다.

두 번째로는 관직의 증원과 신설이다. 즉 이미 설치되어 있던 관부에 관료를 늘리거나 새로운 관직을 만든 경우이다. 먼저, 기존에 영이 설치된 관부에 다시 영 1인이 증원되는 경우를 살펴보자.

> 영객부에 영 2명을 두었다.[158]

> (영객부) 본래 명칭은 倭典이었는데, 진평왕 43년에 領客典[후에 또 왜전을 별도로 두었다]으로 고쳤다. … 영은 2명인데, 진덕왕 5년에 설치하였다. 관위가 대아찬에서 각간인 자가 하였다.[159]

> 조부는 진평왕 6년에 두었다. … 영은 2명인데, 진덕왕 5년에 두었다. 관위가 금하에서 태대각간인 자가 하였다.[160]

영객부는 『삼국사기』 직관지에는 영 2인을 진덕왕 5년(651)에 설치하였다고 했지만, 신라본기에는 진평왕 13년(591)년에 설치한 것으로 나와 약간의 혼동을 준다.[161] 영이 2인임을 감안하면 동시 설치보다는 진평왕

158) '置領客府令二員.'(『삼국사기』 권4, 신라본기4 진평왕 13년 춘이월).
159) '本名倭典 眞平王四十三年改爲領客典 後又別置倭典 … 令二人 眞德王五年置 位自大阿湌至角干爲之.'(『삼국사기』 권38, 잡지7 직관 상 영객부).
160) '調府 眞平王六年置 … 令二人 眞德王五年置 位自衿荷至太大角干爲之.'(『삼국사기』 권38, 잡지7 직관 상 조부).
161) 그밖에 영객부의 관직을 살펴보면 卿은 2명인데, 설치시기는 알 수 없지만, 문무왕 15년(675)에 1인을 증원하였다는 사실로 보아 675년 이전에 이미 경이 설치되었음을 알 수 있다. 예부와 창부의 예처럼 진덕왕 5년에 설치하였을 가능성도 있다. 대사는 2인, 史는 8인인데, 설치시기는 알 수가 없다.

대에 1인, 진덕왕대에 1인을 증원하였던 것으로 추측된다. 영객부는 그 명칭으로 보아 외국 사신을 접대하던 관부로 생각하는데, 진평왕 43년 이후 당과의 관계가 긴밀해지면서 사신의 접대를 주된 목적으로 하여 종래의 왜전을 영객전으로 고쳤던 것으로 생각된다.162) 진평왕 43년(621)은 신라 최초의 견당사 기록이 있고, 이에 당의 通直散騎常侍 庾文素가 처음으로 신라에 파견된 시기였다.163) 진덕왕대의 영 1인 설치도 친당정책에 의한 당나라와의 관계 증가 속에서 이해해야 하는데, 영객전에서 영객부로 승격되면서 영 1인을 증원했을 가능성이 높다.164)

직관지에 따르면 조부는 이미 584년에 설치가 되었다. 그러나 영 2인은 651년에 설치하였던 것으로 나와 시기적으로 많은 차이를 보인다. 이런 경우 조부의 설치시기와 관계없이 사료 그대로 영 2인이 모두 진덕왕대에 두었던 것으로 이해할 수도 있다. 그러나 영객부의 경우와 마찬가지로 영 1인은 584년에, 그리고 진덕왕 때에 1인이 추가로 증원되었다고 추측하는 것이 좀더 합리적이다.165)

조부는 '掌貢賦'라 하여 업무 내용이 명확히 나타나 있다. 품주의 기능에서 분리되었을 가능성도 있지만,166) 일단 직관지의 창부에 대한 기록과

162) 김영하, 2002, 앞의 책, 254쪽.

163) '王遣使大唐朝貢方物 高祖親勞問之 遣通直散騎常侍庾文素來聘 賜以璽書及畫屛風 錦綵三百段.'(『삼국사기』 권4, 신라본기4 진평왕 43년 가을 7월) ; 『구당서』 권199, 신라전 ; 『신당서』 권220, 신라전 ; 『책부원귀』 권970, 外臣部 朝貢 참조.

164) 이인철, 1993, 앞의 책, 38쪽.

165) 그밖에 조부의 관직에서 史는 8인인데, 설치시기는 알 수 없다. 경은 2인인데, 설치시기는 미상이나 문무왕 15년(675)에 1인이 증원되었던 사실로 보아 675년 이전에 이미 경이 설치되었음을 알 수 있다. 예부와 창부의 예처럼 진덕왕 5년에 설치했을 가능성도 있다.

166) 이기백은 조부는 貢賦를 담당한 품주에서 분리되어 나온 것으로 추측하고 있다

는 달리 조부에는 품주와 관련된 기록이 없기 때문에 분리하여 이해하고자 한다.[167] 이것은 품주를 物藏庫와 연관하여 수취물의 보관과 관리라는 면이 주요 담당 업무였다면, 조부는 공물의 수취 업무와 관련하여 이해하는 것이다.[168] 즉 수취물의 보관·관리와 貢賦의 수취관리가 분리됨으로써 재정 관리업무가 좀 더 세분화되었다고 할 수 있다.

다음은 영(급)이 설치된 관부에 卿을 설치하였던 경우이다.

> (예부) 경은 2명인데 진덕왕 2년[또는 5년이라고도 하였다]에 설치하였고, 문무왕 15년에 1명을 더하였다. 관위는 조부의 경과 같았다.[169]

> (창부) 경은 2명인데 진덕왕 5년에 설치하였으며, 문무왕 15년에 1명을 더하였다. … 관위는 병부의 대감과 같았다.[170]

> (좌리방부) 경은 2명인데 진덕왕 때에 설치하였고, 문무왕 18년에 1명을 더하였다. 관위는 다른 경과 같았다.[171]

직관지에 따르면 예부의 경 2인을 설치했다고 하였는데, 진덕왕 2년

---

(이기백, 1974, 앞의 책, 141~142쪽).

167) 또한 직관지에 보이는 진평왕 때에 이미 조부가 설치되었다는 기록도 품주와 관련이 없다고 추측하는 하나의 이유이다.

168) 이인철은 後周의 貢賦 관장 관청인 太府寺를 본받아 조부를 설치한 것으로 본다(이인철, 1993, 앞의 책, 33쪽).

169) '卿二人 眞德王二年一云五年置 文武王十五年加一人 位與調府卿同.'(『삼국사기』 권38, 잡지7 직관 상 예부).

170) '卿二人 眞德王五年置 文武王十五年加一人 … 位與兵部大監同.'(『삼국사기』 권38, 잡지7 직관 상 창부).

171) '卿二人 眞德王置 文武王十八年加一人 位與他卿同.'(『삼국사기』 권38, 잡지7 직관 상 좌리방부).

(648) 또는 5년이라고 하였다. 물론 이해함에 크게 차이는 없지만 진덕왕 5년에 예부에 大舍 2인을 설치하였고, 史 3인을 증원하였으며, 또한 진덕왕대의 관부 정비가 주로 651년에 집중되었던 사실로 보아 651년일 가능성이 높다.

예부는 진평왕 8년(586)에 이미 영 2인을 설치하였다.[172] 그리고 약 66년이 지난 후에 次級인 경 2인을 설치하여 그 기능을 점차 강화하였음을 알 수 있다. 이후 대사 2인의 설치도 같은 맥락으로 이해할 수 있다.

예부의 기능에 대해서는 이미 많은 연구자들이 외교와 의례·교육과 관련된 부서로 이해하였다.[173] 그러나 진덕왕대에 영객부의 영 1인의 증원을 보건대, 외교 관련 업무는 영객부가 전담하였을 가능성이 높다.[174] 예부는 그 소속 관부명을 통해 알 수 있듯이 왕실의 권위를 높이는 의례와 절차, 그리고 교육 등의 업무를 전담하였을 것이다. 그런 면에서 진덕왕대의 예부 소속 관부의 대사가 집중 설치되었음을 고려한다면, 예부의 경과 대사의 설치는 예부 소속 관부의 관리업무의 증가로 인한 설치로 이해해야 한다.

창부와 좌리방부의 경 2인 설치는[175] 이때에 설치되었던 두 관부의 영 설치 이후의 후속조치로 신설관부의 영과 경의 설치가 동시에 이루어졌음을 알 수 있다.

---

172) '禮部 令二人 眞平王八年置'(『삼국사기』 권38, 잡지7 직관 상 예부).

173) 김철준은 외교·의례로(김철준, 1975, 앞의 책, 서울대출판부), 이병도는 외교·의례·교육으로(이병도, 1977, 『국역 삼국사기』, 578쪽), 이인철은 後周나 隋의 제도를 본받아 설치한 것으로 보았다(이인철, 1993, 앞의 책, 32쪽).

174) 영객부의 업무가 외교의 실무적인 준비가 중심이라면, 외교 관련 의례와 절차 등은 예부 담당일 가능성이 높다.

175) 좌리방부의 경은 진덕왕 때라고만 되어 있으나, 다른 경과 마찬가지로 진덕왕 5년으로 추정된다.

경의 설치는 이미 영이 설치된 관부의 업무 증가로 인한 경우와 관부를 신설하면서 영과 함께 동시에 설치하였던 경우로 나눌 수 있는데, 이러한 영·경의 동시 설치는 진평왕대와는 달라진 진덕왕대의 특징으로 이해할 수 있다.

좌리방부에는 佐 2인을 진덕왕대에 두었는데, 다른 관부와 달리 '佐'[176] 라는 관직이 설치되어 이해에 어려움이 있다.

> (좌리방부) 좌는 2명인데, 진덕왕이 두었다. 경덕왕이 評事로 고쳤으나 혜공왕이 다시 좌로 칭하였다. 관위는 사정부의 좌와 같았다.[177]

> (사정부) 좌는 2명인데, 경덕왕이 評事로 고쳤으나 후에 다시 좌로 칭하였다. 관위가 나마에서 대나마인 자가 하였다.[178]

> (상사서) 좌는 1명인데, 관위가 대나마에서 급찬인 자가 하였다.[179]

좌·우리방부 외에 좌가 설치된 관부는 사정부와 상사서가 있었다. 이 중 창부에 속한 상사서는 좌·우리방부와 사정부와는 차이가 있었다. 상사서의 좌는 관위가 대나마에서 급찬으로 좌·우리방부와 사정부의 좌가 나마에서 대나마인 것과 비교하면 높다. 이것은 상사서의 좌를 長級인 大正의 다음인 次級으로 설치하였던 것으로 이해된다. 반면 좌리방부와 사정

---

176) 원래 관직명은 '丞'인데, 737년 3월에 효소왕의 즉위와 함께 避諱하여 같은 뜻인 '佐'로 변경하였다.

177) '佐二人 眞德王置 景德王改爲評事 惠恭王復稱佐 位與司正佐同.'(『삼국사기』 권38, 잡지7 직관 상 좌리방부).

178) '佐二人 … 景德王改爲評事 後復稱佐 位自奈麻至大奈麻爲之.'(『삼국사기』 권38, 잡지7 직관 상 사정부).

179) '佐一人 位自大奈麻至級湌爲之.'(『삼국사기』 권38, 잡지7 직관 상 상사서).

부의 좌는 직관지의 서술 위치와 그 관위로 보아 경보다는 낮고, 대사보다는 높은 관직이었다.

佐는 한자 뜻 그대로면 '보좌한다'라는 의미인데, 좌·우리방부와 사정부·상사서에만 설치되었던 것은 그 이유가 있었을 것이다. 그런 면에서 경덕왕대 변경된 명칭에 주의를 할 필요가 있다. 즉 '評事'로 개칭되었는데,180) 좌가 설치된 관부들의 업무가 입법(또는 형벌)·사정·상훈이기 때문에 그 업무에 판단·의결할 사항이 많았을 것이다. 때문에 다른 관부와는 달리 좌를 설치하였을 것으로 추측된다. 따라서 좌는 각 관부의 업무 특성으로 인해 설치하였을 가능성이 높았다고 할 수 있다.

진덕왕대 관직 설치의 가장 큰 특징은 대사의 설치이다. 『삼국사기』 직관지를 살펴보면 창부·상사서·조부·예부·전사서·국학·음성서·공장부·채전 등에 대사 또는 主書가 진덕왕 5년 또는 진덕왕 때에 설치되었음을 알 수 있다. 따라서 영(급)을 수장급, 경(급)을 차급으로 이해한다면, 대사는 실무관직으로 이해할 수 있는데, 진덕왕 때에 이르러 설치가 시작되었음을 알 수 있다. 그러나 이미 진평왕대에 대사를 둔 기록이 있어 이를 먼저 살펴볼 필요가 있다.

> (집사성) 대사는 2명인데 진평왕 11년에 두었고, 경덕왕 18년에 郞中으로 고쳤다[또는 진덕왕 5년에 고쳤다고 하였다]. 관등이 사지에서 나마인 자가 하였다.181)

주로 진덕왕대에 설치되었던 다른 대사 설치 기록과는 달리, 진평왕대

180) 상사서의 佐는 경덕왕대의 개칭 내용이 기록에 없지만 다른 관부의 佐처럼 評事로 개칭했을 가능성이 높다.

181) '大舍二人 眞平王十一年置 景德王十八年 改爲郞中 一云眞德王五年改 位自舍知至奈麻爲之.'(『삼국사기』 권38, 잡지7 직관 상 집사성).

에 품주(집사부)에 대사가 설치되었던 기록이 있다. 그런 면에서 품주에 설치된 대사직이 오히려 이채롭다.

그러나 집사성의 대사 설치 기록을 보면 약간 이상한 점이 있다. 즉 대사는 진평왕 11년에 설치되었고, 경덕왕 18년에 낭중으로 개칭되었는데, 다음 세주에 '진덕왕 5년에 고쳤다고도 한다.'하여 다른 기록을 소개하고 있다. 이 기록에 따르면 낭중이라는 한화식 명칭이 이미 진덕왕 5년에 이루어졌다는 것인데, 다른 관부들이 경덕왕 18년에 일률적으로 개칭되는 것과 비교하면 세주의 내용은 일고의 가치도 없다고 할 수 있다.

도리어 이 세주 내용이 대사가 주로 설치되었던 진덕왕 5년임을 감안할 때 '진평왕 11년에 두었고' 다음에 삽입하여야 하지 않았을까 하는 추측을 해본다. 그렇다면 품주에서 집사부로의 개편과 함께 대사의 설치도 이때에 이루어졌을 가능성이 높다고 할 수 있다.

창부는 영·경에 이어 대사 2인도 설치가 되었다.[182] '진덕왕대'라고만 되어 있어 정확한 시기는 알 수 없지만 영·경과 같이 진덕왕 5년(651)으로 추정할 수 있다.

상사서는 창부 소속으로 진평왕 46년(624)에 이미 大正 1인을 설치하였는데,[183] 651년에 이르러 대사 2인을 신설하였다.[184] 창부 소속이지만 대정 1인이 설치된 624년에는 아직 창부가 설치되지 않았다. 따라서 이때는 창부의 전신인 품주가 존재하였던 시기이므로, 품주의 소속으로 있다가 뒤에 창부 소속으로 되었을 것이다.[185]

---

182) '大舍二人 眞德王置 … 位與兵部大舍同.'(『삼국사기』 권38, 잡지7 직관 상 창부).
183) '春正月 賞賜署大正一員.'(『삼국사기』 권4, 신라본기4 진평왕 46년).
184) '大舍二人 眞德王五年置 … 位自舍知至奈麻爲之.'(『삼국사기』 권38, 잡지7 직관 상 상사서).
185) 이기백, 1974, 앞의 책, 143쪽.

상사서가 창부 소속의 하위 관부였다는 사실은 당의 상훈 담당관직인 司勳郎中이 吏部에 속해 있는 것과 비교가 된다.[186] 결국 이러한 차이는 창부의 기능과 관련하여 생각할 때 신라에서는 상의 개념이 실질적인 포상물 지급 개념이 더 강하였기 때문일 것이다.[187] 결국 치열한 전쟁의 과정에서 포상물 관련 업무의 증가로 인해 실무관직인 대사가 설치되었던 것으로 이해된다.

조부에도 대사 2인을 설치하였다.[188] 진덕왕 때라고만 되어 있으나 영의 설치시기가 진덕왕 5년임을 감안하면 영과 함께 651년에 설치하였을 가능성이 높다.

예부에도 大舍 2인이 설치되었는데, 주의할 점은 그와 함께 예부 소속 관부에도 대사가 설치되었다는 것이다. 전사서는 예부 소속 관부로 이때에 대사 2인을 설치하였다.[189] 명칭으로 보아 제사 전담 관부로 생각되는데, 직관지에 따르면 성덕왕 12년(713)에 설치하였던 것으로 나오는데, 아마 長級인 監의 설치시기로[190] 생각된다. 따라서 진덕왕 때의 전사서는 아직 실질적인 독립관부의 역할은 하지 못하였으며, 대사 2인은 예부 소속으로 제사 관련 업무를 맡고 있는 실무관직으로 파악된다.

국학도 예부 소속으로 이때에 대사 2인만이 설치되었다.[191] 직관지에

---

186) 『구당서』 권43, 직관2 吏部 ; 『신당서』 권46, 백관1 참조.

187) 이인철, 1993, 앞의 책, 42~43쪽.

188) '大舍二人 眞德王置 景德王改爲主簿 惠恭王復稱大舍 位自舍知至奈麻爲之.'(『삼국사기』 권38, 잡지7 직관 상 조부).

189) '大舍二人 眞德王五年置 位自舍知至奈麻爲之.'(『삼국사기』 권38, 잡지7 직관 상 전사서).

190) '典祀署 屬禮部 聖德王十二年置 監一人 位自奈麻至大奈麻爲之.'(『삼국사기』 권38, 잡지7 직관 상 전사서).

191) '大舍二人 眞德王五年置 … 位自舍知至奈麻爲之.'(『삼국사기』 권38, 잡지7 직관 상 국학).

따르면 국학은 신문왕 2년(682)에 설치하였다고 나오는데,[192] 신라본기의 신문왕 2년에 경 1인을 두는 기사와[193] 일치한다. 이것은 전사서의 경우와 마찬가지로 아직 실질적인 독립관부의 역할은 하지 못하였으며, 대사 2인은 예부 소속으로 국학 관련 업무를 맡고 있었던 실무관직으로 파악된다. 선덕왕 9년(640)에 왕의 자제들을 당의 국학에 입학시켜 주기를 청하는 기록으로 보아,[194] 국학의 운영현황을 인지하고 차후 본격적인 운영을 위한 인재양성과 교육 담당 관직을 설치하였을 것이다.

음성서도 예부 소속의 관부로 대사 2인이 설치되었다.[195] 관부의 설치 시기는 알 수 없으나 신문왕 7년(687)에 長을 卿으로 고치는 것으로 보아 687년 이전에 설치되었음을 알 수 있다. 국학과 마찬가지로 아직 실질적인 독립관부로서의 역할은 하지 못하였으며 대사 2인은 예부 소속으로 궁중의 의례음악 관련 업무를 맡고 있는 실무관직으로 파악된다. 이처럼 예부 소속 5개 관부 중 전사서·국학·음성서의 대사 신설은 실질적인 독립관부의 설치라기보다는 소속 관부의 특정 업무담당 관직의 신설로 이해할 수 있다.

그밖에 공장부에도 주서[196] 2인이 설치되었다.[197] 長級인 監이 신문왕 2년(682)에 설치되었던 것으로 보아[198] 682년의 감 설치 이전까지 실질적

192) '屬禮部 神文王二年置.'(『삼국사기』 권38, 잡지7 직관 상 국학).

193) '立國學 置卿一人.'(『삼국사기』 권8, 신라본기8 신문왕 2년 6월).

194) '王遣子弟於唐 請入國學.'(『삼국사기』 권5, 신라본기5 선덕왕 9년 여름 5월).

195) '大舍二人 眞德王五年置 景德王改爲主簿 後復稱大舍 位自舍知至奈麻爲之.'(『삼국사기』 권38, 잡지7 직관 상 음성서).

196) 직관지에는 '主書二人 或云主事 或云大舍 眞德王五年置.'라고 되어 있지만 경덕왕 18년에 '工匠府…等大舍爲主書.'로 개칭된 점을 생각할 때 진덕왕 5년에는 대사라고 칭하였을 것이다.

197) '主書二人 或云主事 或云大舍 眞德王五年置 位自舍知至奈麻爲之.'(『삼국사기』 권38, 잡지7 직관 상 공장부).

인 독립관부의 역할은 하지 못하였으며, 대사 2인이 수공업 관련 업무를 맡고 있었던 것으로 이해된다.[199]

채전에도 주서[200] 2인을 설치하였다.[201] 監이 신문왕 2년에 설치되는 것으로 보아[202] 감 설치 이전까지 실질적인 독립관부의 역할은 하지 못하였으며, 대사 2인은 채색 관련 업무를 맡고 있었던 실무관료로 파악된다.

직관지에서 史의 설치시기는 거의 확인되지 않는다. 설치 연대가 없거나 증원된 사실만이 나와 있기 때문에 각 관부의 사가 언제 설치되었는지는 대부분 알 수가 없다. 그런 면에서 창부의 史 설치시기는[203] 직관지에 유일하게 기록되어 있는 경우이다. 직관지에는 진덕왕 때라고 하였지만 아마도 영·경의 설치시기인 진덕왕 5년(651)이었을 것으로 추측된다. 이로써 창부는 신문왕대에 설치되는 舍知를 제외하고 이 시기에 영부터 경·대사·사가 모두 설치되었다.

史의 증원 사실도 확인할 수 있다. 예부의 史가 8인인데, 651년에 3인을 증원하였던 것이다.[204] 이것은 651년 이전에 이미 사가 설치되었음을

198) '又置工匠府監一人.'(『삼국사기』 권8, 신라본기8 신문왕 2년 6월).

199) 공장부의 이해에서 문제가 되는 것은 직관지에 보이는 '工匠府 景德王改爲典祀署 後復故.'기록이다. 이로 인해 경덕왕대에 마치 전사서로 개칭이 되었다 다시 복고된 것처럼 이해할 수 있는데, 그럴 경우 성덕왕 12년(713)에 설치한 전사서와 함께 경덕왕 어느 시점부터 동일 명칭의 2개 관부가 동시에 존재한 것이 된다. 이보다는 전사서로의 개칭이 아닌 전사서에 통폐합되었다가(이인철, 1993, 앞의 책, 45쪽) 다시 복고된 것으로 보는 것이 더 합리적이다.

200) 공장부의 대사와 마찬가지로 경덕왕 18년에 '彩典等大舍爲主書.'로 개칭된 점을 생각할 때, 진덕왕 5년에는 대사라고 칭하였을 가능성이 높다.

201) '主書二人 眞德王五年置 位自舍知至奈麻爲之.'(『삼국사기』 권38, 잡지7 직관 상 채전).

202) '彩典監一人.'(『삼국사기』 권8, 신라본기8 신문왕 2년 6월).

203) '史八人 眞德王置.'(『삼국사기』 권38, 잡지7 직관 상 창부).

204) '史八人 眞德王五年加三人 位與調府史同.'(『삼국사기』 권38, 잡지7 직관 상

보여준다. 그렇다면 예부의 사는 언제 설치되었을까?

앞서 살펴본 바와 같이 예부의 경과 대사는 651년에 설치되었는데, 이러한 관직의 신설과 함께 기존에 설치되어 있었던 사를 더 증원시켰다. 자세한 설치시기는 알 수 없지만, 사지가 주로 중대에 설치되었음을 생각해 볼 때 사는 진평왕 8년(586)에 설치하였던 예부의 영과 함께, 또는 그 이후 얼마 안 있어 설치되었을 가능성이 높다. 이러한 추측은 창부를 통해서도 어느 정도 짐작이 가능하다. 물론 신설관부이기는 하였지만 창부의 영 설치시기와 사의 설치시기는 같았다. 따라서 최하위관직인 사는 각 관부의 영(금)의 설치시기와 같았을 가능성이 높다고 할 수 있다.

그밖에 시위부도 정비가 이루어졌다. 시위부는 이미 진평왕 46년(646)에 大監 6인을 설치하였다.[205] 그리고 진덕왕 5년(651)에 이르러 '有三徒'를 설치하였는데,[206] 徒가 '무리'나 '집단'을 의미하므로 3개의 부대를 말하는 것일 것이다.[207] 그리고 신문왕 원년 10월에 '감을 없애고 장군 6인을 두었다.'[208]라고 하여 감의 설치시기는 알 수 없지만, 삼도에 유의하면 그 지휘책임자로서 감 6인을 두고 아울러 하위 무관직인 隊頭 15인, 項 36인, 卒 117인을 651년에 같이 설치하였을 가능성이 높다고 할 수 있다.[209] 이제 왕의 근위부대로서 시위부가 보다 체계적으로 성립된 것이었다.[210]

---

예부).

205) '置侍衛府大監六員.'(『삼국사기』 권4, 신라본기4 진평왕 46년 춘정월).

206) '有三徒 眞德王五年置.'(『삼국사기』 권40, 잡지9 직관 하 무관 시위부).

207) 이병도, 1977, 『국역 삼국사기』, 595쪽 주1 ; 이기백·이기동, 1982, 앞의 책, 340쪽 ; 이문기, 1986, 「신라 시위부의 성립과 성격」, 『역사교육논집』 9 ; 이문기, 1997, 『신라병제사연구』, 일조각, 158쪽.

208) 『삼국사기』 권8, 신라본기8 신문왕 원년 겨울 10월.

209) 그러나 監 6인을 기준으로 할 때 대감 6인과 項 36인은 수치상 이해가 되지만 隊頭 15인, 卒 117인은 어떻게 이해해야 할지 모르겠다.

진덕왕대는 관부와 관직의 신설과 증원을 통해 중앙관부의 관직체계가 형성되었다고 할 수 있다. 특히 실무관직인 대사의 설치를 통해 영-경-대사-사라는 일률적인 관직체계가 형성되었다는 것은 주목되는 부분이다.

관직체계라는 면에서 주목되는 관부는 창부이다. 창부는 진덕왕 5년에 구성관직들인 영·경·대사·사가 모두 설치되었다.[211] 신라 중앙관부의 대부분이 관부의 일부 관직을 설치하고 점차 다른 관직을 설치하는 과정을 거쳤는데, 이때에 이르러 창부에는 책임자인 영에서 최하위관료인 사까지 일괄적으로 설치되었던 것이다. 집사부·예부·조부·[212]좌리방부도[213] 진덕왕대에 일률적인 관직체계를 구성하였다.

그런 면에서 실무관직인 대사의 설치는 우선적으로 관부의 업무 증가에 따른 실무관직의 필요성으로 이해할 수 있다. 그러나 한편으로는 앞서 진덕왕대의 한화정책과 정치적으로 일맥이 닿아 있다고 추측할 수 있다. 이것은 진덕왕대 이전까지는 관부에 영·경(급)만이 설치되었다가 대사의 설치를 통해 관부가 체계화됨으로서 진골이 독점하는 관직인 영도 국가조직인 관부의 구성원으로 자리 잡고, 인식되기 시작하였음을 의미한다.

즉 영이 이전까지 관부의 대표자이자 책임자였다면, 진덕왕대에 이르러서는 일률적인 관직체계 내에 위치하게 되었다. 따라서 실무관직인 대사의 신설로 인해 영은 국왕 휘하 통치조직인 관부의 책임자이자 관료로

---

210) 이문기는 개편된 시위부의 군사력이 김춘추가 즉위할 때에 군사적인 기반을 담당한 것으로 추정하였다(이문기, 1997, 앞의 책, 160~161쪽).

211) 대사와 史는 직관지에 '진덕왕 때에 두었다.'라고 하였지만 이 글에서는 진덕왕 5년으로 추정하였다.

212) 문무왕 15년(675)에 경 1인을 증원하는 것으로 보아 675년 이전에 이미 설치되었음은 확인할 수 있다.

213) 다른 관부와 같이 대사가 진덕왕 5년에 설치가 되었다면, 좌리방부도 관부 설치와 함께 일률적인 관직체계를 갖추었다고 할 수 있다.

한층 더 국왕과 구별되는 계기가 되었으며, 관부의 구성원으로 그들을 더욱 긴박하게 하는 역할을 하였을 것이다.[214)]

이러한 특징과 함께 생각해볼 점은 시기적으로 진덕왕 5년에 집중적으로 관부 정비가 이루어졌다는 것이다.[215)] 즉 김유신·김춘추 세력은 진덕왕 2년(648)에 김춘추의 청병외교가 성공한 후 진덕왕 3년에서 5년 정월까지 중조(당)의 의관 도입, 진골귀족 대상의 홀제 실시, 당 연호의 채용, 하정지례의 실시 등 청병을 위한 실질적인 조치와 국왕권 회복을 위한 의례 조치를 취했다. 관부 정비는 이러한 정책을 실시한 이후 바로 시작되었다. 즉 정월에 하정지례를 실시한 후 바로 2월에 품주를 집사부로 고치고 죽지를 집사중시로 삼았는데, 이러한 모습은 김춘추 세력이 일정한 의도와 목적을 가지고 순차적으로 한화정책과 관부정비를 실시하였던 것으로 그들의 정치적 과정이 보다 선명히 드러났다고 할 수 있다.

214) 박명호, 2016, 「신라 진덕왕대 대사 설치와 그 정치적 의미」, 『한국사학보』 64.
215) 직관지 등에 보이는 '眞德王置'를 모두 진덕왕 5년으로 이해한다면, 원년에 증원된 大都唯那와 大書省 각 1인을 제외하면, 진덕왕대 관부·관직의 설치는 모두 651년에 이루어졌다고 볼 수 있다.

## 2. 전쟁 수행과 권력집중의 관계

### 1) 국왕의 전쟁 수행과 권력의 집중화

김춘추·김유신세력은 비담의 모반 제압을 계기로 정치적 입지가 점차 강화되었으며, 진덕왕대에는 청병외교를 통한 당의 군사적 지원 확보와 한화정책을 통한 여왕의 권위 회복을 통해 국왕과 (진골)백관들과의 서열화·차별화를 시도하였다. 이러한 정치적 과정을 거쳐 진덕왕의 사망 후 진골인 태종(무열왕) 김춘추가 처음으로 왕위에 오름으로써 신라 중대는 시작되었다.

7세기 중반인 태종무열왕~문무왕 시기는 치열한 전쟁기임이 이해의 전제이다. 고구려에 이어 당과의 최종적인 승리 이전 시기까지의 모든 활동은 전쟁 수행이라는 지향점을 추구하였다. 그렇기 때문에 정치적 의도를 가지고 실시되었던 진덕왕대의 여러 정책들과는 달리, 이 시기는 전쟁을 통해 자연스럽게 국왕과 정치세력들간의 서열화가 이루어질 수 있었다. 이러한 변화상을 확인하기 위해 먼저 김춘추의 즉위과정과 정국현황을 간단히 살펴보자.

> (태종무열왕 원년) 진덕이 사망하자, 군신들이 알천 이찬에게 섭정을 청했다.[1)]

1) '及眞德薨 群臣請閼川伊湌攝政.'(『삼국사기』 권5, 신라본기5 태종무열왕 원년).

(태종무열왕 원년) 알천이 굳이 사양하며 말하였다. "신은 늙고, 덕행이라 할 수 있는 것이 없다. 지금 덕망이 높기는 춘추공만한 자가 없으니, 실로 濟世의 영웅이라 할 수 있다." 마침내 받들어 왕으로 삼고자 하니, 춘추는 세 번 사양하다가 부득이 왕위에 올랐다.[2]

(태종무열왕 원년 5월) 당에서 사신을 보내 부절을 가지고 예를 갖추어 開府儀同三司新羅王으로 책봉하였다.[3]

김춘추의 왕위 계승은 정상적이지 않았다. 진덕왕이 사망하자 군신들은 알천에게 섭정을 요청하였다.[4] 섭정이라 표현된 것으로 보아 아마도 진덕왕의 사망 후 왕위의 당연 승계자는 없는 듯하다. 알천의 왕족 내의 위치 등을 자세히 알 수는 없지만[5] 알천이 진덕왕대의 귀족회의에서 수석에 앉았다는 설화가 있다.[6]

그러나 알천은 왕위 자리를 사양하였고, 김춘추를 '濟世英傑'라 하며 그를 왕으로 추천하였다. 이에 김춘추는 세 번 사양하였다가 부득이 왕의 자리에 올랐다. 이미 김춘추가 진덕왕대 이후 정치적 실권을 장악했다고 한다면 군신들의 알천 추대 → 알천의 사양 → 김춘추 추천 → 김춘추의

2) '閼川固讓曰 臣老矣 無德行可稱 今之德望崇重 莫若春秋公 實可謂濟世英傑矣 遂奉爲王 春秋三讓 不得已而就位.'(『삼국사기』 권5, 신라본기5 태종무열왕 원년).

3) '唐遣使持節備禮 冊命爲開府儀同三司新羅王.'(『삼국사기』 권5, 신라본기5 태종무열왕 원년 5월).

4) 이기백은 이를 실질적인 왕위 추대로 보았다(이기백, 1974, 앞의 책, 100쪽).

5) 이종욱은 성골집단 3대가계 내에서의 왕위계승 논리에 따라 알천이 김춘추보다 한층 왕위계승의 적격자로 보았다(이종욱, 1980, 「신라 중고시대의 성골」, 『진단학보』 50 ; 이종욱, 1999, 『신라골품제연구』, 일조각, 176쪽). 반면 김영하는 이종욱의 3대가계 성골집단의 왕위계승원리로부터 연역된 논리는 사료에 의해 입증되지 않는다고 하였다(김영하, 2002, 앞의 책, 276쪽 주219).

6) 『삼국유사』 권1, 기이2 진덕왕 참조.

태종무열왕릉비

사양 → 부득이 즉위의 과정은 왕위 승계의 정당성을 얻기 위한 의도적인 정치적 절차라고 할 수 있다.

이러한 시각은 알천이 선덕왕 때에 장군으로 활동하였고, 진덕왕 원년(647)에는 상대등에 올랐던 인물이라는 점에 주의하여 친김춘추 계열의 인물로 파악하는 것이다. 이와 관련하여 김유신 열전에는 '유신이 알천과 도모하여 김춘추를 맞이하여 즉위하게 하였다.'하여 신라본기와는 약간 다른 내용을 보여주고 있는데,[7] 어쩌면 이것이 당시 정치현실을 그대로 보여주었던 것이 아닌가 한다.

김춘추의 왕위 승계에 당나라는 별 다른 거부감 없이 654년에 바로 신라왕으로 책봉하였다. 이러한 사실은 당에서 김춘추의 정치적 실세를 이

7) '永徽五年 眞德大王薨 無嗣 庾信與宰相閼川伊湌謀 迎春秋伊湌 卽位 是爲太宗大王.'(『삼국사기』 권42, 열전2 김유신 중).

미 인지하고 있었다는 방증이며, 이전에 선덕왕과 관련하여 여왕에 대해 부정적인 입장을 취하였던 당으로서는 실세의 왕위 즉위를 오히려 반겼을 가능성도 높다고 하겠다.

태종무열왕대에도 삼국간의 치열한 전쟁은 계속되었다. 오히려 신라와 당의 밀착으로 전쟁은 본격적으로 시작되었다 할 수 있다. 예를 들면 태종무열왕 2년(655) 정월에 고구려·백제·말갈이 연합하여 신라의 北境 33성을 탈취하였다.[8] 이에 신라는 즉각 당에 구원 요청을 하였으며, 당은 3월에 고구려를 공격하였다.[9] 이제 삼국간의 전쟁형태는 당·신라와 고구려·백제와의 대결양상을 띠게 되었던 것이다.

그러나 이러한 긴박한 대외환경에서도 태종무열왕은 즉위 후 몇 가지 대내적인 정치적 조치를 취하였다. 먼저, 원년(654) 5월에 율령을 상세히 살펴 理方府格 60여 조를 고쳐 정하도록 하였다.[10] 태종무열왕이 즉위한 후 최초의 정치행위라는 점에서 아마도 현실적인 필요성에 의해 실시한 조치였을 것이다.

'格'이란 『신당서』의 형법조에 따르면 '百官有司之所常行之事'이다.[11]

---

8) 이 전투상황은 『삼국사기』 백제본기와 고구려본기뿐만 아니라 『신당서』, 『구당서』, 『자치통감』, 『책부원귀』 등에 모두 수록되어 있는데, 빼앗긴 성의 숫자는 30여 성에서 36성까지 약간의 차이를 보여준다. 아무튼 이 전투는 고구려를 주축으로 백제와 말갈의 連兵에 의한 대대적인 신라 공격으로, 33성이라는 규모로 보아 신라에게 막대한 손실을 입혔을 것이다.

9) 이상의 전투상황은 『삼국사기』 권5, 신라본기5 태종무열왕 2년 참조.

10) '命理方府令良首等 詳酌律令 修定理方府格六十餘條.'(『삼국사기』 권5, 신라본기5 태종무열왕 원년 5월). 자세한 내용은 강봉룡, 1994, 『신라 지방통치체제연구』, 서울대박사학위논문, 231~237쪽 참조.

11) '唐之刑書有四曰律令格式 令者尊卑貴賤之等數 國家之制度也 格者百官有司之所常行之事也 式者其所常守之法也 凡邦國之政 必從事於此三者 其有所違及人之爲惡而入于罪戾者 一斷以律 律之爲書 因隋之舊 爲十有二篇……'(『신당서』 권56, 志46 刑法).

즉 '관료들이 일상적인 업무를 행하는 일에 대한 규정'이라고 할 수 있는데, 법률과 관련된 관부인 이방부의 격을 고쳤다는 사실로 보아 김춘추 즉위 후 당시 새로운 정치적 상황의 전개에 맞추어 기존에 수용하였던 당의 율령을 바탕으로 이방부격을 수정하였다고 이해된다.12)

다음으로 정치적·군사적으로 직계의 인물들을 임명하였다.13) 장자인 법민(문무왕)을 태종무열왕 2년(655) 3월에 병부령에 임명하였다가 태자로 책봉하여14) 왕족 내에서 일어날 수 있는 권력분쟁을 사전에 차단하였고, 나머지 아들들에게는 각각의 관등을 부여하여15) 현실정치에 참여할 수 있는 기반을 마련해 주었다. 또한 태종무열왕 5년(658) 정월에는 아들인 문왕을 집사부의 중시로 삼았다.16) 이러한 사실은 여러 아들들을 전면에 내세워 친정체제를 구축, 정치적 안정을 도모하고자 하였던 의도를 엿볼 수 있다.

그러나 왕권의 강화 내지 집중화를 위한 실질적인 정책이 적극적으로 이루어졌다고 보이진 않는다. 이것은 진덕왕대에 진행된 한화정책 등과 같이 상대적으로 기존 정치세력의 입지를 약화시키는 정책이나 정치적

---

12) 강봉룡, 1994, 앞의 박사학위논문, 236쪽 ; 김영하, 2007, 앞의 책, 191~192쪽. 高明士는 당 태종이 김춘추에게 준 『진서』 등 여러 書物 중 637년의 律令格式이 있었으며, 이때의 이방부격 60여조의 정비는 이것을 바탕으로 한 것으로 파악하였다(高明士[吳富尹 譯], 1995, 『한국교육사연구』, 95쪽). 반면 신라 고유의 율령을 개정하였다고 보는 견해(이기동, 1984, 앞의 책, 120쪽; 이종욱, 1999, 앞의 책, 109쪽)도 있다.

13) 김수태, 1996, 앞의 책, 163쪽.

14) '太宗元年 以波珍爲兵部令 尋封爲太子.'(『삼국사기』 권6, 신라본기6 문무왕 상).

15) '庶子文王爲伊湌 老且爲海湌 仁泰爲角湌 智鏡愷元各爲伊湌.'(『삼국사기』 권5, 신라본기5 태종무열왕 2년).

16) '春正月 中侍文忠改爲伊 文王爲中侍.'(『삼국사기』 권5, 신라본기5 태종무열왕 5년).

사건이 없었음을 말한다.

이것은 역시 전쟁의 수행이라는 목적이 더 중대한 당대 사안이었기 때문일 것이다. 그런 면에서 중대 왕권이 당면한 정치적 과제는 다른 진골귀족의 체제 도전이라는 대내적 모순과 백제의 신라 침공이라는 대외적 모순을 동시에 해결하고 중앙집권적 국가체제를 확립하는 것으로 보고, 중대 초기의 왕권은 체제 안정을 위한 대외전쟁의 길을 모색하였다는 견해는[17] 적절하다 할 수 있다.

이러한 전쟁수행 과정에서 전쟁 참여인물들의 논공행상과 처벌이 官等를 통해 이루어졌다는 것은 주목되는 사실이다.[18] 이와 관련하여 귀족세력의 경제기반을 제약하는 관점에서 종래의 토지와 노예 중심의 전공포상체계가 전쟁을 거치면서 변화가 일어나 상급 장군은 관위만을 승급하고, 하급 군사와 지방유력자에게는 관위와 租·粟을 지급하는 단계로 전환하였다는 견해가 있다.[19] 태종무열왕 때의 관련 사료를 살펴보자.

> (태종무열왕 7년 11월 22일) 왕이 백제에서 돌아와 공을 논하였는데, 罽衿卒 宣服을 급찬으로 삼고, 軍師 豆迭을 고간으로 삼았으며, 전사한 儒史知, 未知活, 寶弘伊, 屑儒 등 네 명에게 관직을 줌에 차등이 있었다.[20]

> (태종무열왕 8년) 왕이 기뻐서 冬阤川을 칭찬하고 발탁하여 대나마 관위

17) 김영하, 2002, 앞의 책, 277쪽.

18) 戰功의 포상방식과 내용에 대해서는 이우태, 1992, 「신라 삼국통일의 일요인 -대지방민 정책을 중심으로-」, 『한국고대사연구』 5, 113~120쪽 ; 조법종, 1999, 「신라 문무왕 사회정책의 성격검토」, 『신라문화』 16, 동국대 신라문화연구소, 99~102쪽 참조.

19) 김영하, 2007, 앞의 책, 152~155쪽.

20) '王來自百濟論功 以罽衿卒宣服爲級湌 軍師豆迭爲高干 戰死儒史知未知活寶弘伊屑儒等四人 許職有差.'(『삼국사기』 권5, 신라본기5 태종무열왕 7년 11월 22일).

> 를 주었다.[21]

> (태종무열왕 8년) 왕이 여러 장수들이 싸움에서 패하였으므로, 벌을 논함에 각각 차등이 있었다.[22]

태종무열왕 7년(660) 11월 5일에 王興寺岑城을 공격, 7일에 승리를 하였다. 이에 국왕은 22일에 논공을 행했는데, 계금졸 선복을 급찬으로 삼는 등 전투에 공이 있는 인물들에게 관등을 부여하였다. 그리고 661년 5월 9일에 고구려와 말갈의 述川城 공격을 극적으로 막아낸 城主 동타천은 그 공으로 관위가 대사에서 대내마로 상승하였다.

또한 태종무열왕 8년(661) 3~4월의 전투에서 여러 번 패배를 하자 왕은 벌을 논하여 각각 차등 있게 하였다. 이때의 벌이 구체적으로 어떠한 행위였는지 알 수는 없지만 논공 때의 관등 상승처럼 관등의 강등도 포함되어 있었을 가능성은 높다.

이렇게 관등을 통한 논공행상 방식은 중고기인 진평왕 24년(602) 이후 간간이 확인이 된다. 그러나 모두 전쟁에서 사망한 군공자에 대한 사후 추증이었다. 반면 태종무열왕 7년(660)의 왕흥사잠성전부터는 전사자뿐만 아니라 현재 활동 중인 무장들이나 군공자에게도 관등을 사여하였던 것이다. 이러한 모습은 치열한 전쟁기인 문무왕 때에도 지속적으로 이루어졌다.[23]

즉 중고기인 진평왕 때의 관등 수여가 사후의 추증이라는 명예형이라면, 전쟁기인 태종무열왕 시기부터는 현재의 전쟁 참여자들에게 국가조

21) '王嘉獎冬陁川 擢位大奈麻.'(『삼국사기』 권5, 신라본기5 태종무열왕 8년).
22) '王以諸將敗績 論罰有差.'(『삼국사기』 권5, 신라본기5 태종무열왕 8년).
23) 자세한 포상 내용은 이우태, 1992, 앞의 논문, 114~115쪽 ; 조법종, 1999, 앞의 논문, 101~102쪽 참조.

태종무열왕릉

직의 서열체계인 '관등'으로 보상을 하거나 벌을 주고 있었다.

과연 당시 百官들이 관등을 어떠한 의미로 받아들였는지 알 수는 없다. 하지만 백관들의 서열을 상징하는 '관등'이 보상의 한 방법이었다는 사실은 참전인물들을 점차 더 강하게 국가조직의 일원으로 밀착시키는 효과를 거두었을 것이다. 물론 조·속의 하사도 7세기의 전공 포상에서 하나의 관행으로 정착되었지만,[24] 이러한 관등의 상승, 또는 상징물[劍·戟]의 수여 등은 지속적인 보상방법이었다.[25]

24) 김영하, 2007, 앞의 책, 154~155쪽.

25) 『삼국사기』 등에는 전쟁 종료 후에도 각 인물들의 관등 상승을 기록한 내용들이 간간이 보인다. 따라서 관등을 통한 포상방법은 삼국간의 전쟁시기뿐만 아니라 이후에도 신라의 관료들을 효율적으로 관리하는 정치적 장치라고 할 수 있다. 뿐만 아니라 관료들에게도 관등의 상승이 가져오는 경제적 이득[관료전 및 세조 등등]도 상당하였을 것이다.

이러한 관등을 통한 군공자에 대한 포상방법은 중대 초 전쟁기에 보이는 또다른 형식의 특징적인 통치행위라고 할 수 있다. 이렇듯 국왕은 전쟁 수행 과정을 통해 참전세력들을 제어할 수 있는 뜻하지 않은 효과를 거두기도 했다. 그렇다면 이 시기 정치세력과의 관계를 살펴보자.

> (태종무열왕 6년 8월) 아찬 진주를 병부령으로 삼았다.[26)]

> (문무왕 2년 8월)대당총관 진주와 남천주총관 진흠이 거짓으로 병을 핑계 삼아 한가로이 지내며 국사를 돌보지 않았으므로, 마침내 그들을 목베고 아울러 그 일족을 멸하였다.[27)]

앞서 살펴본 바와 같이 진덕왕대까지 비담으로 대표되는 일부 정치세력들의 태도로 보아 그들의 비협조 내지 소극적인 태도는 태종무열왕 즉위 이후에도 계속될 가능성은 높았다. 그러나 태종무열왕 때에 정치세력과의 충돌이나 반발 등을 확인할 수 있는 사료는 없다. 도리어 태종무열왕 6년(659) 8월에는 아찬 진주를 병부령에 임명함으로서 왕실에 비협조적이었던 인물들과[28)] 협조관계를 유지하기 위해 노력하는 모습이 보였다.

이와 같은 모습은 진덕왕대에 진골귀족의 반발을 불러올 수 있는 여러 한화정책을 실시하였던 모습과는 대조적이다. 이것은 태종무열왕대의 특징이라 할 수 있는데, 정치체제는 아들 등 측근세력들을 임명하여 안정시

26) '以阿眞珠爲兵部令.'(『삼국사기』 권5, 신라본기5 태종무열왕 6년 8월).
27) '大幢摠管眞珠 南川州摠管眞欽 詐稱病 閑放不恤國事 遂誅之 幷夷其族.'(『삼국사기』 권6, 신라본기6 문무왕 2년 8월).
28) 이 기록만으로는 진주를 비협조적인 인물이라 할 수는 없다. 그러나 전쟁 중인 문무왕 2년(662)에 국왕에 의해 처형된 인물임을 고려한다면, 신라의 국정운영에 적극적으로 참여한 친왕실 인물로는 생각되지 않는다.

키면서, 한편으로는 진골귀족과의 협력관계를 유지하여 전쟁을 수행하는 모습을 보여주었다. 비담·염종의 모반 이후 문무왕 이전까지 정치세력과의 불협화음은 보이질 않는다. 그것은 전쟁의 수행이라는 어려운 국가적 과제를 위한 서로간의 정치적 노력이었다 할 수 있다.

그러나 문무왕 2년(662)에 문무왕은 대당총관 진주와 남천주총관 진흠을 국사에 소홀하다는 이유로 처형하고 일족까지 멸하였다. 이 사실은 무열왕계의 등장 이후 중대에 보이는 최초의 정치적 사건으로, 흥미로운 사실 중의 하나이다.

이 사건을 반발세력의 관심을 밖으로 돌리기 위해 전쟁을 일으켰으며, 이 과정에서 정국운영에 저해되는 인물들을 패전의 책임을 물어 제거했다는 의견이 있다.[29] 정치세력간의 대립이라는 관점에서 보면 일리가 있다. 그러나 중대의 성립 이후 국왕권의 위상 변화라는 시각에서도 이해할 수 있는 여지가 있다.

진주와 진흠의 처형은 첫째는 시기적으로 태종무열왕 때는 전혀 발생하지 않았던 사건이 문무왕 때에 이르러 처음으로 발생했으며, 둘째는 전쟁 수행에서 대백제전이 아닌 대고구려전에서 나타났다는 것이다. 만약 정국운영에 저해가 되는 인물의 제거라는 의도였다면 태종무열왕 때에, 이미 대백제 전쟁이 벌어지는 상황에서 그러한 정치적 사건은 충분히 일어날 수 있었다. 그럼에도 문무왕 때에 발생하였다는 사실은 두 국왕의 개인성향, 국정운영 방식의 차이와 함께 대백제전의 승리라는 점을 고려해야 한다.

먼저, 생각해볼 점은 문무왕이 중대의 2대 국왕이었다는 것이다. 앞서 국왕의 개인 성향을 얘기했지만, 왕계의 변화라는 면에서 태종무열왕은

29) 주보돈, 1994, 앞의 논문, 291~294쪽.

중대의 첫 번째 국왕이자 진골 신분의 국왕이었다.

그런 면에서 태종무열왕은 국정운영에, 또는 전쟁수행에 소극적인 진골귀족과의 협력에 중점을 두었을 것이다. 비록 진골귀족들의 적극적인 협조가 없었다 할지라도 태종무열왕은 불협화음보다는 진골귀족과의 협의와 타협, 왕권의 절제된 행사를 통해 대백제전을 수행했을 가능성이 높다. 앞서 살펴본 진주의 병부령 임명이 하나의 예이다.

반면에 문무왕은[30] 아버지인 김춘추를 따라 젊은 시절부터 전쟁에 참여하여 대백제전의 승리를 경험한 국왕이었다. 이러한 전쟁의 승리는 아버지와는 달리 국왕으로서 강한 자신감을 가지게 되었을 것이다. 즉 전쟁의 승리로 김춘추와는 달리 성골이 아닌 진골이라는 왕계의 비정통성에서 어느 정도 벗어나 국왕권을 인지하고 강력한 정치적 행위를 할 수 있는 시기를 맞이하였던 것이다.[31]

이런 면에서 대고구려전이 수행되었던 시기에 진주와 진흠의 처형이 일어난 것도 우연의 일치로만 치부할 수 없다. 이것은 전쟁수행의 지도자로서, 책임자로서의 정치행위라고 할 수 있으며, 전쟁의 승리라는 결과를 기점으로 정치세력들인 진골귀족에 대한 국왕권의 우위를 가져왔다고 이

30) 문무왕대에 대한 연구성과는 주로 고구려·백제와의 전쟁과 나당전쟁에 집중되어 있는데, 전쟁사 이외에 문무왕 관련 주요 연구논문들은 다음과 같다.
이호영, 1981, 「신라 삼국통일에 대한 재검토」, 『사학지』 15 ; 이명식, 1985, 「신라 문무왕의 민족통일 위업」, 『대구사학』 25 ; 이종학, 1992, 「문무왕과 신라 해상세력의 발전」, 『경주사학』 11 ; 김수태, 1996, 「문무왕」, 『신라 중대 정치사연구』, 일조각 ; 조법종, 1999, 「신라 문무왕 사회정책의 성격검토」, 『신라문화』 16, 동국대 신라문화연구소.

31) 신형식은 외교와 전쟁은 국가발전의 불가피한 용인이며, 전투지휘관의 권위를 높여주는 계기가 되며, 전투에서의 권위와 능력은 곧 정치·사회에 있어서의 그것을 뜻하는 것으로 보았다(신형식, 1983, 「삼국시대 전쟁의 정치적 의미」, 『한국사연구』 43, 15~16쪽).

해할 수 있다.

이러한 국왕권의 변화상은 대백제전과 대고구려전에 보이는 두 국왕의 전쟁 지휘 형태의 변화를 비교하면 좀더 분명해진다.

> (태종무렬왕 7년 3월) 칙명으로 왕을 夷道行軍摠管으로 삼아 군사를 거느리고, 聲援하게 하였다.32)

> (문무왕 원년 7월 17일) 김유신을 대장군으로 삼고, 인문·진주·흠돌을 대당장군으로, 천존·죽지·천품을 귀당총관으로, 품일·충상·의복을 상주총관으로, … 진복을 서당총관으로, 의광을 랑당총관으로, 위지를 계금대감으로 삼았다.33)

태종무열왕 7년(660) 3월에 당 고종은 소정방을 神丘道行軍大摠管, 김인문을 副大摠管으로 삼아 백제를 공격하고자 하였다. 이때 당나라는 칙명으로 태종무열왕을 嵎夷道行軍摠管으로 삼아 당을 돕도록 하였다. 이미 당에 체류하고 있었던 김인문은 신라의 장군이 아닌 당의 총관으로 온 것이었기 때문에 당의 대백제전을 위한 총관제에서 확인할 수 있는 신라의 인물은 당시의 국왕인 김춘추뿐이었다.

그밖에 신라의 무장들인 김유신·진주·천존 등은 단지 신라의 장군으로 당의 전쟁 수행에 참여하고 있었다. 이때의 대백제전은 당 중심의 전쟁이라고 할 수 있으며, 국왕인 김춘추가 총관으로 참여하고 있었지만 그 외의 신라 장군들은 『삼국사기』의 표현대로 단지 '聲援'하는 것이었다.

---

32) '勅王爲嵎夷道行軍摠管 使將兵 爲之聲援.'(『삼국사기』 권5, 신라본기5 태종무렬왕 7년 3월).

33) '以金庾信爲大將軍 仁問眞珠欽突爲大幢將軍 天存竹旨天品爲貴幢摠管 品日忠常義服爲上州摠管 眞福爲誓幢摠管 義光爲郎幢摠管慰知爲罽衿大監.'(『삼국사기』 권6, 신라본기6 문무왕 원년 7월 17일).

반면 1년이 지난 문무왕 원년(661) 7월에 문무왕은 당의 명령에 의해 대고구려전을 준비하였는데, 이때 당의 전시조직과는 별도로 신라에서도 자체적으로 전시조직을 구성하여 이전까지 보이지 않던 총관제의 형태를 갖추었다. 즉 김유신을 대장군으로, 인문과 진주 등을 대당장군으로 하여 이하 여러 무장들을 각 지역 총관으로 임명하였다. 즉 장군 임명 형태의 중고기 기본 편성방법에서 벗어나진 않았지만, 태종무열왕이 총관에 임명됨으로서 당의 전시직제인 총관제를 신라의 군제에 도입하는 계기가 되었으며, 이러한 총관제를 매개한 율령적 당제의 수용은 군통수권자로서 왕에게 권력집중을 유도하는 왕권의 강화과정이었던 것이다.[34] 당의 전시조직인 총관제가 도입된 것인데, 앞서 대백제전과 비교하면 두 가지 차이점이 보인다.

첫째, 대백제전의 '총관'이었던 신라 국왕은 대고구려전에서 사료상 군사체계 내에서 확인할 수 없다. 둘째, 이전 대백제전에서 신라의 '장군'으로 참여하였던 신라 무장들이 총관으로 참여하고 있었다. 이와 같은 사실은 국왕의 지위와 관련, 그 차이점을 보여주는 흥미로운 사실이다.

중고기 때인 진평왕은 603년 8월에 북한산성에 침입한 고구려를 막기 위해 군사 1만 명을 이끌고 왕이 직접 전투에 참여하였다.[35] 반면 중대 들어 태종무열왕은 당의 대백제전에 '총관'으로 임명되어 참여하였다. 이

34) 김영하, 2007, 앞의 책, 147~148쪽.

35) '高句麗侵北漢山城 王親率兵一萬以拒之.'(『삼국사기』 권4, 신라본기4 진평왕 25년 8월). 이와 관련하여 이미 이문기는 上古와 中古期를 중심으로 국왕의 軍令權 집행방식과 시대적 변화에 대해 자세히 논의하였다(이문기, 1997, 앞의 책, 278~289쪽). 그는 국왕이 친히 군대를 지휘하여 전쟁에 나서는 지휘유형을 '親率型'으로, 예하의 신료에게 명을 내려 그 대행자로 하여금 전쟁을 치르는 형태를 '敎遣型'으로 구분하고, 그 변화시기를 5세기 중엽으로 보았다. 603년의 진평왕 親率 기사는 극히 이례적인 경우라고 하였다(이문기, 1997, 앞의 책, 281쪽).

때 신라 국왕으로서의 '이도행군총관'이란 당 황제의 지휘체계 내에 속한 인물임을 보여주는 지위라 할 수 있다.[36]

그러나 1년이 지난 문무왕 때에는 신라의 장군들이 모두 총관으로 대고구려전에 참여하였는데, 이때 국왕은 전시조직인 총관제에서 확인이 안 된다. 그러나 총관의 직위는 확인할 수 없지만 661년 8월과 9월 19일의 '大王領諸將 至始飴谷停留.'이나 '大王進次熊峴停.'라는 기록으로 보아[37] 문무왕이 실지 전쟁터로 갔었음은 확인할 수 있다.

물론 사료상으로 확인은 안 되지만 661년 문무왕이 총관으로 참여했을 가능성도 있다. 그러나 현재의 사료상 이러한 국왕의 지위변화를 인정한다면 660~661년 사이에 변화가 있었고, 662년 중대에 들어 문무왕대에 처음으로 진골귀족에 대한 정치적 처형을 행하였던 것이다.

이러한 국왕의 지위 변화의 첫 번째 배경은 백제전의 승리였다. 즉 7세기 들어서 치열하게 전개된 삼국간의 전쟁에서 신라는 당과의 군사협력과 외교전으로 최대의 맞수인 백제를 멸망에 이르게 하였다. 이러한 전쟁의 승리는 당연히 총관으로 참여한 태종무열왕의 권위를 상승하게 하였던 주요 요인이었다 할 것이다.

다음으로는 신라국왕이 총관제라는 전시조직에서 벗어나 전쟁의 총지휘자 역할을 하였다는 것이다. 이것은 앞서 진평왕의 親率兵이나 태종무열왕의 총관과는 엄연히 다른 지위였다. 즉 백제전 승리 후 국왕은 진골귀족군의 범주에서 벗어나 그들을 총관이라는 이름으로 국왕 아래에 서열화함으로써 국왕과 그 휘하의 전쟁 참여 총관으로 일원화가 이루어졌

36) 국왕이 실지 전쟁터에서 완전히 배제되어 다른 곳에서 안전하게 머무르고 있는 것은 아닌 듯하다. 예를 들면 660년 11월 5일에 '王行渡雞灘 攻王興寺岑城'이라는 기록으로 보아 태종무열왕은 왕흥사잠성 공격 현장에까지 간 듯하다.

37) 『삼국사기』 권6, 신라본기6 문무왕 원년 8월 및 9월 19일.

던 것이다.

이와 관련하여 661년 9월 19일 문무왕이 熊峴停에 이르러 모든 총관과 대감들을 모아놓고 친히 가서 그들을 서약하게 하는 기록은[38] 달라진 국왕의 지위를 보여주는 한 예이다. 국왕이 전쟁의 책임자이자 통솔자라면, 대장군 이하 총관들은 전쟁의 참전자였던 것이다. 이렇듯 전쟁의 수행은 자연스럽게 국왕과 총관으로 참여하는 진골귀족들을 구별하는 역할을 하였다고 할 수 있다.

그렇다고 전쟁과정에서 내부 갈등이 없지는 않았다. 특히 대고구려전을 승리로 이끈 후 당과의 전쟁이 시작되면서 일부 세력들의 附唐行爲들이 보인다. 문무왕 10년(670) 12월에 한성주총관 藪世가 백제를 취하고 배반하려다 죽임을 당하였고,[39] 문무왕 13년(673) 7월에는 아찬 大吐가 모반하여 당에 붙으려다 역시 죽임을 당하였다.[40] 수세의 배반은 사료의 결락으로 정확히 알 수 없지만, 백제를 취했다는 것으로 보아 附唐行爲로 판단된다. 따라서 치열한 대당전에서 당과 밀착하는 일부 세력이 존재하였음을 알 수 있다. 이에 대해 문무왕은 국왕으로서, 전쟁 수행자로서 엄단한 조치를 취하였다.

태종무열왕·문무왕 때는 치열한 전쟁기였다. 의도하였건, 하지 않았건 전쟁의 수행과정을 통해 국왕이 진골귀족군 내에서 분리되어 인식되면

---

38) '大王進次熊峴停 集諸摠管大監 親臨誓之.'(『삼국사기』 권6, 신라본기6 문무왕 원년 9월 19일). 이때의 서약 내용을 알 수는 없다. 하지만 이때가 문무왕이 즉위하여 당 황제의 명을 받은 이후 처음으로 출전하여 치르는 전투임을 고려한다면, 백제의 옹산성을 공격하기 이전 전열을 가다듬고, 아울러 친히 가서 맹세를 받는 것으로 보아 국왕에 대한 서약일 가능성도 있다.

39) '漢城州摠管藪世 取百濟●●●●●●●國適彼事覺 遣大阿湌珠誅之.'(『삼국사기』 권6, 신라본기6 문무왕 10년 12월).

40) '阿湌大吐謀叛付唐 事泄伏誅 妻孥充賤.'(『삼국사기』 권7, 신라본기7 문무왕 13년 7월).

서, 국왕을 정점으로 하는 서열화가 이루어졌다고 할 수 있다.

국왕과 백관과의 차별화, 서열화는 김춘추세력이 이미 진덕왕 때부터 의도하였던 정치적 과정으로 성골인 여왕의 권위세우기를 통해 국왕권을 회복하고자 하였다. 반면 태종무열왕~문무왕 때에는 이를 위한 의도적인 정책 실시는 없었으며, 그때와의 차이점은 왕계가 성골에서 진골로 변화였다는 점뿐이다.

태종무열왕과 문무왕 때에 국왕의 권력 집중화가 적극적이고 능동적으로 진행되었다고 할 수는 없다. 일정하게 국가총력전인 전쟁의 수행 과정을 통해 자연스럽게 얻어진 결과였다. 전쟁이 사회계층화나 권력집중의 계기가 됨으로써 고대의 국가발전에 절대적인 영향을 주었다는 주장은[41] 7세기 중반 신라에도 그대로 적용할 수 있다.

그런 면에서 태종무열왕과 문무왕 시기의 전쟁(승리)은 처음으로 진골로서 왕위를 승계한 무열왕계에게 권력구조 측면에서 자연스럽게 정치세력의 재편과정을 유발한 시대적 배경으로 이해할 수 있다. 신라사에서 중대의 지배체제를 중고기의 그것과는 다른 시각으로 바라볼 수 있는 기반은 중대 초기의 어렵고 치열한 전쟁의 과정과 승리가 있었기 때문일 것이다.

전쟁이 끝나고 더 강력한 권력의 집중화를 위해서는 이제는 내부의 동인이 있어야 하며, 이러한 내부의 요인은 의도성을 가지고 진행되어야 한다. 그런 면에서 676년 전쟁 종식 이후 신문왕대까지의 다양한 정책과 제도 정비는 이러한 의도성을 가지고 진행되었다고 할 수 있다.

---

41) Kent Flannery, 1976, Anual Review of Ecology and Systematics, 『The Cultural Evolution of Civilization』, pp.96~118(신형식, 1983, 「삼국시대 전쟁의 정치적 의미」, 『한국사연구』 43, 3쪽에서 재인용).

## 2) 태종무열왕·문무왕대의 관부 정비

진덕왕대와는 달리 김춘추가 왕위에 오른 후 관부 정비는 활발하지 않았다. 병부의 영을 1인 증원하였으며, 사정부의 설치만이 보인다.

> 병부의 영은 1명인데, 법흥왕 3년에 처음으로 두었다. 진흥왕 5년에 1명을 더하였으며, 태종왕 6년에 또 1명을 더하였다. 관위가 대아찬에서 태대각간인 자로 하였다. 또한 宰相과 私臣을 겸할 수 있었다.[42]

> 사정부는 태종왕 6년에 설치하였다. …영은 1명인데, 관위가 대아찬에서 각간인 자가 하였다.[43]

병부의 영은 법흥왕 3년(516)에 설치된 후 진흥왕 5년(544)에 1인 증원, 그리고 이때에 이르러 영 1인을 더 증원시켰다. 병부는 다른 관부와는 달리 영이 3인이었다.

법흥왕 때의 병부령, 병부 설치에[44] 이어 진흥왕대의 영 증원은 이때까지 아직 많은 관부가 설치되지 않았고, 병부의 다른 관직이 아직 설치되지 않았다는 점에서 영만을 복수로 설치하였다는 것은 이채롭다. 그래서 연구자들은 지방 군사력을 신라왕실에 결합하기 위한 조치,[45] 지방의 軍

---

42) '兵部 令一人 法興王三年始置 眞興王五年 加一人 太宗王六年 又加一人 位自大阿湌至太大角干爲之 又得兼宰相私臣.'(『삼국사기』 권38, 잡지7 직관 상 병부).

43) '司正府 太宗王六年置 … 令一人 位自大阿湌至角干爲之.'(『삼국사기』 권38, 잡지7 직관 상 사정부).

44) 직관지에 따라 병부의 설치를 516년으로 보는 견해(末松保和, 1954, 「新羅佛敎傳來傳說考」, 『新羅史の諸問題』, 214~215쪽)와 신라본기의 기록을 그대로 따라 병부령 임명(516년) 후 병부를 설치한(517년) 것으로 보는 견해(이문기, 1997, 앞의 책, 314쪽 ; 이인철, 1993, 앞의 책, 30쪽)가 있다.

<표 2> 태종무열왕대 관부·관직의 정비 현황

| 연대 | 관부 | 관직 | 변동내용 | 비 고 |
|---|---|---|---|---|
| 6년(659) | 兵部 | 令 | 1인 증원 | |
| 6년(659) | 司正府 | | | |
| 4년(657) | 大日任典 | | | |
| 5년(658) | 兵部 | 大舍 | | 弟監을 大舍로 고침 |

主와 大幢 등 군제에 대한 통일적 지배를 위한 조치,[46] 대당과 삼천당의 군사업무를 뒷받침하기 위해 설치되었던 것[47] 등으로 보았다.

병부가 신라의 주요 관부 중 제일 먼저 설치가 되었으며, 진흥왕의 왕성한 영역확장과 삼국간의 군사적 긴장감 등을 고려하여 군사적 필요성으로 이해하는 것은 당연하다. 주의할 점은 아직 병부의 관직이 구성되지 않았음에도 영 2인이 존재하였다는 것이다. 이것은 체계적으로 군사 업무를 조정하는 관부의 장으로서의 역할보다는 임명된 인물의 군사 능력을 고려한 것으로 이해할 수 있다. 진흥왕 때에 병부령에 임명된[48] 이사부의 왕성한 군사활동은 이러한 추측을 뒷받침한다.[49]

물론 이러한 복수의 영 설치를 정치적인 역관계로 해석할 수도 있지만, 군사적 필요성이라는 현실적 요인이 첫 번째였다. 그런 면을 생각한다면 백제와의 치열한 전투가 계속 있었고, 이미 당에 청병을 요청한 상태임을 감안하면 태종무열왕 때의 병부령 1인의 증원은 현실적 필요성이라는 면에서[50] 이해가 가능하다.

45) 井上秀雄, 1974, 앞의 책, 226쪽.
46) 신형식, 1974, 앞의 논문, 72~73쪽.
47) 이문기, 1997, 앞의 책, 317～318쪽.
48) '拜異斯夫爲兵部令 掌內外兵馬事.'(『삼국사기』 권4, 신라본기4 진흥왕 2년 춘3월).
49) 『삼국사기』 권44, 열전4 이사부 참조.

그러나 659년에 진주를 병부령으로 삼았던[51] 기록은 진흥왕 2년(541)에 국왕의 측근으로 이해할 수 있는 이사부의 병부령 임명과는 조금 달리 해석할 여지를 준다.

태종무열왕은 진골귀족세력과의 불협화음보다는 협의와 타협을 통해 대백제전을 수행하였다. 진주는 신라왕실에 협조적인 인물로는 보이지 않는데, 이것은 차후 문무왕 2년(662)에 사소한 이유로 처형당했던 사실에서 유추할 수 있다. 이러한 점을 생각한다면 진주의 병부령 임명은 태종무열왕이 대백제전 수행을 위해 진골귀족과의 타협을 유도하기 위한 고육지책이 아닐까 한다. 이것은 진흥왕 때에 이사부의 병부령 임명과는 정치적 목적을 달리하지만, 군사적·현실적 필요성이라는 면에서는 동일한 성격으로 이해할 수 있다. 일부 연구자들이 이러한 병부령 3인체제를 정치적 안배 차원에서의 복수제로 보는 것은[52] 타당성이 있다.

사정부 설치 기사도[53] 치열한 전쟁이 진행 중이라는 시기와 관련하여 눈여겨 볼 관부이다. 사정부의 경 2인은 이미 진흥왕 5년(544)에 설치가 되었다. 사정부의 주요 기능은 관료들에 대한 감찰이었지만, 그때까지 설치된 주요관부·관직은 상대등과 병부 밖에는 없었다. 따라서 이때의 경의 설치 목적은 군사적 목적이 강한 사정 관련 관직으로 이해할 수 있다.

그러다 이때에 이르러 사정부의 장급인 영 1인을 설치, 본격적으로 관료들에 대한 감찰기능이 강화되었다고 할 수 있다. 이와 관련하여 사정부

50) 이문기, 1997, 앞의 책, 320쪽.
51) '以阿眞珠爲兵部令.'(『삼국사기』 권5, 신라본기5 태종무열왕 6년 가을 8월).
52) 井上秀雄, 1969, 「三國史記にあらわれた新羅の中央行政官制について」, 『朝鮮學報』 51 ; 김철준, 1964, 「한국고대국가발달사」, 『한국문화사대계』 I, 531쪽.
53) 이와 관련하여 경덕왕 4년(745)에 사정부를 설치하였다는 기록이 보여 혼란스럽다. 아마도 경덕왕대에 肅正臺로 개명되었던 사실을 기록한 것으로 보인다(정구복 등, 1997, 『역주 삼국사기』 3, 한국정신문화연구원, 284~285쪽).

| | | | | |
|---|---|---|---|---|
| 20년(680) | 賞賜署 | 史 | 2인 증원 | |
| 11년(671) | 兵部 | 弩幢 | 1인 둠 | |
| 13년(673) | | 外司正 | 133인 둠 | 지방관 |

먼저, 관부의 신설이 이루어졌는데, 시기적으로 전쟁 종료 전후로 나누어 볼 수 있다.

> 우리방부는 문무왕 7년에 두었다. 영이 2명, 경은 2명, 좌는 2명, 대사는 2명, 사는 10명이었다.[59]

문무왕대에 가장 먼저 신설되는 관부는 우리방부였다. 이미 진덕왕 5년(651)에 좌리방부가 설치된 후 16년만인 문무왕 7년에 또다른 이방부를 설치하였던 것이다. 영 2인, 경 2인, 좌 2인, 대사 2인, 사 10인으로 구성되어 있는데, 좌리방부와 비교하면 사만 5인이 더 적을 뿐 동일한 관직체계였다. 아마도 진덕왕 때에 이방부를 설치하였고, 문무왕 때에 이르러 다시 설치하면서 좌·우리방부로 나누어 설치한 듯하다.

그렇다면 의문점은 다른 관부들과는 달리 이방부와 이후에 설치되었던 사록관은 왜 좌우로 나누어 설치하였는가 하는 것이다. 이와 같은 사실은 동일한 관부를 단지 좌우로 분별하여 2개로 설치하였다는 것인데, 신라의 많은 관부의 영이 2인 이상의 복수임을 생각한다면 굳이 이와 같이 나누어 설치할 이유는 없었다는 것이다. 더 이상의 추측은 힘들지만, 결국 동일한 관부 명칭을 사용하면서도 업무 대상이나 범위 등등에서 세세한 차이가 있지 않았겠는가 하는 정도의 이해만이 가능할 것 같다.

59) '右理方府 文武王七年置 令二人 卿二人 佐二人 大舍二人 史十人.'(『삼국사기』 권38, 잡지7 직관 상 우리방부).

(문무왕 17년 3월) 처음으로 좌사록관을 두었다.[60)]

좌사록관은 문무왕 17년에 두었다. 監은 1명인데, 관위가 나마에서 대나마인 자가 하였다.[61)]

(문무왕 21년 정월) 우사록관을 두었다.[62)]

우사록관을 문무왕 21년에 두었다. 감은 1명이었다.[63)]

(문무왕 18년 정월) 선부에 영 1인을 두어 선박에 관한 일을 맡게 하였다.[64)]

(선부) 예전의 병부의 大監과 弟監으로 선박에 관한 일을 관장하였는데, 문무왕 18년에 따로 두었다. … 영은 1명인데, 관위가 대아찬에서 각간인 자가 하였다.[65)]

전쟁 종료 후인 문무왕 17년(677)에는 좌사록관, 문무왕 21년에는 우사록관을 설치하였다. 관료들의 보수인 祿을 담당하던 관부였는데, 감 1인, 주서(주사) 2인, 사 4인으로 좌·우사록관이 동일하였다. 사록관의 감은 취임관위의 범위가 나마에서 대나마로, 수장이지만 상대적으로 다른 관부

60) '始置左司祿館.'(『삼국사기』 권7, 신라본기7 문무왕 17년 춘3월).
61) '左司祿館 文武王十七年置 監一人 位自奈麻至大奈麻爲之.'(『삼국사기』 권38, 잡지7 직관 상 좌사록관).
62) '置右司祿館.'(『삼국사기』 권7, 신라본기7 문무왕 21년 춘정월).
63) '右司祿館 文武王二十一年置 監一人.'(『삼국사기』 권38, 잡지7 직관 상 우사록관).
64) '置船府令一員 掌船楫事.'(『삼국사기』 권7, 신라본기7 문무왕 18년 춘정월).
65) '舊以兵部大監弟監 掌舟楫之事 文武王十八年別置 景德王改爲利濟府 惠恭王復故 令一人 位自大阿飡至角干爲之.'(『삼국사기』 권38, 잡지7 직관 상 선부).

보다 취임 관등이 낮았다.[66] 전쟁 종료 후 점차 증가하는 관료들의 보수를 보다 체계적으로 관리하고자 하는 의도로 새로운 관부를 설치하였을 것이다. 이와 관련하여 사록관의 설치를 녹읍제를 포함한 관리들의 녹봉제도를 체계적으로 정리하기 위해, 특히 집권세력이 지배체제 안정책을 추진하는데 장애가 되었던 녹읍제를 정리하려는 의도에서 신설하였다는 의견이[67] 있다.

678년에는 선부를 별도로 설치하였다. 선부는 문무왕 3년(663)에 경을 설치하여 '船楫事'를 전담하고 있었고, 이때에 이르러 병부에서 분리하여 설치하였다. 따라서 병부와 관련하여 그 설치과정을 좀더 면밀히 살펴볼 필요가 있다.

진평왕 5년(583)에 '처음으로 船府署를 두었는데, 大監과 弟監 각 1인을 두었다.'[68]라는 기록이 보이는데, 직관지 병부·선부와 차이가 있어 좀 더 자세히 비교·검토할 필요가 있다. 그대로 해석하면 선부서를 후대에 설치한 선부로 볼 수는 없다.

선부 관련 사료를 보면 그동안 병부에서 맡았던 '舟楫之事'를 678년에 선부를 설치하여 담당하게 하였다. 이 기록에서 '舊以兵部大監弟監'이라는 표현으로 보아 병부 소속의 두 관원이 병부 내에서 선박 관련 업무를 담당하였음을 알 수 있다.[69] 따라서 진평왕 5년의 기록은 선박 담당 관원의 설치를 보여주는 기록이면서, 선부서가 병부 소속의 관서였음을 보여준다.[70]

---

66) 사정부의 佐, 전읍서의 監, 채전의 監, 전사서의 監, 동시전의 監과 취임할 수 있는 관등의 범위가 같은데, 경보다는 낮고 대사보다는 높은 관직이라고 할 수 있다.
67) 전덕재, 1992, 「신라 녹읍제의 성격과 그 변동에 관한 연구」, 『역사연구』 1, 34쪽.
68) '始置船府署 大監弟監各一員.'(『삼국사기』 권4, 신라본기4 진평왕 5년 춘정월).
69) 반면 井上秀雄은 이 기록을 水軍의 발생을 의미한다고 보았다(井上秀雄, 1974, 앞의 책, 275쪽).

그러나 직관지 병부조를 보면 대감 2인은 진평왕 45년(623)에 처음 두었고, 제감 2인은 진평왕 11년(589)에 두었다고 하여[71] 진평왕 5년에 대감과 제감을 설치했다는 기록과는 시기적으로 차이가 있어 이해에 어려움이 있다.

이것은 결국 사료의 해석을 요하는 부분인데, 대감, 제감이 2인임을 고려하여 병부 업무와 선부 업무의 대감, 제감으로 각각 나누어 이해를 하고자 한다. 즉 대감 2인은 진평왕 5년에 먼저 선박 관련 업무를 맡은 1인을 설치하였고, 진평왕 45년에 병부 관련 업무를 맡은 1인을 추가로 설치하였던 것으로 추측된다. 마찬가지로 제감도 583년에 선박 관련 업무를 맡은 1인을 먼저 설치하였고, 이어서 진평왕 11년에 병부 관련 업무를 맡은 1인을 추가로 설치하였을 것이다. 즉 이 기록들은 병부의 관원들이 점차 증원되고 있었음을 알려주는 기록들이며, 선부 설치 이전까지 선박 관련 책임자로 선부서의 대감이 존재하였음을 보여준다.

선부와 선부령은 문무왕 18년(678)에 설치하였으므로 문무왕 3년(663)까지 경이 실질적으로 선부 업무의 책임자였다. 선부의 신설은 전쟁 수행 과정에서 선박 관련 업무의 중요성을 점차 인지하였던 결과물이었다.

관직의 신설도 이루어졌는데, 모두 병부 관련 관직이다. 먼저 문무왕 11년(671)에 '弩幢' 1인을 신설하였고,[72] 문무왕 12년에는 '弩舍知' 1인을 신설하였다. 시기적으로 보았을 때 원활한 전쟁 수행을 위한 신설이었다 할 수 있는데, 그동안 전혀 보이지 않던 관직들이라 조금 더 살펴볼 필요가 있다.

---

70) 이문기, 1997, 앞의 책, 318~319쪽.

71) '大監二人 眞平王四十五年初置 … 弟監二人 眞平王十一年置.'(『삼국사기』 권38, 잡지7 직관 상 선부).

72) 弩幢은 직관지에 따르면 史의 아래에 기록되어 있으며, 관등은 史와 같다.

먼저 '弩'[쇠뇌]라는 구체적인 무기명이 관직명에 포함되었다.[73] 이것은 '弩'의 중요성을 인지하고 병부에서 특별히 관리하였음을 보여주는 것이다. 다시 말해 '弩幢' 1인과 '弩舍知' 1인은 弩 전담 관리였다.[74] 이를 위해 병부에 그동안 신라 관직체계에 없었던 '弩幢'과 '弩舍知'를 신설하였던 것이다.

이때 주목되는 관직이 舍知이다. 지금까지 신라의 관직체계는 진덕왕대에 성립된 令-卿-大舍-史의 구조였다. 그런데 이때에 이르러 대사와 사 사이에 '노사지'를 신설하였던 것이다. 사료상 최초의 사지 설치 기록이다. 그렇다고 이때부터 사지의 설치가 시작됐다고 보기에는 망설여진다. 사지 설치 기사는 신문왕 5년(685)의 집사부와 조부의 설치를 통해 점차 보이기 시작하는 것으로 보아 신문왕 때로 보는 것이 더 타당할 것이다. 아마도 '弩' 전담 관직 신설을 위해 기존에 설치된 대사와 사 중간급으로 사지를 신설하였고, 이후 신문왕대에 이르러 관부의 좀더 체계적인 구성을 위해 다른 관부에도 확산, 적용이 된 것으로 추측된다.

이러한 관부·관직의 신설과 함께 문무왕대 관부 정비의 특징은 기존 설치된 관부에 관원을 증원하는 형태였다. 특히 경과 최하 실무관직인 사의 증원이 두드러진다. 시기적으로는 문무왕 11년부터 15년까지 집중적으로 이루어졌는데, 이때가 당과의 전쟁 등으로 대외적으로 힘든 시기임에도 이러한 관부의 증원이 이루어졌다는 것은 다른 왕대와 비교하면[75]

73) 효소왕 8년(689)에 설치한 창부의 사지도 다른 관부와 달리 '租舍知'라고 하였다.

74) '弩'와 관련하여 문무왕 9년(669)에 재미있는 기사가 보인다. 당의 사신이 왔다가 쇠뇌 기술자 사찬 仇珍川을 데리고 돌아가 그 기술을 요구하지만, 구진천은 여러 핑계를 대며 끝내 기술을 전수하지 않았다. 아마도 '弩' 관련해서 신라는 고유의 제작기법을 가지고 있는 듯하며, 이러한 장점은 대당 전쟁에서 유효하게 활용하였을 것이다. 이를 위해 문무왕 11년(671)에 쇠뇌 전담관리를 두었던 것으로 추측된다.

75) 진평왕대를 살펴보면 재위 54년 동안 진평왕 3년~13년, 진평왕 43년~46년에 활발

특이하다 할 수 있다. 이러한 사실의 이해를 위해 증원된 관부를 좀더 자세히 살펴볼 필요가 있다.

먼저, 경은 조부·창부·예부·승부·사정부·영객부, 그리고 병부의 대감을 각 1인씩 증원하였는데, 모두 문무왕 15년에 설치되었다. 그리고 좌리방부와 우리방부의 경도 전쟁이 종료된 후인 문무왕 18년에 각 1인씩 증원하였다.

史는 집사부 6인, 병부가 5인(671년 2인, 672년 3인), 창부가 10인(671년 3인, 672년 7인), 승부가 3인, 사정부가 3인, 상사서가 2인이 증가되었다. 상사서만 전쟁 종료 후인 문무왕 20년(680)에 증원하였고, 나머지 부서들은 모두 671년~672년에 증원하였다.[76] 특히 창부의 경우는 기존의 史가 8인이었는데, 이때에 10인의 사를 설치하고 있어 전쟁 관련 물자의 보급으로 이해할 수 있는 재정 관부라는 점에서 주목된다.

위의 관부들 중 경과 사 모두 증원된 관부들은 병부·창부·승부·사정부였는데, 군사(병부·승부), 재정(창부), 감찰(사정부)의 업무가 증가되었음을 보여준다. 경 또는 사가 증원되었던 관부들은 기밀사무(집사부), 재정(조부), 외교의례 및 절차(예부·영객부) 관련 관부들인데, 관부들의 성격으로 보건대 전쟁 수행을 위한 실질적인 관직의 증원으로 이해할 수 있다.

즉 원활한 전쟁수행을 위해 군사 관련 관부인 병부·승부, 군량미와 軍器 공급을 위한 창부·조부, 당과의 외교의례 수행을 위한 예부·영객부, 내부 구성원의 단속을 위한 집사부와 사정부 등의 次級과 최하 실무관직을 증원하였던 것이다. 이러한 현상은 관부의 정비를 통한 통치조직의 체

---

하게 관부 정비가 이루어졌는데, 그 사이 기간인 592~620년은 전반적으로 삼국간의 치열한 전투가 이루어진 시기였다.

76) 집사부의 史 증원 시기는 원전에 '十■'만 확인할 수 있으나, 이기백은 문무왕 11년으로 추정하였다(이기백, 1974, 앞의 책, 149쪽).

문무왕릉

계화라는 다른 왕대의 목적과는 달리 긴박하게 진행되는 전쟁 수행을 위한 현실적이고 즉각적인 관직 증원이라는 면에서 문무왕대만의 특징이라 할 수 있다.

반면 전쟁 종료 후 증원되었던 상사서의 사와 좌·우리방부의 경은 앞의 관부들과는 달리 이해해야 한다. 상사서는 전쟁 공로에 대한 포상 업무의 증가로, 좌·우리방부는 내부 체제정비를 위한 율령 관련 업무의 증가로 이해할 수 있다.

문무왕대의 관부 정비는 전쟁 종료 전후로 나누어 살펴볼 필요가 있다. 치열한 전쟁기간 동안에는 기존 관부의 관직인 경과 사를 증원하거나 새로운 관직을 설치하였다. 이러한 조치는 전쟁과정에서의 현실적이고 즉각적인 조치였는데, 문무왕대의 특징이라 할 수 있다. 반면 전쟁 종료 후에는 포상과 관료의 보수 관련 관부 등 전쟁의 후속조치와 관련되는 관부·관직을 설치, 차후 국가조직과 체제를 정비하고자 하는 경향을 보여주고 있다.[77]

이상 전쟁의 수행과정을 통해 진골 신분 국왕의 권력 집중화와 관부정비 현황을 살펴보았다. 태종무열왕~문무왕 때에는 국왕권을 강화하기 위한 적극적이고 능동적인 정책 실시는 없었다고 할 수 있다. 그러나 치열한 전쟁과정을 통해, 승리를 통해 국왕의 권력 집중화는 자연스럽게 진행되었다. 이러한 모습은 진주와 진흠의 처형과 전쟁의 지휘형태를 통해 확인하였는데, 그런 면에서 문무왕대는 상대적으로 태종무열왕 시기보다 국왕권이 좀더 강화되어 고구려·당과의 전쟁을 수행하였다.

관부 정비도 역시 이와 같은 경향이 반영되어 통치조직의 정비라는 면보다는 전쟁 수행을 위한 현실적인 조치였는데, 태종무열왕~문무왕 시기를 통해 중대 왕권은 정치세력들의 재편을 위한 기반을 확보하였고, 전쟁 종료 후 이를 바탕으로 신문왕대에 보다 더 적극적으로 다양한 정책들을 실시할 수 있었다.

77) 김수태는 문무왕대를 신라 관제의 완성기로 보고, 문무왕대의 관원 증가가 중요 행정관부의 말단 행정책임자인 史의 증가에서 더욱 두드러졌다는 점에 주목하여 이와 같은 관서의 증설 및 관료조직의 확장은 관료세력을 급격히 팽창하게 만들었다고 보았다(김수태, 1996, 앞의 책, 177쪽).

# 제3장
# 진골귀족의 관료화와 보수체계 정비

681년 신문왕이 즉위한 후 선왕의 喪中에 국왕의 장인에 의해 모반이 발생하였다. 전쟁의 승리로 중대 왕권의 권력 집중화가 진행되었다고 보는 입장에서 '신라 중대 최대의 정치적 사건'으로도 불리는[1] 김흠돌 모반은 흥미로운 정치사건이었다.

그동안 대부분의 연구자들은 국왕과 진골귀족과의 정치적 대립이라는 시각으로 이해를 하였지만,[2] 이 글에서는 '관료화'[3]라는 관점에서 그 원인을 찾아보고자 한다. 이를 위해 보조자료로만 사용하였고, 구체적인 분석이 미진하였던 모반 관련 교서의 내용분석을 시도하였다.

이것은 그동안 모반의 주범인 김흠돌과 연루자인 김군관을 동일한 정치세력으로 이해한 것과 달리 김군관을 중대 진골귀족의 관료화의 일단을 보여주는 인물로 바라보는 입장이다. 이러한 논의를 통해 신문왕 원년

1) 이기백, 1974, 『신라정치사회사연구』, 106쪽 주27.

2) 기존 중대 정치사의 대부분이 武烈王系 왕권과 진골귀족과의 정치적 관계 등을 고려한 연구가 집중적으로 이루어졌으며, 김흠돌의 모반 관련 연구도 이와 같은 시각의 연장선에서 이루어졌다.

3) 이 글에서 사용하는 '官僚化'는 이전까지 진골귀족들이 신라의 정치운영에 참여하면서도 타고난 사회적 신분인 진골로의 인식이 강했지만, 이후 국가의 의도적인 정책과 제도, 정치적 행위 등을 통해 점차 국가의 관료로 인식하여 가는 과정에 대한 용어이다. 그러나 이러한 과정을 통해 신라에서 관료제가 제도로 정착되었는지에 대해서는 의문이다(이기동, 1980, 「신라 중대의 관료제와 골품제」, 『진단학보』 50 ; 이기동, 1984, 『신라골품제사회와 화랑도』). 따라서 '官僚制' 대신 '官僚化'라는 용어를 사용하고자 한다.

에 발생한 시대적 배경과 모반의 원인을 확인하고, 궁극적으로 정치세력의 재편이라는 면에서 그 의미를 찾을 수 있을 것이다.

김흠돌 모반에서 드러난 바와 같이 중대 왕권의 진골귀족에 대한 관료화와 짝을 이루는 정치·경제적 조치로 文武官僚田의 지급과 祿邑 폐지는 주목된다.

문무관료전과 녹읍은 성격 자체에 대한 논의는 많이 이루어졌지만, 그러한 경향으로 인해 오히려 문무관료전과 녹읍이 설치되고 폐지되었던 시대적 배경과 그 의미에 대해서는 간과하는 면이 적지 않았다.

이를 위해 신라 중대의 관료화와 상응하는[4] 관료의 보수라는 시각에서 문무관료전의 지급과 녹읍 폐지를 살펴보고자 한다. 이러한 접근방식은 관료전과 녹읍에 대한 많은 논의와 연구들이 경제제도와 토지제도 측면에서 집중적으로 이해하는 경향을 극복하기 위함이다.

이를 위해 먼저 문무관료전 관련 사료 해석에 대한 기존 견해를 정리하고 신문왕 7년까지의 국가체제 정비과정을 순차적으로 살펴봄으로써 당시의 시대적 흐름과 추이를 통해 문무관료전을 이해하고자 한다.

다음으로 녹읍의 수취범위와 관료전과의 관계 등을 중심으로 기존의 견해를 살펴보고, 6세기 이후 신라의 국가성장 과정에서 관부의 설치와 주군제의 영역지배 성격을 통해 녹읍의 실질적인 수취내용을 추정하고자 한다.

그리고 이러한 성격규정을 바탕으로 문무관료전의 설치 이후 2년만의 녹읍 폐지라는 시기성, 田과 租 형식의 지급 이유, 두 관료보수의 지급대상 등을 검토하여 녹읍 폐지가 가능했던 이유와 그 배경에 대해 논의하겠

4) 이희관은 官僚田의 지급은 통일신라 관료제의 발달에 한 획을 긋는 중요한 일로 평가하였다(이희관, 1992, 「통일신라시대 관료전의 지급과 경영」, 『신라문화제학술발표논문집』 13, 68쪽).

다. 이러한 논의를 통해 관료보수로서 녹읍은 7세기 신문왕의 국정운영 방향과는 어울릴 수 없는 속성을 가지고 있음을 파악하고자 한다.

# Ⅰ. 신문왕의 즉위와 김흠돌 모반

## 1) 1차 교서 ; 김흠돌 모반의 원인

### (1) 김흠돌 모반세력과 상대등 진복의 비교

신라는 676년 11월 당과의 伎伐浦 전투의 승리로[5] 백제·고구려, 그리고 당과의 전쟁을 종결하였다.[6] 이러한 전쟁의 승리를 통해 국왕은 이전 시기보다 더 강력한 통치력을 발휘할 기반을 마련하였다.[7]

그러나 681년 신문왕(681~692)이 즉위하자마자 김흠돌이 모반을 일으켰다.[8] 신라 전 기간에는 많은 모반과 반역이 일어났지만 선왕의 상중에, 그것도 왕의 장인이 모반을 일으킨 전례는 없었다.[9]

---

5) '沙湌施得領船兵 與薛仁貴戰於所夫里州伎伐浦 敗績 又進大小二十二戰 克之 斬首四千餘級.'(『삼국사기』 권7, 신라본기7 문무왕 하 16년 10월).

6) 물론 당이 678년 9월에 다시 신라를 침범하려고 하였지만 실행에 옮기지는 못하였다(『자치통감』 권202, 唐紀18 고종 의봉 3년 9월).

7) 서영교는 전쟁재발에 대한 우려가 무열왕계에 계속 힘을 실어주었다고 보고 있다(서영교, 2000, 앞의 박사학위논문 6장 참조). 물론 전쟁사의 시각에서는 일견 일리가 있지만, 전쟁과정에서 국왕을 중심으로 자연적으로 결집되는 권력의 강화가 지배체제를 정비하는 원동력으로 작용했다고 보는 것이 더 합리적일 것이다. 『삼국사기』에 보이는 문무왕의 유조에서 상징적이기는 하지만 무기를 녹여 농기구를 만든다는 것은 그만큼 전쟁의 공포에서 벗어나 있음을 보여주는 사실이다.

8) 『삼국사기』 권8, 신라본기8 신문왕 원년 8월 8일.

9) 『삼국사기』 등 여러 사료를 살펴보면 모반과 반역의 사례 등을 확인할 수 있는데,

이에 대해 이병도가 無子出宮說[10])을 제기한 이래 몇몇 연구자들이 다양한 견해를 제시하고 있는데, 주로 왕비의 無子 사실과 정치세력간의 정쟁으로 보는 시각이 주를 이루고 있었다.[11]) 그러나 『삼국사기』의 내용만으로 모반의 전말을 알 수는 없다.[12])

---

신라가 국가로 성장하기 시작한 중고기 이후의 사료 등에는 장인이, 또는 喪中에 모반이 발생한 경우는 없다. 신라의 모반과 반역 사례는 강성원, 1983, 「신라시대 반역의 역사적 성격」, 『한국사연구』 43 참조.

10) 이병도·김재원, 1959, 『한국사』 고대편, 을유문화사, 645쪽.

11) 김흠돌 모반에 대한 專論은 다음의 4편이 대표적이다.
김수태, 1992, 「신라 신문왕대 전제왕권의 확립과 김흠돌난」, 『신라문화』 9 ; 김수태, 1996, 「전제왕권의 확립과 김흠돌난」, 『신라중대정치사연구』, 일조각 ; 김희만, 1992, 「신라 신문왕대의 정치상황과 병제」, 『신라문화』 9 ; 박해현, 1996, 「신라 중대의 성립과 신문왕의 왕권강화」, 『호남문화연구』 24 ; 박해현, 2003, 「중대왕권의 성립과 신문왕의 왕권강화」, 『신라 중대 정치사 연구』, 국학자료원 ; 최홍조, 1998, 「신문왕대 김흠돌 난의 재검토」, 『대구사학』 58.
그밖에 김흠돌 모반에 대한 단편적인 언급이 있는 성과는 다음과 같다.
이병도·김재원, 1959, 『한국사』 고대편, 을유문화사 ; 이기백, 1962, 「상대등고」, 『역사학보』 19 ; 이기백, 1974, 『신라정치사회사연구』, 일조각 ; 井上秀雄, 1962, 「新羅政治體制の變遷過程」, 『古代史講座』 4 ; 井上秀雄, 1974, 『新羅史基礎研究』 ; 신형식, 1974, 「신라병부령고」, 『역사학보』 61 ; 신형식, 1984, 『한국고대사의 신연구』, 일조각 ; 김상현, 1981, 「만파식적 설화의 형성과 의의」, 『한국사연구』 34 ; 이문기, 1986, 「신라 시위부의 성립과 성격」, 『역사교육논집』 9 ; 이문기, 1997, 『신라병제사연구』, 일조각 ; 신종원, 1987, 「신라오대산사적과 성덕왕의 즉위배경」, 『최영희기념사학논총』, 탐구당 ; 주보돈, 1994, 「남북국시대의 지배체제와 정치」, 『한국사』 3, 한길사 ; 이영호, 1995, 『신라 중대의 정치와 권력구조』, 경북대 박사학위논문 ; 이영호, 2003, 「신라의 왕권과 귀족사회 -中代 국왕의 혼인문제를 중심으로-」, 『신라문화』 22 ; 박용국, 1996, 「신라 중대 지배세력의 형성과정과 그 성격」, 『경상사학』 12.

12) 1989년 부산에서 발견된 이른바 『花郎世紀』에는 김흠돌 모반의 전말이 확인된다. 그러나 아직도 그 진위 여부에 대해서 논의가 진행 중이고, 또한 현재로서는 필자의 역량 부족으로 섣불리 그에 대해 견해를 제시하기는 힘들다. 좀더 논의 시간이 필요한 문제라 일단 이 글에서는 『화랑세기』의 내용은 배제하고 전개하고자 한다.

감은사지

다행히 『삼국사기』에는 다른 모반 사건과는 달리 김흠돌의 모반과 관련하여 상대적으로 풍부한 사료를 수록하고 있다. 그것은 신문왕이 내린 2건의 교서[13] 내용이다. 하나는 681년 8월 8일 모반 발생 후 8월 16일에 모반세력을 제거한 후 반포한 교서(이하 1차 교서로 약칭)였고, 두 번째는 김군관을 처형하기 위해 8월 28일에 반포한 교서(이하 2차 교서로 약칭)가 그것이다. 그래서 연구자들은 2건의 교서 내용을 모반의 발생원인 또는 배경을 파악할 때 유용한 史實을 보여주는 기초적인 자료로 많이 이용하고 있다.

그럼에도 불구하고 2건의 교서 내용을 체계적으로 살펴본 연구는 없었

13) 『삼국사기』에 보이는 교서의 양식과 특징 등에 대한 일반적인 논의는 양정석, 1999, 「신라 공식령의 왕명문서양식 고찰」, 『한국고대사연구』 15 참조.

다. 모반의 이해를 위해 부분적으로 내용을 추출하여 이용하고 있지만, 각각의 교서 내용을 구체적으로 비교, 분석한 연구방법은 없다. 이것은 아마도 김흠돌과 김군관을 같은 모반세력으로 인식하는 연구시각이 내재하기 때문일 것이다. 즉 진골귀족이라는 범주 안에 있는 정치세력, 반국왕세력으로 동일시함으로서 교서 내용상에 보이는 차이점을 인식하지 못한 결과이다.

이에 모반 사건과 관련하여 반포한 2건의 교서 분석을 통해 김흠돌 모반세력과 김군관의 정치적 차이점을 파악하고자 한다. 특히 김군관에 주의하여 김흠돌과는 달리 '진골귀족의 관료화'[14] 과정의 일단을 보여주는 인물로 보고자 한다.

이를 위해 먼저 모반세력인 김흠돌·흥원·진공과 모반 발생 직전에 상대등에 임명되었던 진복의 문무왕대 모습을 서로 비교하고, 8월 16일에 반포한 1차 교서의 내용을 검토하여 김흠돌 세력의 성격을 확인하고자 한다.

> (신문왕 원년 8월 8일) 소판 김흠돌과 파진찬 흥원, 대아찬 진공 등이 반란을 하였다가 죽임을 당하였다.[15]

---

14) 김영하는 중대 왕권의 인적기반과 체제적 지향을 검토함에 중대 초기의 정치적 과제는 骨品貴族의 官僚化를 통한 중앙집권적 귀족관료체제의 수립으로, 귀족세력의 상대적 자립성을 약화시켜 왕에게 예속도를 강화시키는 방향이라 하였다(김영하, 앞의 책, 2007, 188쪽). 이때의 '골품귀족'에 대한 정확한 정의가 보이진 않지만, 왕경의 관인층은 다시 골품제와 관위제로 규정되는 진골·6두품의 귀족관료층과 5·4두품의 실무관료층으로 재편하였다(김영하, 앞의 책, 2007, 194쪽)라는 서술로 보아 진골과 6두품 귀족을 일컫는 용어로 판단된다.

15) '蘇判金欽突 波珍飡興元 大阿飡眞功等 謀叛伏誅.'(『삼국사기』 권8, 신라본기8 신문왕 원년 8월 8일).

문무왕이 681년 7월 1일 사망한 후 7월 7일에 장자인 政明이 즉위하였으니,[16] 그가 신문왕이다. 그리고 8월 8일에 소판 김흠돌과 파진찬 홍원, 대아찬 진공 등이 모반하여 죽임을 당하였다.

문무왕이 사망한 7월 1일로부터 약 한 달여 만인 상중에, 그것도 新王의 장인이 모반한 것이었다. 물론 왕권에 쉽게 접근할 수 있는 지위와 세력을 가진 인물로 보이기도 하지만 한편으론 굳이 모반을 하지 않아도 될 인물인 듯하다. 아마도 김흠돌을 외척으로서 뿐만 아니라 진골귀족 입장에서 바라보아야만 어느 정도 추적이 가능할 듯싶다.

초기 연구자들은 주로 왕비의 無子와 관련된 견해를 제시하였다.[17] 이후 1990년대에 들어서 연구자들마다 복합적인 요인을 제시하고 있다. 김수태는 군사적인 면과 관료적인 면에서 전제왕권을 확립시키고자 한 문무왕의 왕권강화의 결과가 모반의 발생 원인으로 보고, 소외된 진골귀족이 김흠돌을 중심으로 무열왕권에 도전한 것으로 군관의 상대등 교체와 왕비의 無子出宮을 난을 촉진시킨 요인으로 보았다.[18]

김희만은 김흠돌의 난이나 군관의 처형 등은 이전의 정치세력을 제거하고 진복으로 대표되는 새로운 정치세력을 부각시켜 신진관료를 구축하는 과정에서 나타난 정쟁사건으로 보았다.[19]

박해현은 흠돌의 반대세력이, 흠돌이 모반하였다 하여 흠돌을 기습적으로 제거한 사건으로 신문왕이 김흠돌 세력을 제거한 것은 왕권을 강화

16) 『삼국유사』 권2, 기이 만파식적.

17) 이병도·김재원, 1959, 앞의 책, 645쪽 ; 井上秀雄, 1974, 앞의 책, 455쪽. 이병도는 無子로 인하여 세력약화를 우려한 사건, 井上秀雄은 無子를 이유로 폐위되었기 때문에 난을 일으켰다고 보았다. 엄밀히 말하면 '無子說', '無子出宮說'로 나누어 보아야 한다.

18) 김수태, 1996, 앞의 책, 14쪽, 23~24쪽.

19) 김희만, 1992, 앞의 논문, 78쪽.

하기 위한 것으로 보았는데,[20] 일종의 조작설로 다른 견해들과는 정반대의 의견이다.

최홍조는 정치세력간의 갈등관계에서 난의 성격을 파악하고, 반란을 촉발시킨 가장 큰 계기는 문무왕의 사망이며, 결국 국왕세력과 반국왕세력의 정치권력투쟁이 김흠돌의 반란이라는 것이다.[21] 특이한 점은 금마저를 근거로 하는 고구려 유민세력과 김흠돌 세력과의 관련성을 제시하고 있어 기존의 견해와는 다른 점을 보여주고 있다.[22] 그 밖의 단편적인 언급들이 있지만 대부분 앞의 연구자들의 견해에서 크게 벗어나는 것은 없다고 할 수 있다. 각론에 있어서는 연구자들마다 차이가 많지만 전반적으로 정치세력간의 대립으로 파악하고 있다고 할 수 있다.

일반 民의 항쟁이 아닌 고위관료(또는 귀족) 세력의 반란은 일반적으로 두 가지 방향으로 추정할 수 있다. 국가조직(또는 집권세력)의 약화를 빌미로 강력한 힘(군사적·정치적·경제적 지위)으로 반란을 일으키거나, 반대로 집권세력의 정치적 공격, 사회적 탄압에 대응하는 방식으로 발생할 수 있다. 전자가 적극적이고 공격적이라 성공의 가능성이 높다면, 후자는 소극적이고 대응 차원에서 발생하는 것이라 실패의 확률이 높다.

김흠돌의 난을 전자의 경우로 상정하기는 힘들다. 왕위계승도 정상적이며 전시를 거친 후 제도정비도 문무왕 때부터 꾸준히 이루어지고 있는 시기였다.[23] 그렇다면 김흠돌 및 그 동조자들의 사회적 지위 및 정치력이

20) 박해현, 2003, 앞의 책, 45~46쪽.

21) 최홍조, 1998, 앞의 논문, 64~65쪽.

22) 최홍조, 1998, 앞의 논문, 35쪽, 51~54쪽.

23) 반면 박해현은 문무왕대에 김유신 세력과 김흠돌 세력의 정국주도를 둘러싼 각축이 치열하였고, 김유신 사망 이후 정국은 정치세력간의 각축으로 안정된 상태는 아니라고 보았다(박해현, 2003, 앞의 책, 35~42쪽). 물론 중대의 시작 시기인 태종무열왕과 문무왕대의 전반적인 정치현황에 대한 자세한 검토가 필요하지만, 문무왕대

신문왕 즉위로 인해 약화되고 부정적인 결과를 가져올 수 있는 시대적 배경이 있으리라 생각한다.

이러한 시대적 상황의 이해를 위해 모반의 주동자인 김흠돌·흥원·진공, 그리고 신문왕 원년 8월에 상대등에 임명된 진복[24]을 비교해 보고자 한다.[25] 비교의 기준은 전쟁에 출전할 때의 지위와 관등이다. 이들 4인은 모두 문무왕 때 무장으로 전쟁에 참가하고 있었기 때문에 어느 정도 추적이 가능하다.

관등은 확인할 수 없지만 김흠돌은 문무왕 원년(661)에 대당장군으로 고구려 원정에 나섰으며, 이후 문무왕 8년(668)에 대아찬, 신문왕 원년(681)에 소판의 관등을 소지했음을 확인할 수 있다.[26]

흥원은 문무왕 8년에 아찬의 관등을 소지하였고, 668년 9월 21일에는 고구려 보장왕 등을 당으로 데리고 갈 때 김인문을 수행한 인물 중의 하나였다. 그러나 문무왕 10년 7월에는 전쟁에서 퇴각한 일로 사형에 처해야 하나 사면하여 면직을 당하였다.[27] 그 이후 다시 관직에 나아가 681년

를 이해함에는 戰時期間이라는 상황에 대한 고려가 우선이라 생각한다. 즉 이러한 전시상황 속에서 왕권은 오히려 집중된 통치력을 통해 세력 있는 귀족들에 대한 강력한 조치와 회유를 통해 정국을 이끌고 갔을 것이다.

24) 진복을 비교의 대상으로 삼은 것은 신문왕이 즉위 후, 모반 바로 직전에 상대등에 임명한 인물이고, 군관처럼 모반에 연루되어 있지도 않기 때문에 적어도 김흠돌과는 정치적으로 상이한 인물로 판단되기 때문이다.

25) 모반에 연루되어 처형된 김군관도 같이 비교하면 더욱 효과적이긴 하나, 논지전개상 따로 논의를 하겠다.

26) '仁問眞珠欽突爲大幢將軍.'(『삼국사기』 권6, 신라본기6 문무왕 상 원년 7월 17일). '大阿湌良圖愷元欽突爲大幢摠管.'(『삼국사기』 권6, 신라본기6 문무왕 상 원년 6월 21일).

27) '阿湌日原興元爲罽衿幢摠管.'(『삼국사기』 권6, 신라본기6 문무왕 상 8년 6월 21일). '角干金仁問大阿湌助州 隋英公歸 仁泰義福藪世天光興元隨行.'(『삼국사기』 권6, 신라본기6 문무왕 상 8년 9월 21일).

파진찬의 관등을 확인할 수 있다.

진공은 668년에 일길찬, 671년에 대아찬, 681년에 대아찬의 관등을 확인할 수 있다.[28)]

681년을 기준으로 할 때 3인의 모반자는 문무왕 8년(668) 때보다 모두 관등의 2단계 상승을 확인할 수 있다. 특히 홍원은 전시에 퇴각하여 면직처분을 받은 경험이 있었으며, 진공은 671년 관등에서 681년 신문왕 원년까지 더 이상의 관등 상승이 없었다.

모반 당시의 상대등인 진복은 661년 관등은 확인할 수 없었지만 서당총관으로 나오는데,[29)] 기재 순서상 함께 나오는 흠돌과 차이가 난다. 그 이후 문무왕 5년에 이찬으로 중시가 되었고, 문무왕 8년에 잡찬, 681년 서불한으로 상대등이 되었다.[30)] 약간의 부침은 있지만 권력의 중심인 중시를 거쳐 상대등으로 임명되었던 것으로 보아 당시 권력의 중심인물로 파악된다.

이상 살펴본 4명의 관등과 지위의 변화를 연대별로 정리하여 제시하면 <표 4>와 같다.

---

'以衆臣義官達官興元等 寺營退却 罪當死 赦之 免職.'(『삼국사기』 권6, 신라본기6 문무왕 상 10년 7월).

28) '王遣一吉飡眞功稱賀.'(『삼국사기』 권6, 신라본기6 문무왕 상 8년 6월 21일).
'遣大阿飡眞功… 守甕浦.'(『삼국사기』 권6, 신라본기6 문무왕 하 11년 정월).

29) '眞福爲誓幢摠管將軍.'(『삼국사기』 권6, 신라본기6 문무왕 상 원년 7월 17일).

30) '中侍文訓致仕 以伊飡眞福爲中侍.'(『삼국사기』 권6, 신라본기6 문무왕 상 5년 2월).
'迊飡眞福波珍飡智鏡大阿飡良圖愷元欽突爲大幢摠管.'(『삼국사기』 권6, 신라본기6 문무왕 상 8년 6월 21일).

<표 4> 김흠돌세력과 진복의 지위 변화

| 인명 | 661년 | | 665년 | | 668년 | | 671년 | | 681년 | |
|---|---|---|---|---|---|---|---|---|---|---|
| | 관등 | 관직 | 관등 | 관직 | 관등 | 관직 | 관등 | 관직 | 관등 | 관직 |
| 金欽突 | × | 大幢將軍 | × | × | 大阿湌 | 大幢摠管 | × | × | 蘇判 | × |
| 興元 | × | × | × | × | 阿湌 | 罽衿幢摠管 | × | × | 波珍湌 | × |
| 眞功 | × | × | × | × | 一吉湌 | × | 大阿湌 | × | 大阿湌 | × |
| 眞福 | × | 誓幢摠管 | 伊湌 | 中侍 | 迊湌 | 大幢摠管 | × | × | 舒弗邯 | 上大等 |

* 出戰 당시의 직책을 관직으로 표시
* 「×」 표시는 해당기록이 없는 경우이다

그러면 모반의 주동자인 김흠돌과 상대등 진복을 비교해 보자.

다음의 사료인 661년 7월 17일 고구려 원정 기사에 진복은 흠돌과 함께 나오는데, 직책만이 나와 있어 둘의 관등 상하를 확인할 수는 없다. 그러나 신문왕 때 김흠돌의 모반과 관련하여 처형당한 군관, 신문왕 때 새로운 왕비를 맞이하였고 신문왕의 아들인 효소왕 때에 상대등을 역임한 문영[31]이 함께 기록되어 있기 때문에 비록 관등은 확인할 수 없지만 4인의 기재순서는 확인이 가능하다.

> (문무왕 원년 7월 17일) 김유신을 대장군으로 삼고, 인문·진주·흠돌을 대당장군으로, … 군관·수세·고순을 남천주총관으로, 술실·달관·문영을 수약주총관으로, … 진복을 서당총관으로 삼았다.[32]

31) '以順知爲中侍 納一吉湌金欽運少女爲夫人 先差伊湌文穎 …'(『삼국사기』 권8, 신라본기8 신문왕 3년 2월).
'親祀神宮 大赦 以文穎爲上大等.'(『삼국사기』 권8, 신라본기8 효소왕 3년 정월).

32) '以金庾信爲大將軍 仁問眞珠欽突爲大幢將軍 … 軍官藪世高純爲南川州摠管 … 述實達官文穎爲首若州摠管 … 眞福爲誓幢摠管將軍.'(『삼국사기』 권6, 신라본기6 문무왕 상 원년 7월 17일).

661년 고구려 원정 당시의 기록순서는 김흠돌(대당장군) → 군관(남천주총관) → 문영(수약주총관) → 진복(서당총관)의 순이다.

이러한 기재 순서가 그 지위의 상하와 중요도를 반영하고 있었다고 본다면 661년 흠돌은 진복보다 상대적으로 높은 지위에 있었다고 볼 수 있다. 신라는 당의 총관제에 따라 출정장군의 명칭을 모두 총관으로 통일하였지만, 김유신은 대장군, 인문·진주·흠돌은 총관이 아닌 대당장군을 사용하고 있다. 이것은 각 군단위의 총 책임자로써 총관을 임명하고 그 총관의 최고 상관이 김유신, 그리고 3인의 대당장군이라는 것으로 각 총관보다는 서열상 일정한 우위에 있다고 할 수 있다. 따라서 관등은 확인할 수 없지만 661년 당시 대당장군인 흠돌과 서당총관인 진복은 그 지위에 있어 차이가 있었다고 할 수 있다.

그러나 이후 진복이 권력의 중심에서 꾸준히 관등이 상승하여 최고 관등인 서불한까지 올랐음에 비해, 흠돌은 665년 이후 어느 시기에 관등상 진복에 비해 상대적으로 열세에 처한다. 특히 668년 진복과 흠돌의 관등이 동시에 기록되어 있는데, 진복은 잡찬이었고 김흠돌은 대아찬으로 두 인물 모두 대당총관이지만 관등상 2等의 차이를 보인다. 661년 기록과 비교하면 우열이 확연하다. 두 인물 모두 진골귀족이지만, 문무왕과 신문왕대를 거치면서 명암이 엇갈린다고 할 수 있다.

특히 665년 신문왕이 태자가 된 이후 어느 때에 김흠돌의 딸인 김씨부인이 태자의 비가 되었음[33]을 고려한다면 668년 진복과의 관등 차이는 김흠돌의 정치적 지위를 그대로 보여주는 사실이라고 생각한다.[34]

이러한 관등의 차이는 어떻게 이해를 해야 할까? 앞서 살펴본 4인은 관

33) 『삼국사기』 권8, 신라본기8 신문왕 원년.

34) 김희만은 661년과 668년 출정기사를 통해 흠돌이 아닌 진복과 군관의 서열에 변화가 있음을 지적하고 있다(김희만, 1992, 앞의 논문, 77~78쪽).

등상 모두 진골귀족들이다. 골품제사회인 신라에서 가지는 진골귀족의 권력 독점과 사회적 폐쇄성은 이미 진골을 제외한 6두품 이하의 관등 상승 제한이라는 점에서도 확인이 된다. 그런 면에서 진골귀족 내에서 관등이 가지는 또다른 의미는 서열화이다. 즉 이러한 진골귀족의 서열화는 골품제사회 속에서도 국가 운영이라는 면에서 그 실질적인 효과와는 상관없이 일정한 역할을 하고 있다고 판단된다. 그렇다면 태자의 장인이자, 신왕의 장인이었던 김흠돌은 그러한 서열화 과정에서 열세에 놓여있었다고 할 수 있다.

### (2) 김흠돌 모반세력의 성격

신문왕은 8일에 발생한 김흠돌 세력의 모반을 진압하고 8일만인 16일에 교서를 내렸다. 아마도 주동자 처벌 후 4~5일간 직접 가담자에 대한 색출작업과 처벌이 완료된 후 내린 교서로 판단된다. 그 전문을 살펴보면 다음과 같다.

A. 1차 교서내용(신문왕 원년 8월 16일)

A-1 賞有功者 往聖之良規 誅有罪者 先王之令典 공이 있는 자에게 상을 주는 것은 옛 성인의 좋은 규범이고, 죄 있는 자를 죽이는 것은 선왕의 법이다

A-2 寡人以眇躬涼德 嗣守崇基 廢食忘餐 晨興晏寢 庶與股肱 共寧邦家 豈圖縗絰之內亂起京城 과인은 보잘것 없는 몸과 두텁지 못한 덕으로 숭고한 왕업을 이어 지킴에 먹는 것도 잊고 새벽 일찍 일어나고 밤늦게 잘 때까지 고굉(충성스러운 신하)들과 함

께 나라를 편안하게 하려고 하였는데, 어찌 상중에 경성에서 난을 일으키려고 했는가

A-3 賊首欽突興元眞功等 位非才進 職實恩升 不能克愼始終 保全富貴 而乃不仁不義 作福作威 侮慢官寮 欺凌上下 적수 흠돌, 흥원, 진공 등은 (관)위는 재주(재주)으로 나아간 것이 아니고, (관)직은 실로 은전으로 오른 것이다. 능히 처음부터 끝까지 몸을 삼가지도 않으며 부귀를 보전하였고, 불인, 불의로 복과 위세를 만들어 관료들을 업신여기고 상하를 속였다

A-4 比日逞其無厭之志 肆其暴虐之心 招納凶邪 交結近竪 禍通內外 同惡相資 剋日定期欲行亂逆 (또한) 날마다 탐욕스러운 뜻을 거리낌 없이 드러내고, 포악한 마음을 멋대로 하여 흉악하고 사악한 자들을 불러들이고 근수(近竪)와 서로 결탁하여 화가 내외에 미치었다. (그래서) 나쁜 자들이 서로 도와 날짜와 기한을 정하여 난역을 하고자 하였다.

A-5 寡人上賴天地之祐 下蒙宗廟之靈 欽突等惡積罪盈 所謀發露 此乃人神之所共弃 覆載之所不容 犯義傷風 莫斯爲甚 과인이 위로는 천지의 도움을 받고, 아래로는 종묘의 영령에 힘입어 흠돌 등이 악이 쌓여 죄가 드러나 음모가 드러났다. 이것은 사람과 신이 모두 버렸다는 것이고, 하늘과 땅 사이에서는 용납될 수 없는 것이니, 의로움을 범하고, 풍속을 훼손함이 이보다 심한 것은 없다

A-6 是以追集兵衆 欲除梟獍 或逃竄山谷 或歸降闕庭 然尋枝究葉 並已誅夷 三四日間囚首蕩盡 事不獲已 驚動士人 憂愧之懷 豈忘旦夕 이에 병사들을 모아 효경(梟獍) 같은 자들을 제거하고자 하니, 어떤 자들은 산골짜기로 도망가고, 어떤 자들은 궁궐 뜰에 와서 항복하였다. 그래서 가지나 잎사귀까지 찾아서 모두

죽였고, 3~4일간 죄인의 우두머리를 소탕하였다. 마지못하여 취한 조치이나 사인(士人)들을 놀라게 하였으니, 걱정하고 부끄러운 마음을 어찌 한시라도 잊겠는가

A-7 今既妖徒廓清 遐邇無虞 所集兵馬 宜速放歸 布告四方 令知此意 지금은 이미 요망한 무리들을 깨끗이 없앴으니, 멀고 가까운 곳에 걱정할 바가 없다. 소집한 병마를 빨리 돌려보내고 사방에 포고하여 이 뜻을 알게 하라.

이 글에서는 내용을 크게 일곱 부분으로 나누어 정리하였다. A-1은 '有罪者' 처벌을 서술함으로써 모반자 처형의 당위성을 서두에서 제시하였고, A-2는 경성(경주)에서 선왕의 상중에 난이 발생했음을 밝힘으로써 亂起(者)의 부도덕성을 드러내었다. A-3은 구체적인 인명을 밝히고 그들의 행태를 자세히 서술하여 '非才'하고 '不仁 不義'함을 강조하고 있다. A-4는 A-3에 보이는 亂逆(者)의 구체적인 움직임을 파악할 수 있다. A-5는 모반이 人神이 모두 용납할 수 없는 행위임을 밝혀, 다시 한번 부도덕성을 지적하였다. A-6은 무력으로 梟獍 같은 세력을 완전 소탕하였음을 보여주었고, A-7은 지금은 妖徒들을 없앴고, 걱정할 바가 없음을 사방에 알림으로써 모반이 수습되었으며, 국가통치력에 아무런 문제가 없음을 포고한다. 이상의 내용은 크게 1. 처형의 명분, 2. 범죄사실과 진압과정, 3. 포고로 나누어진다. 그럼, 교서의 내용 중 먼저 모반의 구체적인 내용을 알 수 있는 A-4·6·7부터 살펴보자.

A-6의 내용과 모반 발생 5일만인 8월 13일에 報德王이 역적의 평정을 축하하는 것으로 보아[35] 모반에 대한 진압은 신속하고 철저하게 이루어

---

35) 『삼국사기』 권8, 신라본기8 신문왕 원년 8월 13일.

졌던 것으로 보인다.[36)]

그러나 김흠돌의 모반은 그 규모와 참여세력이 광범위하였던 것으로 판단된다. A-4의 내용으로 보아 김흠돌이 넓게 세력을 형성하고 있었으며, 왕궁 내에도 동조자들이 있었고, 그 여파가 크게 미친 것으로 파악된다. 또한 A-6과 A-7의 내용을 통해서도 진압을 위해 다른 지역의 군사를 소집할 정도로 그 세력의 규모나 군사력이 강성하였다는 사실을 확인할 수 있다. 또한 '날짜와 기한을 정해…'라는 표현을 보아 치밀한 사전 계획이 있었음도 알 수 있다. 이것은 모반을 일으킬 그때 김흠돌이 막강한 세력을 유지하고 있었음을 보여준다.

한편 A-3에는 김흠돌 모반세력에 대한 인물평가가 나와 있다. 물론 이러한 평가는 敎에 담은 반역자에 대한 극단적인 비난의 말이다. 그렇다고 그 의미를 간과할 수는 없다. '位는 才(재주)로 올라간 것이 아니고, 職은 恩(典)으로 올라간 것'이라는 표현은 그들의 681년 당시의 관직을 확인할 수는 없지만 그것은 은혜에 의한 것이며, 그들의 관위는 재주로 얻은 것이 아니라는 것이다. 이때의 恩(은전)을 정확히 파악할 수는 없지만, 진골귀족이라는 타고난 신분으로 (관)직을 얻을 수 있었다는 표현으로 이해된다.[37)]

그러면 才(재주)란 무엇을 의미하는 것일까? 정확하지는 않지만 A-3에 보이는 '관료를 업신여기고'라는 용어를 통해 어느 정도 추측해 볼 수 있

36) 신라에서 모반 발생 후 진압과정까지의 기간을 확인할 수 있는 몇몇 사례가 있다. 중고기 말기인 선덕왕 16년(647)에 발생한 비담과 염종의 난은 10일이 지나도 진압을 하지 못하였고(『삼국사기』 권41, 열전1 김유신 상), 중대 말기인 혜공왕 4년(768)에 발생한 대공과 대렴 형제의 반란 때에는 왕궁을 33일간 포위하기도 하였는데(『삼국사기』 권9, 신라본기9 혜공왕 4년), 이 두 시기가 왕권의 미약함으로 진압에 상당한 기간이 소요됨과 비교하면, 이때의 진압은 신속하게 이루어졌다고 할 수 있다.

37) 『신당서』 권220, 열전45 신라조에 보이는 '其建官 以親屬爲上 其族名第一骨 第二骨 以自別.'은 이와 같은 현실을 반영한 기록이라 판단된다.

다. 이때의 관료라는 용어는 상당히 조심스러운 접근이 필요하지만, 아마도 진평왕대 이후 꾸준히 설치되고 증설되는 관부에 기용된 관인들의 다른 표현일 것이다. 이런 경우 당시의 구체적인 기준은 사료상 확인할 수 없지만,[38] 기용 원칙은 아마도 국가 운영에 필요한 다양한 재주(능력)일 것이다. 물론 진골의 경우 관부의 長인 令에 오를 수 있는 신분적 특혜는 있었지만, 그렇다 하더라도 진골 내에서도 才의 판단기준은 존재했을 것이다. 만약에 그렇다면 김흠돌은 교서의 내용대로 '非才'한 인물이라고 평가할 수 있다.

다음으로 1차 교서에서 사용한 용어에도 주의할 필요가 있다. '有罪者', '亂起', '賊首', '亂逆', '同惡', '妖徒' 등의 표현들은 모두 김흠돌 모반세력을 지칭함은 분명하다. 또한 '不仁 不義', '侮慢', '欺凌', '暴虐之心', '犯義傷風' 등은 모반세력의 부도덕성을 가리키는 말로 이해할 수 있다. 이러한 표현은 3인의 모반자가 신분적 지위인 진골귀족으로서 일정한 세력을 형성하고 있었으며, 그러한 지위를 통해 국가권력을 농간하는 모습을 보여주는 것으로 생각한다.

이상의 내용을 통해 모반세력의 성격 내지 그들의 모습은 어느 정도 추측이 가능하다. 김흠돌은 문무왕대의 무시할 수 없었던 세력이었다. 문무왕 5년 이후 태자의 비로 딸을 보낼 수 있었음은 그 실례이다. 또한 모반에 병부령인 김군관이 연루되어 있었고, '近竪'와도 연관이 되어 있는 것

38) 이 시기에는 아직 원성왕 4년(788)에 실시된 讀書三品科 같은 관인 등용의 일정한 기준은 없었던 것으로 파악된다. 물론 사료상으로 확인할 수 없는 당시의 기준이 있었을 수도 있지만 그러한 문제를 떠나 이 시기의 과도기로서의 모습을 보여주는 것이라 생각된다. 이후 682년에 위화부의 令인 衿荷臣 2인을 처음으로 두었고(685년에 금하신 1인 증원), 卿 1인을 두어 실질적인 국학의 운영이 이루어지는 등 인재양성, 관료 선발과 관련된 관부가 본격적으로 정비가 이루어지고 있는 것은 당시 국왕의 관심도와 시대적 흐름을 반영한 정책이었다.

으로 보아 김흠돌 집안은 진골귀족으로서 막강한 세력을 형성하고 있음을 알 수 있다. 그러나 665년 이후 태자의 장인임에도 불구하고 같은 진골귀족이지만 능력을 인정받았다고 생각되는 진복과의 비교에서 열세에 놓이게 된다. 물론 무열왕계 왕권이 정치적인 의도 속에 진골귀족 세력 중 어느 특정세력과 연합한 결과라고 이해할 수도 있다.[39)]

그러나 타국과의 치열한 전쟁을 경험한 신라는 전쟁승리 후 획득한 구 백제지역의 영역과 민의 증가라는 현실에 따라 제도 정비를 통한 국가체제 운영의 변화가 진행되었으며, 이러한 변화되는 신라사회에서 신분적 지위와 함께 국가조직의 구성원으로서의 위치도 요구되어지는 시기였다고 판단된다.[40)] 즉 변화되는 신라사회의 현실에 김흠돌은 그 재주가 미치지 못했던 인물로 파악된다. 어쩌면 김흠돌은 문무왕 시기부터 불만이 고조되어 있을지도 모른다. 태자의 장인으로, 진골귀족으로 당연히 누려야 할 많은 권리들이 시대의 변화로 뜻대로 되지 않았을지도 모른다. 그러나 전시상황에서 그러한 불만은 표출할 수가 없었다.[41)]

---

39) 김수태(1996, 앞의 책), 김희만(1992, 앞의 논문), 최홍조(1998, 앞의 논문)의 정치세력간의 대립이라는 견해는 이러한 시각에서 바라볼 수 있다.

40) 김수태는 문무왕의 왕권 강화의 방향을 진골귀족의 군사적 기반의 박탈과 관료적인 질서의 확립으로 보았다. 이 중 관료적 질서의 확립이라는 논지는 주목할 필요가 있는데, 1차 교서에 보이는 관료들을 모멸하였다는 내용을 통해 볼 때 김흠돌 세력이 문무왕대의 관료세력과 충돌, 대립하였다는 것으로, 이때의 관료세력은 주로 6두품을 지칭하는 듯하다. 이러한 논지는 정치적으로 소외된 진골귀족세력과 왕권 강화 차원에서 정치적으로 성장한 관료세력과의 충돌 속에서 김흠돌 모반의 원인을 찾는 것으로 이해된다(김수태, 1996, 앞의 책, 20~22쪽). 그러나 관료세력과 진골귀족의 구분, 대립관계로의 설정보다는 관료화 과정 속에 진골귀족도 포함하여 이해하는 것이 합리적이라 생각한다. 관부의 '令'에 진골만이 진출할 수 있다는 것은 골품제사회인 신라의 한계이지만, 다른 한편으론 변화되고 있는 신라에서 진골귀족을 관료화하고자 하는 동기로도 이해할 수 있다.

41) 문무왕대에 보이는 진주·진흠 처형 등 몇몇의 사건들은 결국 그러한 진골귀족세력

김흠돌은 결국 신분적 지위로 획득한 권력의 중심부에서 점차 밀리고 있었으며, 더욱이 딸의 無子 사실은 그로 하여금 신문왕 즉위로 인해 그동안 유지되어 왔던 권력의 박탈에 대한 불안감을 떨치지 못했을 것으로 본다. '非才함'과 함께 정치적 지위 또한 불안해짐에 따라 김흠돌은 문무왕의 사망이라는 정치적 공백기를 이용, 모반을 감행하였던 것으로 추측된다.

이러한 시각은 이전의 정치세력을 제거하고, 새로운 정치세력을 부각시켜 신진관료를 구축하는 과정으로 보거나,[42] 수세에 몰려있던 귀족파가 왕권파에 도전하는 최후의 결전으로 보는 시각[43]과는 차이가 있다.

새로운 정치세력의 구축이나 정치세력간의 충돌이란 왕조국가에서 항상 존재하는 정치적 산물이다. 보편적으로 파악할 수 있는 원인의 일부이기는 하지만, 681년 신라 중대라는 시대 속에서의 주요 원인이라고는 생각하지 않는다. 필자의 의구심은 왜 새로 즉위한 왕의 장인이 선왕의 상중에 모반을 감행했는가 하는 것이다. 그것은 시대적 상황과 관련하여 이해하여야 한다고 보는데, 즉 전쟁의 승리국으로서 달라진 신라사회의 운영에 필요한 새로운 국가체제가 필요하였고, 그 과정에서 신분적 지위로 가질 수 있었던 (관)위와 (관)직이 才에 의해 얻을 수 있는 시대로 서서히 변화되기 시작되었다는 것이며, 결국 그러한 시대적 변화에 뒤쳐진 진골귀족의 결집이 김흠돌 모반사건이라 판단된다.

---

들의 불만이 표출되어진 사건으로 판단된다.

42) 김희만, 1992, 앞의 논문, 78쪽.

43) 주보돈, 1994, 앞의 논문, 300쪽.

## 2) 2차 교서 ; 김군관 처형의 배경

### (1) 1·2차 교서의 비교분석

시대적 변화에 뒤쳐진 진골귀족의 결집이 김흠돌 모반사건이라면 연루되어 처형되었던 金軍官도 그들과 정치적 성격을 같이하는 인물이었을 가능성이 높다. 대부분의 연구자들은 이러한 관점에서 김군관을 바라보고 있다.

군관은 문무왕 시절 군사활동이 많았던 인물로, 지속적으로 관직과 관등이 높아졌으며, 신문왕 원년에 진복으로 상대등이 교체되기 전까지 문무왕 20년(670)에 상대등으로 임명되었던 국가권력의 중심에 있던 인물이었다 할 수 있다. 관등은 아찬, 잡찬, 이찬으로 계속 상승하였으며, 관직과 지위는 한산주도독, 상대등, 그리고 처형 당시의 병부령 등 신라 관부의 요직을 두루 거친 인물로,[44] 앞서 살펴본 진복과 비교해도 손색이 없을 정도로 승승장구하고 있었던 인물로 파악된다.

즉 김군관은 661년 문무왕 원년에 처음으로 사료상 파악이 되고 난 후 문무왕 20년에 상대등이 될 때까지 상승일로에 있었으며, 신문왕이 즉위

44) '軍官藪世高純爲南川州摠管.'(『삼국사기』 권6, 신라본기6 문무왕 상 원년 7월 17일).
'以阿湌軍官爲漢山州都督.'(『삼국사기』 권6, 신라본기6 문무왕 상 4년 정월).
'王命將軍仁問品日軍官文穎等 率一善漢山二州兵 與府城兵馬 攻高句麗突沙城滅之.'(『삼국사기』 권6, 신라본기6 문무왕 상 4년 7월).
'迊湌軍官大阿湌都儒阿湌龍長爲漢城州行軍摠管.'(『삼국사기』 권6, 신라본기6 문무왕 상 8년).
'軍官文穎取城十二 擊狄兵斬首七千級 獲戰馬兵械甚多.'(『삼국사기』 권6, 신라본기6 문무왕 상 10년 7월).
'拜伊湌金軍官爲上大等.'(『삼국사기』 권7, 신라본기7 문무왕 하 20년 2월).

한 후 상대등에서 교체가 되었던 것이다. 기존 견해 중에서 진복으로의 상대등 교체를 모반의 한 원인으로 보기도 하는 이유[45]가 그 때문일 것이다.

김군관에 대해 지금까지 밝혀진 이상의 구체적인 인물 정보는 사료상 더 얻기 힘들다. 과연 김군관은 김흠돌과 어떠한 정치적 관계였는지, 문무왕·신문왕으로 이어지는 중대 왕권과의 관계 정도는 어떠했는지 알 수 없다, 단지 그의 처형을 위한 교서의 내용만이 전해질 뿐이다. 따라서 교서의 내용을 좀 더 면밀히 확인할 필요가 있다.

2차 교서는 8월 28일 병부령 군관을 처형하면서 내린 교서로, 1차 교서 이후 12일이 경과한 후 취해진 조치였다. 즉 모반의 간접 연루자인 군관 개인 처형과 관련된 것으로 모반 관련 후속조치이자 마무리 조치로 이해된다.[46]

B. 2차 교서내용(신문왕 원년 8월 28일)

B-1 事上之規 盡忠爲本 居官之義 不二爲宗 임금을 섬기는 규범은 충성을 다하는 것이 근본이고, 관(官)에 있음에 도의는 두 마음을 가지지 않는 것이 으뜸이다

B-2 兵部令伊飡軍官 因緣班序 遂升上位 不能拾遺補闕 效素節於朝廷 授命忘軀 表丹誠於社稷 병부령 이찬 군관은 반서(班序)로 인하여 마침내 높은 지위에까지 올랐으나 능히 임금의 실수를 챙겨주고 모자라는 것을 보조하지도 않았고, 조정에 결백한 절개를 드러내지 않았으며, 명을 받음에 제 몸을 잊고 사직에 열렬

45) 주보돈, 1994, 앞의 논문, 299~300쪽 ; 이영호, 1995, 앞의 박사학위논문, 18쪽 ; 김수태, 1996, 앞의 책, 14~15쪽, 23쪽.

46) 『삼국사기』 권8, 신라본기8 신문왕 원년 8월 참조.

한 성의도 드러내지 않았다

B-3 乃與賊臣欽突等交涉 知其逆事 曾不告言 旣無憂國之心 更絶徇公之志 何以重居宰輔 濫濁憲章 역적인 흠돌 등과 사귀면서, 그 역모 사실을 알면서도 미리 알리지 않았으니, 이미 나라를 걱정하는 마음이 없고, 또한 公을 위해 몸바칠 뜻도 없으니, 어찌 재상 같은 중요한 자리에 있으며 헌장(憲章)을 흐리게 할 것인가

B-4 宜與衆棄以懲後進 軍官及嫡子一人 可令自盡 布告遠近 使共知之 마땅히 무리들과 함께 처형하여 후진들을 경계시키겠다. 군관과 그의 적자 한 명을 자진하게 하고, 멀고 가까운 곳에 포고하여 모두 알게 하라

교서의 내용을 크게 네 부분으로 나누었는데, B-1은 '事上'과 '居官'의 규범과 도의를 첫머리에 제시하였고, B-2는 '班序'로 병부령이라는 上位에 오른 군관의 자세와 태도에 문제가 있음을 지적하고 비판하였다. B-3은 구체적인 군관 처형의 이유를 제시하였는데, 宰輔의 자리에 있으면서, 우국, 徇公의 마음이 없었고, '憲章'을 흐리게 한 행위라고 하여 재보로서 책임을 다하지 못했음에 대한 질책이 담겨있다. B-4는 군관 처형을 포고하여 후진들에 대한 경고의 의미를 담았다. 이상의 내용은 크게 1. 처형의 명분, 2. 범죄사실, 3. 포고로 나누어진다.

그러면 이번에는 1·2차 교서의 내용을 함께 살펴보자. 내용에 따라 구분하여 간단히 정리하면 <표 5>와 같다.

<표 5> 신문왕 1차·2차 교서 내용 비교

| 구분 | 1차 교서 내용 | 비 고 | 2차 교서 내용 | 구분 |
|---|---|---|---|---|
| A-1 | 흠돌 처형에 대한 당위성 | 처형 명분 | 관료의 자세와 도의를 제시 | B-1 |
| A-2 | 모반세력의 부도덕성 부각<br>(喪中에 난을 일으킴) | | | |
| A-3 | 모반세력의 무능력과<br>부도덕성 강조 | 범죄사실<br>(모반 진압) | 관료로서 군관의 문제점 지적 | B-2 |
| A-4 | 모반세력의 구체적인 움직임 서술 | | 군관 처형의 이유<br>(관료로서 책임을 다하지 못함) | B-3 |
| A-5 | 모반 진압이 가능했던 이유<br>(모반세력의 부도덕성) | | | |
| A-6 | 모반 진압의 모습<br>(완전 소탕) | | | |
| A-7 | 국가통치력에 이상이 없음을 포고 | 포 고 | 군관 처형 포고<br>(관료들에 대한 경고) | B-4 |

1·2차 교서는 교서의 목적과 대상, 그리고 구조상 동일함과 상이함을 모두 확인할 수 있다. 먼저 교서의 목적과 대상이 직접 모반자와 연루자라는 분명한 차이점이 있지만 모두 국가의 안정과 국왕의 의지를 보여주기 위한 목적이라는 공통점이 있다.

그리고 교서의 서술구조를 보면 처형의 명분, 범죄 사실, 포고라는 일정한 형식 속에 내용을 서술하고 있으나, 2차 교서보다는 1차 교서가 좀더 구체적이고 사실적으로 나열하고 있다. 이것은 1차 교서의 처형 대상이 직접 가담한 모반자이기 때문에, 좀더 자세하고 실질적인 이유와 명분을 적시할 필요가 있었기에 그러하였을 것이다.

이러한 교서의 목적과 대상, 구조의 동일함에도 내용은 의외로 차이가 많다. 구체적인 내용을 파악하기 전에 먼저 각 교서에 사용된 용어들을 주목할 필요가 있다.

2차 교서에서 본고가 주목한 용어는 교서 첫머리인 B-1에 보이는 '居

官之義'이다. '居官之義'가 앞의 '事上之規'와 댓구를 이루어 서술되어 있음을 볼 때 '上'이 사람(윗사람, 임금)을 표현하므로 '官'도 사람(관인, 관료)으로 해석이 가능하다. 즉 1차 교서에 보이는 '官僚'(A-3)와 동일한 의미로 이해되며, '관료의 자리에 있는 자의 도의', '관료의 도의'로 해석할 수 있다고 본다. 교서에 보이는 '兵部令 伊湌', '上位', '宰輔' 등은 '居官', 즉 관료로서의 군관을 구체적으로 표현한 또 다른 용어들이며, '朝廷', '社稷', '憂國之心', '徇公之志' 등도 관료로서 군관을 바라보는 용어들이라 생각한다.

이러한 각 교서의 표현방식은 처형 대상자에 대한 신라(신문왕)의 인식 차이를 보여주는 것이다. 즉 1차 교서에서는 '有罪者'로(A-1), 2차 교서에는 '事上', '居官'으로 표현되고 있다(B-1). 金欽突을 '賊首', '妖徒' 등으로 표현하는 것으로 보아(A-3, A-7) 그들은 亂逆者로서(A-4) 처형을 당하는 것이고, 군관은 居官으로서 처형을 당했던 것이다.

이와 같은 용어의 차이는 기존 연구자들이 간과하고 있는 부분인데, 이것은 아마도 모반의 발생원인을 정치세력간의 대결로 파악하는 시각에서 기인하는 듯하다. 즉 흠돌과 군관을 모두 진골귀족을 대표하는 구 정치세력,[47] 반국왕세력[48]으로 동일시함으로써 교서 상에 보이는 차이점을 인식하지 못한 결과라고 생각한다.

다음은 각 교서에 보이는 김흠돌과 군관이라는 인물에 대한 평가로 앞의 표에서 필자가 구분한 '범죄사실'에 주로 서술되어 있다. 물론 이와 같은 평가는 직접 모반자와 연루자이기 때문에 나타나는 차이점이기도 하다. 하지만 김흠돌과 군관이라는 인물에 대한 신라(신문왕)의 인식태도도 어느 정도 반영되어 있었다고 판단된다.

47) 김희만, 1992, 앞의 논문, 88쪽.
48) 최홍조, 1998, 앞의 논문, 65쪽.

경주 월성

교서를 보면 김흠돌 세력에 대해서는 부도덕성에 대한 문제점을 집중적으로 제시하고 있다(A-2, 3, 4, 5). 반면 군관에 대해서는 병부령, 上位者, 宰輔의 자리에 있는 관료로서 조정과 사직을 위해 본분을 다하지 못했음을 비난하고 있다(B-2, 3). 이것은 앞서 김흠돌과 김군관에게 사용한 용어인 有罪者, 居官으로서의 비판에 대한 구체적인 사실이라 할 수 있다.

여기서 주목할 점은 군관 처형의 결정적 사실인 '知其逆事 曾不告言'을 憂國의 마음과 徇公의 뜻이 없고, 宰輔로써 憲章을 흐리게 한 원인으로 파악하고 있었던 것이다(B-3). 즉 신라의 관료로서 본분을 다하지 못한 이유로 軍官과 嫡子를 自盡하게하고 있지, 난역을 일으킨 김흠돌처럼 부도덕성을 이유로 처형을 하는 것은 아니라는 것이다. 이러한 표현은 직접 가담자와 연루자라는 차이점만으로 이해하고 설명될 수 있는 점은 아니다.

마지막으로 생각해 볼 것은 下敎의 목적이다. 1차 교서가 A-7을 통해 지금의 국가통치력에 아무런 문제가 없음을 천명하였다면, 2차 교서는 관료로서의 본분과 태도를 일깨우는 국가통치자의 경고를 보여주었다고 할 수 있다(B-4). 즉 1차 교서는 김흠돌 세력을 역모자로서 처형을 하는 것이고, 2차 교서는 군관이 그 역모를 병부령이라는 관료로서 책임을 다하지 못한 것을 이유로 죽이고 있는 것이다. 특히 B-4에 보이는 '宜與衆棄以懲後進'이라는 표현은 신문왕의 군관 처형의 목적이 분명히 드러난 구절로 이해되는데, 결국 군관 처형을 통해 김흠돌과 같은 성격의 진골귀족세력에 대한 일종의 경고성 교서로 이해된다.

### (2) 김군관의 관료화 모습

2차 교서에 보이는 병부령인 군관의 태도와 그에 대한 신라(신문왕)의 처리방법은 당시를 이해함에 적잖은 도움을 준다. 8월 26일 교서에 따르면 김군관은 '逆謀사실을 알면서도 고하지 않았기에' 처형을 당하였다. 이러한 사실은 몇 가지 의문을 낳는다.

첫 번째 의문은 교서의 '與賊臣欽突等交涉 知其逆事'라는 내용을 통해 김흠돌과 군관은 역모에 대한 사전 교감이 있었다는 것인데, 결과론적으로 직접적으로 역모에 참여하지 않은 군관에게 왜 김흠돌은 역모사실을 알렸는가 하는 것이다. 두 가지 경우를 상정할 수 있다.

첫째는 병부령이라는 직위는 모반 실행에 막대한 영향력을 행사할 수 있는 자리이기에 同謀者로 직접적인 참여를 요청한 경우이다. 만약 이러하였다면 군관은 김흠돌과의 약속을 어긴 것이다.

둘째는 직접적인 참여는 아니지만 사전에 역모를 알리고 병부령의 직위를 이용, 신라의 군사력 동원에 일정한 영향력을 행사하여 간접적으로 모반을 돕는 경우이다.

이러한 추측 중 어느 경우가 사실에 부합될지 알 수 없지만, 핵심사항은 김흠돌이 사전에 역모를 군관에게 알렸다는 것이다. 이것은 김흠돌이 군관에게 직접적이든, 간접적이든 중대한 거사를 알릴 정도로 서로간의 '同類意識'이 존재하였다는 것이다. 즉 김흠돌과 군관은 역모를 일으킬 정도의 세력을 형성하고 있었으며, 그러한 세력의 중심인물로 파악된다. 이때의 '同類'란 태종무열왕, 문무왕 시기, 그리고 신문왕 즉위로 전개되는 시대적 상황에 불만족스럽거나, 이러한 불만스러운 시기를 모반의 적기라 판단한 세력들일 것이다. 그 결과 모반은 실패하였고, 결과론적으로 직접적인 참여가 없었던 군관마저 처형당했다.

두 번째 의문은 왜 군관은 '曾不告言'하였냐는 것이다. 이러한 표현은 사실 신라의 입장이다. 즉 병부령으로서 역모계획을 사전에 알았으면서 거사 시행 이전에 국가에 왜 알리지 않았냐는 것이다. 필자는 이러한 군관의 모습이 신문왕 원년인 681년 신라 진골귀족의 모습이라고 생각한다. 추측하건데 군관은 '同類意識'은 공감하지만 '同類'로서 김흠돌 세력에 적극적으로 가담하지 않았으며, 그렇다고 병부령이라는 지위로서 적극적으로 진압에 나서지도 않았다고 생각한다. 만약에 적극적으로 진압에 나섰다면, 설령 '曾不告言'하였더라도 역모의 동조자로서 처형에까지는 이르지 않았을 것이다. 결과론적으로 군관은 방관자적인 입장을 취했던 것이다.[49]

이전의 신라사회가 동류의식을 공유하는 세력[眞骨貴族]으로서 신라의

49) 이기백, 1974, 앞의 책, 107쪽. 이기백은 중대 상대등의 성격을 논하면서 김흠돌 모반사건에 연루되어 처형된 김군관은 반란에 대한 방관자의 위치에 놓여있었던 것으로 생각되며, 그 지지자도 반대자도 아니었다 라고 하였다. 즉 중대의 성격적인 변화를 가져오기 시작한 상대등의 미묘한 지위가 잘 나타나 있으며, 상대등의 방관자적 태도를 용서하지 않았기에 처형을 하였다고 보았다. 이러한 시각에서 '방관자'라는 표현은 군관에 대한 시의적절한 표현으로 생각된다.

관인으로 참여하였고, 경우에 따라 진골이라는 신분적 지위를 공유하는 일정한 세력에 의해 국가의 통치력에 일정한 영향을 줄 수 있었거나 또는 대항할 수 있었다면, 백제· 고구려·당과의 전쟁을 거쳐 권력의 집중이 이루어지기 시작하는 이때의 신라사회는 상대적으로 이전 시기보다 타고난 신분의 정치적 영향력이 보다 약화될 가능성이 높아졌던 시기였다고 생각한다.

즉 이전 시기가 국가운영의 주체가 일정 신분의 강력한 귀족세력이었다면, 이때는 戰時期間을 거치면서 전쟁 수행의 대표자인 국왕을 정점으로 국가운영의 구성원으로서 진골귀족들이 서열화되고,[50] 인식되어지는 시기였다. 김흠돌의 모반이 발생한 681년, 신문왕 원년은 그러한 시기의 출발점이 아닐까 한다. 이러한 시대적 흐름에서 군관은 역모에 적극적으로 참여도 안했고, 그렇다고 병부령으로서 적극적으로 진압에 나서지도 않았다고 추측된다.

다음으로 군관 처형시기에 대해서도 생각해 볼 필요가 있다. 8월 16일 1차 교서를 통한 모반세력에 대한 조치 후 12일이나 지난 8월 28일에 군관은 처형을 당한다. 김흠돌 등 모반 주동자를 처형하였고, 이후 무력가담 관련자들에 대한 색출작업 등 무력진압에 8일의 기간이 소요되었음에 비해, 8월 28일 2차 교서는 오직 군관과 적자 1인을 처형하기 위한 교서이지만 1차 교서 이후 12일이나 경과 후 조치를 내렸다.

물론 1차 조치 후 모반에 대한 마무리 과정에서 '曾不告言'을 알게 되어 처형을 할 수도 있었겠지만, 어쩌면 이미 군관의 연루사실을 알았으면

50) 백제·고구려와의 오랜 전쟁기간 동안 진골귀족들은 당의 摠管制에 따라 지역별, 또는 부대별 총관 내지 장군의 지위로 참전을 하였는데, 아마도 이러한 치열한 전쟁기간을 거치면서 정치적·군사적으로 국왕과의 우열을 실감하였고, 그래서 자연스럽게 진골귀족의 서열화도 진행이 되었다.

서도 시일을 두고 처형 여부를 고민하였을 가능성도 있다. 즉 1차 교서에 비해 처벌대상자도 군관 개인이고, 상대적으로 많은 시일이 경과된 후 교서를 발표하는 것으로 보아 군관 처형에 대한 신라(신문왕)의 많은 고심을 보여주는 것이 아닌가 하는 추측을 해본다.[51)]

군관은 상대등에 임명된 진복과 같은 정도는 아니지만, 김흠돌 세력과의 교류 속에서도 관료로서의 성격이 강한 인물로 신문왕은 파악을 하였을지도 모른다. 그러기에 교서의 내용이 관료로서의 본분에 대한 비판이고, 난역자에 대한 처리방법과 달리 군관과 嫡子에게는 명예형인 自盡을 명한 것도 그와 같은 연유에서 나온 것이 아닌가 한다. 앞서 언급한 군관의 방관자적인 입장은 이와 같은 시각에서 본다면 적절한 비유라 할 수 있다.

이와 같은 사실에서 군관에 대한 신라(신문왕)의 인식태도를 조심스럽게 추정해보자. 군관은 문무왕 20년(660)에 상대등, 모반 당시에는 교서를 통해 병부령이라는 관직을 확인할 수 있다. 또한 2차 교서에 보이는 처형 이유도 관료로서의 무책임한 때문이었다. 따라서 군관은 문무왕 이후 '관료화' 과정을 거치는 진골귀족으로 이해할 수 있지 않을까 한다. 비록 국가(조정, 사직)에 대한 盡忠은 부족하고, 역모사실을 알면서도 국가에 알리지 않는 憂國의 마음도 없는 등, 관료로서 그에 대한 평가는 부정적이었지만 결과적으로 김흠돌 모반에는 직접적이고, 적극적인 가담은 하지 않았다. 이것은 군관이 당시의 세력 있는 진골귀족이지만, 한편으론 관료로서의 一端의 모습을 보여주는 인물로 파악할 수 있지 않을까 한다.[52)]

51) 이기백도 모반사건과 군관 처형 사이에 20일이라는 간격이 있음을 서술하고, 그를 처단하기 위해서는 상당한 결의가 신문왕에게 요구되었을 것이라 하였다. 그리고 그 이유를 상대등이라는 정치적인 지위와 그 배경인 귀족세력 전체에 대한 문제 때문으로 보았다(이기백, 1974, 앞의 책, 107쪽).

52) 신라 중대의 관료화 과정에 대한 논의는 몇몇 연구자들에 의해 언급이 되고 있지만

그렇다면 김흠돌 모반세력의 관료로서의 모습은 확인이 안 되는 것일까? 그들이 모반 당시 어떠한 관직을 보유하고 있는지 알 수는 없다. 단지 앞서 언급한대로 '(官)位와 (官)職을 非才와 恩(典)으로 얻었다'는 표현으로 보아 관료로서 일정한 지위를 형성하고 있었음은 분명하다. 차이점은 군관이 上位에 오를 수 있었던 이유가 班序라면, 김흠돌 세력은 恩(典)이었다는 것이다. 따라서 재(주)와 반서로서 얻은 것이 아닌 (관)위와 (관)직은 그들 세력에게는 그리 중요한 것이 아니었을지도 모른다. 그래서 관료를 업신여기었고, 상하를 속이는 행동에 거리낌이 없었을 것이다. 이와 같이 국가권력을 농간하는 김흠돌 세력의 태도는 관료로서 자신들을 인식하지 않았던 것이 아닌가 하는 추측을 하게 된다.

마찬가지로 신라(신문왕)도 비록 그들이 (관)위와 (관)직을 가진 인물들이지만 그들에 대한 인식은 부정적이었으며, 난역자로서 그들의 부도덕성을 이유로 처형을 하였다. 만약 그들을 관료로서 인식하였다면 군관처럼 관료로서의 본분에 대한 언급이 약간이라도 있었을 것인데, 그 대신 恩(典)으로 (관)직을 얻었다고 함으로써 모반세력의 부도덕성만을 제시하였다.

---

단편적이며, 개념이나 용어 등 아직 구체적인 정의도 이루어지지 않은 초보적인 단계라고 생각한다. 이 글도 예외는 아니다. 그런 면에서 이기동의 선행연구는 시사하는 바가 크다고 할 수 있다(이기동, 1984, 『신라골품제사회와 화랑도』). 특히 중대 왕권 아래서 꾸준히 발전해 나간 것이 관료제이지만 근본에 있어 골품제도에 입각해 있던 신라의 정치사회에서 관료제는 순조롭게 발전할 수 없었으며, 결국 골품제 국가로부터 관료제국가로의 전화가 실패로 끝났다는 시각은 골품제 속에서 관료제의 한계를 정확히 파악한 시각이다(이기동, 1984, 앞의 책, 117쪽). '骨品'이라는 신분적 규정이 신라사회를 규정하고 있음은 분명하며, 그런 면에서 중대 초인 신문왕대의 관료화 과정에 대한 이 글의 논의가 일정한 한계를 가지고 있을지도 모른다. 그러나 구체적인 사건을 통해 진골귀족의 관료화 모습의 一端을 확인하는 작업은 필요하며, 이러한 논의가 신라 중대사회를 이해하는 방법론으로서는 유효하다고 생각한다.

신라(신문왕)는 김흠돌을 관료가 아닌 진골세력으로서, 군관은 진골귀족이지만 국가의 관료로서 인식하고 있었던 듯하다. 역모사실을 알면서도 적극적으로 참여하지 않았으며, 그렇다고 병부령으로써 적극적으로 진압하지 않은 군관의 모습은 그러한 사실의 방증이다. 군관은 681년 진골귀족의 관료화 모습을 보여주는 一例의 인물로 파악된다.

앞서 언급한 대로 2차 교서에서 고심 끝에 군관 처형 결정을 내렸던 것은[53] 결국 군관 처형을 통해 김흠돌과 같은 동류의식을 공유하는 세력에 대한 일종의 경고였으며, 진골귀족의 관료화 경향을 촉진시키기 위한 경고성 교서로 이해된다.

이상 지금까지 정치적으로 동일하게 파악하였던 김흠돌과 김군관을 관련 교서의 내용 분석을 통해 정치적으로 차이점이 있음을 신라 중대 진골귀족의 관료화라는 시각에서 살펴보았다.

신라사에서 중대(654~780)는 왕계 변화에 의한 새로운 정치세력의 왕위계승, 전쟁의 승리를 통한 영역의 확장과 민의 증가로 물질적 기반에 변화가 있었던 시기로 이와 같은 변화요소들에 주의하여, 중대는 이전 삼국이 공존하던 시기와는 국가체제 면에서 차이가 있다고 본다.[54] 이러한 시각에서 볼 때 중대 성립 후 태종무열왕·문무왕대라는 전시기간을 거친 후 신문왕 원년 先王의 喪中에 발생한 김흠돌의 모반은 변화하는 신라 중대사회를 보여주는 상징적인 사건으로 파악된다.

김흠돌은 문무왕대 많은 무장활동이 보였던 인물로, 665년 이후에는

53) 700년 5월 중시 順元은 이찬 慶永의 모반에 연루되어 연좌되어 파면된다(『삼국사기』 권8, 신라본기8 효소왕 9년 5월). 모반의 성격 등 구체적인 사실 확인이 힘들기 때문에 두 모반의 비교에 무리는 있지만, 순원처럼 군관도 파면이라는 처벌로도 가능하지 않았을까 한다.

54) 중대의 중앙집권체제를 한국사에서 중세사회의 기점으로 파악하는 관점은 시사하는 바가 크다고 할 수 있다(김영하, 2007, 앞의 책, 161쪽).

태자(나중에 신문왕)의 妃로 딸을 보낼 정도로 정치적으로 강력한 세력을 이루고 있었던 인물로 생각된다. 그러나 김흠돌은 문무왕이 죽고 사위인 신문왕이 즉위하자마자 바로 모반을 일으켰다.

이에 김흠돌 세력과 당시 상대등인 진복과의 관등·관직의 비교, 모반 관련 1차 교서의 내용 분석을 통해 중대에 진행되는 국가의 관료화 정책의 반발을 모반 발생의 배경으로 추측하였다. 전쟁을 거친 신라 중대는 진골귀족들에게 새로운 국가체제 운영을 위해 이전의 타고난 신분적 지위와 함께 국가조직운영을 위한 관료로서의 위치도 요구되어졌던 시기라고 생각된다. 이에 김흠돌 모반세력은 관료로서의 무능함과 더불어 딸의 無子로 정치적 지위 또한 불안해짐에 따라 喪中이라는 정치적 공백기를 이용, 모반을 감행하였던 것으로 판단된다. 즉 시대적 변화와 흐름에 뒤쳐진 진골귀족의 결집이 김흠돌 모반 사건이라고 추측된다.

다음으로 모반에 연루되어 처형당하는 군관의 모습을 2차 교서의 내용을 통해 살펴보았다. 특히 교서에 보이는 신라의 군관 처리방법과 군관의 태도에 주의하였다.

군관은 '역모사실을 알면서도 미리 알리지 않았다'라는 이유로 처형당하였다. 이러한 군관의 태도는 여러모로 의구심을 자아낸다. 이러한 사실을 확인하기 위해 1·2차 교서의 내용을 비교하여 살펴보았다.

교서에 따르면 군관은 김흠돌 등과의 교류로 사전에 역모사실을 알고 있는 듯하다. 그럼에도 그는 적극적으로 모반에 가담하지 않은 듯하며, 그렇다고 미리 국가에 알리지도 않는다. 결국 이러한 군관의 태도는 방관자적인 입장인데, 그것은 중대에 들어 국왕을 정점으로 국가운영의 구성원으로서 진골귀족들이 서열화되었고, 인식되어졌던 시기에 군관은 진골귀족도, 그렇다고 신라의 관료도 아닌 방관자적인 입장을 취할 수밖에 없었던 것이다.

1차 교서와 달리 2차 교서에 군관 처형의 이유가 관료로서 책임을 다하지 못한 것에 대한 질책과 비난이 중심이었던 것도 김흠돌과는 다른 군관에 대한 신라(신문왕)의 시각을 확인할 수 있는 사실이다. 특히 2차 교서에 보이는 '마땅히 모반의 무리들과 함께 처형하여 후진에게 징계로 삼겠다.'라는 표현은 신문왕의 군관 처형의 목적이 분명히 드러나 있다. 681년 신라사회는 '진골귀족의 관료화' 과정의 출발점인 시기로 파악되며, 군관은 그 시대를 보여주는 대표적인 진골귀족으로 보인다.

# 2. 신문왕대 문무관료전 분급의 의미

## 1) 문무관료전 지급의 배경과 그 의미

신문왕 7년(687) 5월의 문무관료전 기사와 신문왕 9년 정월의 녹읍 폐지는 많은 연구자들이 지속적으로 관심을 가지고 있는 주제이다. 그러나 사료는 간단하고 소략하게 결과만이 서술되어 있으며, 기타 다른 자료에도 보이지 않는다. 따라서 연구자들마다 시각과 논지에 많은 차이가 있다. 이 글도 그런 면에서 이미 한계를 가지고 있다.

그러나 앞서 살펴본 바와 같이, 김흠돌 모반이 진골귀족들의 관료화에 대한 반발이었다면, 역으로 그만큼 중대 왕권이 진골귀족의 관료화를 지속적으로 추진하고 있었음을 보여준다고 할 수 있다. 즉 중대 왕권의 진골귀족의 관료화 추진은 변화된 권력구조에 조응하는 의도적이고, 현실적인 지향점이라 할 수 있다.

그런 면에서 신문왕대의 문무관료전 지급과 녹읍 폐지, 歲租 지급이라는 일련의 조치는 관료보수의 신설과 변화라는 점에서 관료화와 관련하여 이해하여야 할 주제이다. 특히 문무왕대 이후 신문왕대까지 지속적으로 추진되었던 중앙관부와 지방제도 등 통치조직의 완비와 정비과정에서 실무관료의 증원이라는 현실적인 이유가 작용하였을 것이다. 따라서 문무관료전 기사는 김흠돌 모반을 통해 살펴본 진골귀족의 관료화와는 성격을 달리하는, 또다른 관료화의 일면을 보여주는 기록이라 할 수 있다.

먼저, 살펴볼 것은『삼국사기』에 보이는 문무관료전 기사의 이해이다.

녹읍에 비해 상대적으로 그 관심도는 적다고 할 수 있지만, 그 성격 자체에 대한 논의는 활발하였다. 즉 관료전이냐 賜田이냐 하는 것이다.

(神文王 7年 5月) 敎賜文武官僚田有差[55)]

『삼국사기』 신라본기 신문왕 7년 5월 기록인 앞의 사료는 연구자들에 따라 크게 두 가지로 이해한다.

첫째는 '敎를 내려 文武官僚田을 주니 차등이 있었다.'

둘째는 '敎를 내려 文武官僚에게 田을 주니 차등이 있었다.'

첫 번째는 관료에 대한 보수형태로 田을 주었다는 것으로, 687년에 처음으로 관료전의 지급을 보여주는 것으로 이해할 수 있다. 반면 두 번째는 관료에 대한 보수가 아닌 恩典으로 관료들에게 田을 주었다는 것으로, 일종의 賜田, 勳田의 개념이다. 이 견해에 의하면 관료전은 존재하지 않았다.

이러한 두 견해에 대한 논의에 앞서 주의할 것은, 687년에는 아직 녹읍이 폐지되지 않은 상태였다는 것이다. 따라서 687년 기사를 해석함에는 녹읍의 존재를 상정하고 사료를 이해해야 할 것이다.[56)]

위의 사료를 관료전 지급 기사로 파악하는 견해는 연구자들마다 약간의 차이가 있다.[57)] 첫째는 관료전으로 보면서 녹읍과 병행하여 실시되었다고 보는 경우이다.[58)]

---

55) 『삼국사기』 권8, 신라본기8 신문왕 7년 5월.

56) 녹읍이 폐지되고 대신 歲租를 지급한 689년부터 관료전과 녹읍 폐지와의 상호관련성을 이해할 수 있다.

57) 細論에 있어서는 각 연구자들마다 차이가 있지만, 賜田이 아닌 관료전으로 이해하는 연구자들은 서술상 동일한 시각으로 분류하였다.

58) 김철준, 1962, 「신라 귀족세력의 기반」, 『인문과학』 7, 234쪽 ; 김기홍, 1989, 「신라

이 견해는 687년 관료전을 설치한 이후 689년까지 녹읍과 함께 관료보수로서 지급되었으며, 689년 이후에는 관료전과 '逐年賜租(月俸)'의 형태로 지급되었고, 757년 녹읍의 부활 이후에는 다시 관료전과 녹읍이 지급되었다는 것이다. 결국 687년 이후 관료전은 관료보수로서 지속적으로 존재하였다.

두 번째는 관료전으로 보면서 757년 녹읍 부활과 함께 폐지되었다는 것이다.[59] 이 주장은 이전에는 녹읍이 지급되었다가 687년에 田租 부분만을 떼어 관료전이 지급되었으며, 689년 녹읍을 폐지하고 녹봉과 함께 관료전이 지급되었다가, 757년 녹읍의 부활과 함께 녹봉은 물론 관료전도 폐지되었다는 것이다.

세 번째는 관료전을 일종의 職田으로 파악하면서, 직전들이 배치되어 있는 고을을 녹읍으로 보는 것이다.[60] 이것은 관료전과 녹읍을 동일하게 보는 것으로, 이전에는 歲租를 지급하였다가 687년 관료전(녹읍)이 지급

<촌락문서>에 대한 신고찰」, 『한국사연구』 64, 31~32쪽 ; 김기흥, 1991, 『삼국 및 통일신라 세제의 연구』, 역사비평사 ; 이희관, 1990, 「신라의 녹읍」, 『한국상고사학보』 3 ; 이희관, 1992, 「통일신라시대 관료전의 지급과 경영」, 『신라문화제학술발표논문집』 13 ; 이희관, 1999, 『통일신라토지제도연구』, 일조각 ; 안병우, 1992, 「6~7세기의 토지제도」, 『한국고대사논총』 4, 290~297쪽 ; 전덕재, 1992, 「신라 녹읍제의 성격과 그 변동에 관한 연구」, 『역사연구』 1 ; 강봉룡, 1996, 「통일기 신라의 토지 분급제도의 정비」, 『국사관논총』 69, 286~288쪽.
녹읍에 대한 이해는 다르지만, 관료전 시행을 일본에서 시행된 職田으로 이해하여 녹읍과 병행하여 실시되었다는 견해도 이에 해당한다고 할 수 있다.
吉田孝, 1972, 「公地公民について」, 『坂本太郎古稀記念 續日本古代史論集』 中卷, 433~434쪽 ; 武田幸男, 1976, 「新羅の村落支配-正倉院所藏文書の追記をめぐつて-」, 『朝鮮學報』 81, 219~229쪽 ; 木村誠, 1976, 「新羅の祿邑制と村落構造」, 『歷史學硏究』 428 別冊 『世界史の新局面と歷史像の再檢討』, 52~60쪽.

59) 강진철, 1969, 「신라의 녹읍에 대하여」, 『이홍직박사회갑기념한국사학논총』 ; 강진철, 1987, 「신라의 녹읍에 대한 약간의 문제점」, 『佛敎와諸科學』.

60) 박시형, 1960, 『조선토지제도사』(상) ; 박시형, 1994, 신서원 재발간, 145~155쪽.

되었으며, 2년 후인 689년에 녹읍(관료전)이 폐지되었고, 다시 '逐年賜租'를 실시하였다는 것이다. 이 경우 관료전(녹읍)은 687년부터 689년까지 지급된 직전이었으며, 녹읍(관료전)이 부활된 경덕왕 16년(757) 이후 관료의 보수로서 지속되었다는 것이다. 이상 관료전으로 파악하는 견해는 녹읍과의 관계와 존립시기 등을 통해 3가지로 나눌 수 있는데, 정리하면 다음과 같다.

<표 6> 문무관료전을 관료전으로 보는 견해들

| 견해 | ~687년 | 687년 | 689년 | 757년 | 757년~ | 비고 |
|---|---|---|---|---|---|---|
| ① | 녹읍 지급 | 관료전 지급 | 관료전 지속 | 관료전 지속 | 관료전 지속 | 관료전과 녹읍 병행 실시 |
| ② | 녹읍 지급 | 관료전 지급 | 관료전 지속 | 관료전 폐지 | 관료전 폐지 | 757년 관료전 폐지 |
| ③ | 세조 지급 | 관료전(=녹읍) 설치 | 관료전(=녹읍) 폐지 | 녹읍(=관료전) 부활 | 녹읍(=관료전) 지속 | 관료전과 녹읍을 동일하게 파악 |

<표 6>에서 보는 바와 같이 문무관료전 사료를 관료전으로 이해함에는 그 존립시기와 녹읍과의 관계에 있어서 차이가 난다. 견해 ①은 687년 설치 이후 폐지된 경우는 없었으며, 관료전의 존재를 인정, 757년 녹읍의 부활 이후에도 지속적으로 관료보수로서 지급되었다는 것으로, 사료에 충실한 해석이다. 이 경우 관료전과 녹읍 모두 수취내용에 수조권이 존재하였다는 것에 대한 적극적인 해석이 필요하다.

견해 ②는 녹읍의 수취내용 중 田租 부분만을 687년 관료전으로 지급하였다는 것이다. 그런데 689년 녹읍의 폐지 이전까지 약 2년 동안은 녹읍을 통해서 역역·공부만을 수취했다는 것은 녹읍의 폐지를 위한 과도기로 추정하면 한편으론 일리도 있지만 실질적으로 전조만을 제외한다는

것이 수취상 가능했을까 하는 의구심이 든다. 또한 757년 관료전의 폐지도 사료상 확인할 수 없다.

견해 ③은 관료전과 녹읍을 동일하게 파악하는 것으로, 687년에 처음으로 녹읍이 지급되었다는 것이다. 현재 녹읍의 실시시기를 관부정비와 관료제도 실시와 연관하여 6세기 이후로 보는 관점과는[61] 많은 차이가 난다.

반면에 관료전의 지급이 아니고 賜田, 또는 勳田으로 보는 견해도 있다.[62] 이경식은 그간 심화되어온 지배층 내의 경제적 不均과 이로 인해 격심한 대립·갈등을 조정하였고, 이들 전체의 공로를 기리는 취지에서 취해진 조치로 이해하였다. 즉 문무관료들의 관위와 공로가 배려되어 '賜田'되었던 것으로 파악하고, 功勳田, 功臣田의 賜給과 같은 맥락에 속하는 조치였다는 것이다.[63]

조이옥도 이경식의 견해에 동조하면서 관료에게 지급하는 토지 지급의 범주는 내외관이 모두 포함되는 것이 상례이나, 이때의 경우는 중앙의 문무관료에만 한정 지급되었으므로 관료전으로 규정하기에는 의문이라 하였다.[64] 이러한 견해들은 관료보수로서 관료전의 형태를 부정하고, 녹읍

61) 木村誠, 1976,「新羅の祿邑制と村落構造」,『歷史學硏究』428 別冊『世界史の新局面と歷史像の再檢討』, 60쪽 ; 이경식, 1988,「고대·중세의 식읍제의 구조와 전개」,『손보기정년기념한국사학논총』; 이순근, 2004,「녹읍 수취의 내용에 대하여」,『역사와 현실』52, 190쪽.

62) 백남운, 1933,『조선사회경제사』, 개조사, 동경 ; 백남운, 1994, 이론과실천 재발간, 361쪽 ; 이경식, 1988, 앞의 논문, 153~154쪽 ; 조이옥, 1993,「통일신라 경덕왕대 전제왕권과 녹읍에 대한 재해석」,『동양고전연구』1, 89~91쪽 ; 이인재, 1995,『통일신라기 토지제도연구』, 연세대박사학위논문, 164~171쪽. 그러나 백남운은 나중에 견해를 수정, 직전제, 祿田制로 파악하였다(백남운, 1937,『조선봉건사회경제사』상 ; 백남운, 1993, 이론과 실천 재발간, 21쪽).

63) 이경식, 1988, 앞의 논문, 154쪽.

과 歲租(月俸)만을 관료의 보수형태라고 보는 것이다.

앞서 말한바와 같이, 관료전에 대한 기록은 소략하고 영성하기 때문에 관료전으로의 이해뿐만 아니라 은상의 개념인 賜田으로도 이해가 가능하다. 더구나 녹읍처럼 '罷'하고, '復賜'하였다는 표현이 없기에 일회성 지급으로의 추측도 가능하다.

앞의 사료가 관료보수였는가, 은상이었는가를 확인하는 작업은 사료해석만으로는 불가능하다. 따라서 신문왕 7년(687)에 관료에 대한 새로운 형식의 보수형태가 필요하였던 시기인지, 아니면 은상 개념의 賜田이 요구된 시기였는지 당시의 시대적 상황을 유추할 필요가 있다.

이러한 접근은 신문왕 원년부터 7년까지 시행된 정책 등 여러 사실들을 연대별로 정리, 되짚어봄으로서 사료의 성격을 그 시기에서 이해하고자 하는 것이다. 즉 '敎賜文武官僚田有差'의 내용이 새로운 관료보수를 도입하였던 국가정책이었는지, 단순히 1회성으로 문무관료에게 田을 지급한 국왕의 정치적 행위인지를 687년 5월 시기에서 간접적이나마 추측하고자 하는 접근방법이다. 이러한 논의방법에 한계는 있지만, 사료 해석만으로 불가능한 경우에는 차선책으로 가능하다고 본다.

신문왕 7년까지의 제도정비 및 사건 등을『삼국사기』를 바탕으로 연대순으로 정리하면 <표 7>과 같다.[65)]

---

64) 조이옥, 1993, 앞의 논문, 89~91쪽.

65) 주로 제도 정비, 정치적 사건, 특기사항 등을 중심으로 정리한 것이며, 일반적이라 판단되는 사항들은 제외하였다.

<표 7> 신문왕대 국가체제 정비현황(681~687)

| 연번 | 신문왕대 | 내 용 | 구 분 | 비 고 |
|---|---|---|---|---|
| 1-① | 원년 8월 8일 | 金欽突 謀叛伏誅 | 모반 발생 및 진압 | 外戚(王妃의 父)반란 병부령 軍官 연좌 처형,왕비 出宮 |
| 1-② | 원년10월 | 侍衛監를 罷하고 將軍 6人 置 | 관부 정비 | 金欽突 모반의 사후 조치 |
| 1-③ | 원년 | 船府 史 2인 加 | 관부 정비 | 官員 증치 |
| 1-④ | 원년 | 本彼宮 설치 | 관부 신설 | 본피궁 재정비 |
| 2-① | 2년 4월 | 位和府 衿荷臣 2인[66] 上堂 2인 置 | 관부 정비 | 관부 기능 및 위상강화 |
| 2-② | 2년 6월 | 國學 卿 1인, 工匠府 監 1인, 彩典 監 1인 置 | 관부 정비 | 관부 기능 및 위상강화 |
| 3-① | 3년 2월 | 一吉湌 金欽運의 少女를 夫人으로 맞이 | 새로운 왕비맞이 | 왕비 出宮 후 후속조치 |
| 3-② | 3년 10월 | 報德王 安勝에게 金氏를 부여하고 경주에 살게 함 | 지방제도 정비 | 지방제도 정비를 위한 整地작업 |
| 3-③ | 3년 | 황금서당, 흑금서당 창설 | 군제 정비 | 9誓幢의 구성부대 |
| 4-① | 4년 11월 | 金馬渚의 大文이 謀叛 그 땅에 金馬郡 설치 | 반란 발생, 진압 후속조치 | 안승 조치에 대한 불만 |
| 4-② | 4년 | 永興寺成典 설치 | 관부 신설 | |
| 5-① | 5년 | 位和府 衿荷臣 1인 加 | 관부 정비 | 관원 증원 |
| 5-② | 5년 | 執事部 舍知 2인, 調府 舍知 1인 加 | 관부 정비 | 관원 증원 |
| 5-③ | 5년 봄 | 完山州 설치(* 始備九州) | 지방제도 정비 | 舊百濟地域에 州 설치 |
| 5-④ | 5년 봄 | 居烈州를 菁州로 나눔 | 지방제도 정비 | 원 신라지역 영역조정 |
| 5-⑤ | 5년 3월 | 西原小京, 南原小京 설치 | 지방제도 정비 | 舊 백제지역에 小京 설치 * 5소경 완비 |
| 5-⑥ | 5년 | 完山停 설치 | 군제 정비 | 6停의 구성부대 |
| 6-① | 6년 2월 | 石山·馬山·孤山·沙平 등 4縣 置 | 지방제도 정비 | 舊 백제지역의 영역조정 |
| 6-② | 6년 2월 | 泗沘州를 郡으로, 熊川郡을 州로 변경 發羅州를 郡爲郡 武珍郡을 州로 변경 | 지방제도 정비 | 舊 백제지역의 영역조정 |
| 6-③ | 6년 | 例作府 令 1인, 卿 2인 置 | 관부 신설 | 관부 기능 및 위상강화 |
| 6-④ | 6년 | 벽금서당, 적금서당 설치 | 군제 정비 | 9서당의 구성부대 |
| 7-① | 7년 2월 | 元子 誕生 | 태자 탄생 | |
| 7-② | 7년 3월 | 罷一善州를 罷하고 다시 沙伐州를 置 | 지방제도 정비 | 원 신라지역 영역조정 |
| 7-③ | 7년 4월 | 音聲署의 長을 卿으로 고침 | 관부 정비 | 관부의 기능 및 위상강화 |
| 7-④ | 7년 4월 | 大臣을 祖廟에 보내 致祭 | 五廟祭祀 | 직계조상에 대한 제사 |
| 7-⑤ | 7년 | 청금서당 설치 | 군제 정비 | 9서당의 구성부대 |
| 7-⑥ | 7년 | 적금무당 설치 | 군제 정비 | 三武幢의 구성부대 |
| 7-⑦ | 7년 5월 | 賜文武官僚田 | | |

66) 『삼국사기』 신라본기에는 位和府令이라 하였지만, 이 글에서는 직관지를 따라 衿荷臣으로 표기한다.

조금 번잡하지만 681년부터 687년 '賜文武官僚田' 사료가 나오기까지 7년간에 진행된 여러 정책과 사건들을 나열해보았다. 과연 신라(신문왕)는 687년 5월에 문무관료에게 은상의 뜻으로 賜田을 했을까? 신문왕이 즉위 후 7년 동안의 史實들을 살펴보면 그 방향성을 어느 정도 짐작할 수 있다.

신문왕이 16년간의 태자 생활 후 왕위에 오르자마자 처음으로 맞이한 사건은 김흠돌의 모반이었다(1-①). 喪中에 발생한 이러한 外戚(왕의 장인)의 모반에 대해 신라(신문왕)는 신속하고도 강력하게 대처, 단시일 내에 제압함으로써 즉위 이후의 위기에 강력한 모습을 보여줬다. 이 모반의 진압으로 신라(신문왕)는 국가(왕실)에 대항하는 정치세력에 우위를 점하는 계기가 됨으로써, 이후 신문왕을 중심으로 국가체제를 본격적으로 정비함에 신호탄이 되었다고 생각한다.[67] 이러한 內患를 극복한 신문왕은 바로 근위부대라 할 수 있는 시위부를 정비하였고, 이어서 관부에 대한 정비를 시작하였다.

이후 신문왕은 683년 2월에 새로운 왕비를 맞이하였다(3-①). 『삼국사기』나 『삼국유사』, 기타 자료에 왕비를 맞이하는 상황을 이와 같이 상세히 서술되어 있는 기록은 없다. 비교의 대상이 없어 단언하기는 힘들지만, 의례가 호화스럽게 느껴진다. 물론 왕비를 맞아들이는 것 자체가 거국적인 행사이기에 어느 정도 호화스럽게 치러지는 것은 당연한 모습이었다.

그러나 이 혼례가 왕비 김씨가 아버지인 김흠돌의 모반에 연루되어 출궁당한 후 이루어졌고, 『삼국사기』에 유일하게 기록되어 있는 혼례 관련 기사라는 면에서 형식이나 규모 등이 다른 국혼 때보다 더 성대하게 치렀

67) 이에 대해서는 박명호, 2008, 「신문왕의 교서를 통해 본 김군관의 정치적 성격」, 『한국사학보』 31 참조.

신문왕릉

을 가능성은 크다.[68] 즉 신문왕의 입장에서는 이러한 거국적 의례를 통해 중대 왕실의 위엄과 존엄성을 대내적으로 과시할 필요성이 있다고 판단하였을 가능성이 높다.

그리고 이어서 그해 10월에는 보덕왕 안승을 경주로 불러들였다(3-②). 이 사건은 주로 정치사적 관점에서 연구가 이루어졌는데,[69] 한편으론 지방제도의 완비를 위한 사전 조치로 판단된다. 즉 당과의 전투 등 정치적 이해관계에 따라 안승에게 일정한 자치권을 허용하였던 신라는 이제 더 이상 정치적 실효성이 없어짐에 따라 그 지역에 대한 정비를 시도하였다. 이러한 조치에 대해 고구려인 장군 大文과 金馬渚人들이 684년에 반란을

68) 이에 대해서는 서영교, 2004, 「신문왕의 혼례의 - 『고려사』 예지와 비교를 통하여-」, 『백산학보』 70 참조.

69) 임기환, 「보덕국고」, 『강좌 한국고대사 -고대사 연구의 변경』 10, 가락국사적개발연구원 참조.

일으켰고. 이에 대해 신라는 무력으로 진압하고, 徙民을 통해 그 땅에 郡을 설치하였다(4-①).

이후 683년에서 687년까지는 집중적으로 제도정비가 이루어졌다. 앞의 표에서 보는 바와 같이 신문왕 7년 이전까지 보이는 사료에서 가장 많은 내용은 제도의 정비인데, 크게 관부정비, 지방제도의 완비, 군제 정비 등으로 나눌 수 있다.[70] 정확히 나누어지는 것은 아니지만, 신문왕 전반기(681~685)에는 주로 관부 정비에, 그리고 이후(685~687)에는 지방제도가 중점적으로 정비되었다.[71] 이러한 구분은 흥미로운 사실인데, 신문왕이 일정한 계획 하에 국가체제를 정비하였음을 보여준다.

685년의 '始備九州'는 신라가 멸망할 때까지 지방제도의 틀로 유지가 되었다. 즉 전쟁의 승리를 통해 확대된 영토와 그 영역의 民을 모두 지방제도의 틀 속에 국가영역화함으로써 차후 국가정책 시행의 기반을 형성하였다고 할 수 있다. 특히 舊百濟地域에[72] 대한 집중적인 조치가 이루어졌다. 이렇게 관부와 지방제도의 정비는 687년 4월까지 지속적으로 이루어지는데, 그해 2월에 원자가 탄생하였다.

이렇듯 신문왕 7년 4월까지 신라는 지속적이고 집중적으로 제도의 정

70) 軍制 관련 정비내용은 현재 필자의 역량으로는 부족하다고 생각되기에 논의에서 제외하고자 한다. 신문왕대 군제 정비에 대해서는 한준수, 2012, 『신라 중대 율령정치사 연구』, 115~132쪽 참조. 단 신문왕대에 이루어진 군제 정비가 9서당 등 주로 군부대의 창설이 많은데, 이러한 군부대라는 것이 일정하게 지역과 관련이 있기 때문에 지방제도의 정비 일환으로 주로 전반기(685년 기준) 이후 지방제도 정비와 같은 시기에 이루어졌던 것으로 추측한다. 신문왕 3년(683)에 설치된 황금서당과 흑금서당은 안승의 조치와 관련하여 이루어진 조치로 이해된다.

71) 신문왕대의 관부 정비와 지방제도는 따로 상세히 분석하여 서술하겠다.

72) 이 글에서 사용하는 舊百濟地域은 『삼국사기』 권34, 잡지3 지리1의 신라 강역에 나와 있는 '故百濟國界'의 세 州 지역을 말하는 것으로, 지리지 기준으로 熊州·全州·武州 지역이다.

비에 힘을 쏟았는데, 이후 제도정비는 거의 이루어지지 않았다.[73] 따라서 신문왕 7년을 기준으로 어느 정도 제도정비는 이루어졌다고 할 수 있다.

그리고 4월에 祖廟에 대한 致祭 기사가 보인다.[74] 親祀는 아니지만 大臣을 통한 신문왕의 직계 5조에 대한 제사로, 최초의 오묘제 기사로 확인된다.[75] 『삼국사기』 잡지 제사조에서는 '혜공왕대에 처음 오묘제를 정했다.'[76]라고 하였는데, 이미 신문왕대에 오묘제의 형태가 보였다. 이때에 오묘제가 宗廟之制로 확립이 되었는지는 알 수가 없지만, 흥미로운 것은 이 시기에 신문왕은 왜 조묘에 치제를 실시했는가 하는 것이다.

오묘제 전후의 기사을 살펴보면, 2월에 元子가 탄생하였고, 5월에는 교를 내려 문무관료전을 차등 있게 주는 기사가 있다. 그래서 연구자들은 원자의 적통성을 人鬼로부터 보증받기 위한 것으로,[77] 또는 무열왕계의 직계 5조에 대한 제사이므로 무열계의 왕위계승을 정당화하기 위한 조치로,[78] 그밖에 신문왕 9년에 이루어진 천도 실행과 관련하여 이해하기도 하였다.[79]

이러한 다양한 견해들에 어느 정도 수긍하며, 앞서 신문왕 3년의 왕비맞이 의례와 일맥상통하는 의례로 추측한다. 즉 이때에 이르러, 이전까지

73) 『삼국사기』 기준으로 보면 관부 정비에서는 신문왕 8년에 선부에 卿 1인을 더 두었고, 지방제도에서는 신문왕 10년에 轉也山郡을 설치하였다.

74) 『삼국사기』 권8, 신라본기8 신문왕 7년.

75) 五廟制에 대해서는 변태섭, 1964, 「묘제의 변천을 통해서 본 신라사회의 발전과정」, 『역사교육』 8 ; 채미하, 2004, 「신라의 오묘제 시정과 신문왕권」, 『백산학보』 70 참조.

76) '至第三十六代惠恭王 始定五廟.'(『삼국사기』 권32, 잡지1 제사).

77) 신종원, 1987, 「신라오대산사적과 성덕왕의 즉위배경」, 『최영희기념사학논총』, 탐구당, 218쪽.

78) 박해현, 2003, 앞의 책, 65쪽.

79) 이영호, 2004, 「신라의 천도 문제」, 『한국고대사연구』 36, 93~94쪽.

이루어지지 않았던 무열왕계 직계5조에 대한 치제는 현 왕권의 존엄함을 대내적으로 드러내고자 하였던 것으로 보인다.

신문왕대는 즉위 후 바로 발생한 김흠돌 모반에 대한 강력한 대응조치, 이후 이어지는 제도정비, 고구려민의 금마저 모반사건에 대한 처리 등으로 이전 시기와는 다른 정치적 풍토가 조성되었을 가능성이 높다. 이에 기득권세력들인 일부 진골귀족들의 불만이 팽배하였을 것이다.

이러한 상황을 추측할 사실은 확인할 수 없지만, 치제에 보이는 '지금에 이르러 임금으로서 할 도를 읽고, 의가 하늘의 뜻에 어긋나며, 별의 형상에 괴이함이 나타나고, 해는 빛을 잃어 침침하니, 마치 깊은 못과 골짜기에 떨어진 것과 같다.'[80] 라는 내용은 신문왕 7년의 상황을 상징적으로 보여주는 것이 아닐까 한다.[81]

이에 신라왕실은 오조묘에 대한 국가의례행사를 통해 대내적으로 국가의 위엄과 권위를 드러내고자 하였고, 한편으론 내부의 결속을 이끌어내어 차후 기득권세력에 대한 혁신정책의 실시 의지를 드러내고자 한 것이 아닐까 한다. 이 치제 후 바로 다음 달인 5월에 문무관료전 기사가 보인다.

만약에 문무관료전이 은상 개념의 賜田이었다면 그 이유가 궁금하다. 이전에 은상의 개념으로 田을 주었던 경우는 사다함 개인이 있었는데, 그 이유는 전공이었다.[82] 문무관료전을 賜田으로 보는 견해는 관료들에 대한 위무 또는 회유 차원에서 이루어졌다고 보는데, 왜 이해에 특별한 징

---

80) '以至于今 此者 道喪君臨 義乖天鑒 怪成星象 火宿沈輝 戰戰慄慄 若墮淵谷.'(『삼국사기』 권8, 신라본기8 신문왕 7년).

81) 물론 遷都와 관련하여 이해하였지만, 이영호도 별과 해의 재앙은 신문왕의 정책이 난관에 봉착했음을 말하는 것으로 해석하였다(이영호, 2014, 『신라 중대의 정치와 권력구조』, 404쪽).

82) '論功 斯多含爲最 王賞以良田及所虜二百口.'(『삼국사기』 권4, 신라본기4 진흥왕 23년 9월).

후가 없었음에도 은상 차원에서 문무관료들에게 전례가 없는 田을 지급했는지 쉽게 납득이 가지 않는다. 원자 탄생을 이유로 상정할 수도 있지만, 역시 전례가 없다.

도리어 앞서 살펴본 것처럼 4월의 치제 내용은 당시 정치적 상황의 어려움을 상징적인 용어로 보여주고 있다. 물론 치제라는 형식상의 이유일 수도 있었지만, 치제 대상인 무열왕계 직계조상의 蔭德과 天佑만을 말했을 뿐,[83] 당시 정치현황에 대한 긍정적인 서술은 없고, 오히려 암울한 형상만을 말하였다.

이것은 즉위 이후 통치조직의 정비 등 신문왕의 왕성하고 적극적인 국정수행에 당시 정치세력의 비협조와 불만을 암시하고, 당시의 국정 상황이 신라(신문왕)의 의도대로 순탄히 진행되고 있지 않음을 보여준다.

이러한 정치 현실에서 신문왕은 치제 이후 앞 시기와는 다른 정치적 행보를 시작하였다. 앞 시기에 주로 제도정비가 우선의 과제로 실시되었다면, 이후에는 정책의 변경 등 고도의 정치적 행위가 실시되었다. 신문왕 9년의 녹읍 폐지와 移都 시도 등이 바로 그것들이였다. 따라서 687년 5월의 문무관료전 사료는 은상 개념의 賜田이라기보다는, 녹읍 폐지와 이도 시도와 같이 새로운 관료보수의 설치를 위해 신문왕이 시행하였던 정책의 일환으로 이해하는 것이 더 합리적이다.

신문왕은 전쟁의 승리 후, 문무왕 후반기부터 본격적으로 진행된 국가체제 정비의 연장선상에서 일련의 통치조직을 정비하였다. 중앙관부와 지방제도의 정비가 그것이다. 이 중 진덕왕대의 大舍 신설로 인한 4등급 관직체계, 이어 신문왕대의 舍知 신설로 성립된 令-卿-大舍-舍知-史라는 5등급 관직체계는 현실적으로 두 가지 당면문제가 대두되었다.

83) '奉賴宗廟 護持乾坤降祿.'(『삼국사기』 권8, 신라본기8 신문왕 7년).

첫 번째는 관직의 신설화에 따라 각 관부의 구성원이 증가하였으며,[84] 이에 따라 통치조직 운영을 위한 인재양성과 선발은 당면한 문제였다. 신문왕 초기인 682년에 진평왕대과 진덕왕대에 설치되었던 위화부와 국학에 각각 영과 경을 설치하였던 것은 이러한 현실적 필요성을 제도적으로 해결하고자 한 것이었다. 『삼국사기』에 보이는 설총의 이야기는[85] 신문왕의 인재 선발의 관심을 보여주는 일례다.

두 번째는 증가하는 관료들에 대한 경제적 대우다. 진덕왕대 이후 대사와 사지의 신설과[86] 관부의 기능 강화를 위한 영·경·사의 설치는 계속 이루어졌기[87] 때문에 증원된 관료들의 보수 문제는 대두한 현실 문제였다.

이러한 문제를 고려한다면, 신문왕이 즉위한 후 지속적으로 추진한 제도정비가 어느 정도 이루어진 후, 이전까지 존재하지 않았던 관료보수인 田의 지급을 처음으로 도입하였던 것으로 이해할 수 있다. 즉 문무관료전의 설치는 신문왕의 국정운영 과정에서 증가하는 관료에 대한 경제적 대우라는 현실적 필요성으로 설치한 새로운 보수형식이자 정책이라 할 수 있다.[88]

---

84) 중앙관부뿐만 아니라 주군현의 정비로 새롭게 설치된 州·群·縣 지역, 그중 대대적인 정비와 설치가 이루어진 구백제지역으로의 지방관 파견도 관료 증가의 한 원인이었다.

85) 『삼국사기』 권46, 열전6 설총.

86) 『삼국사기』 직관지에 따르면 진덕왕 이후 신문왕 7년까지 설치 및 증원된 관원수는 大舍는 20인, 舍知는 4인이다. 이것은 사료상에서 확인되는 수치로, 확인할 수 없는 기타 다른 관부들의 대사와 사지 관직수를 포함하면 이보다 더 증원이 있었다고 추측할 수 있다.

87) 『삼국사기』 직관지에 따르면, 진덕왕 이후 신문왕 7년까지 설치 및 증가된 관원수는 영(급)이 10인, 경(급)이 24인, 史는 44인이었다. 그밖에 佐 2인, 弩幢 1인과 지방관으로 外司正 133인이 신설되었다. 그밖에 확인할 수 없는 관부들의 영(급), 경(급), 史와 주·군·현 파견 지방관을 포함하면 이보다 더 증원이 있었다고 추측할 수 있다.

중고기 이후 관료들에 대한 주 보수는 녹읍이었고, 歲租의 형태도 있었을 것으로 추측하였다.[89] 그런 면에서 증가하는 관료들의 보수 지급방법으로 녹읍과 세조도 고려할만하였다. 그러나 얼마 안 있어 녹읍을 폐지하고 租를 지급하였던 것으로 보아, 신문왕은 이미 녹읍의 폐단을 인식하였을 가능성이 높다.

결국 현실적으로, 재정적으로 가능한 방법 중의 하나는 이전보다 확대된 영역을 이용한 보수지급으로, 그 형식은 녹읍과 같은 지역단위의 '邑'이 아닌 토지인 '田'이었다.

유의할 점은, 문무관료전의 설치는 즉위 이후 진행된 통치조직의 정비과정과 함께 이해해야 한다. 신문왕대를 살펴보면 중앙관부의 정비 → 주군현의 완비 → 관료전의 설치라는 단계를 거쳤다. 즉 신문왕은 먼저 통치조직의 핵심인 중앙관부의 정비를 이루고, 신문왕 5년부터 지방제도를 본격적으로 실시하였는데, 그러한 제도정비의 과정에서 관료의 경제적 대우문제에 대한 해결 방법을 모색하였을 것으로 추측된다.

다시 정리하면, 관부의 정비과정 속에서 점차 증원되는 관료들에 대한 현실적 보수지급의 필요성을 절감하였을 것이고, 그때에 확대된 영역을 이용한 田의 지급이 정책적으로 제기되었을 가능성은 높았다. 따라서 토지를 이용한 관료보수 지급을 위해 지방제도의 완비와 통치영역의 획정은 시급히 선차적으로 해결해야 할 문제였다.[90] 그런 면에서 지방제도의

---

88) 이희관은 당시의 관료체제와 이전의 보수제도(녹읍과 세조) 사이의 구조적 마찰과 그에 따른 관료들의 불만을 해결하기 위해서였다고 보았다(이희관, 1992, 앞의 논문, 67~68쪽).

89) 문무왕대에 강수에게 세조를 지급한 기사를 통해 확인할 수 있다.
'拜强首爲沙湌 歲賜租二百石.'(『삼국사기』 권7, 신라본기7 문무왕 13년 춘정월).
'王命有司 歲賜新城租一百石 … 授位沙湌 增俸歲租二百石.'(『삼국사기』 권46, 열전6 강수).

정비는 문무관료전 설치를 위한 제도적 초석이었다 할 수 있다.

## 2) 관료보수로서 田과 租의 지급

### (1) 녹읍의 수취내용

신문왕은 687년 4월의 치제 이후 앞 시기와는 달리 정책의 변경 등 고도의 정치적 행위를 하였다. 그 첫 번째가 문무관료전의 설치였고, 두 번째가 녹읍의 폐지였으며, 마지막이 移都 시도[91]였다.

녹읍의 폐지가 문무관료전을 지급한 이후에 실시되었던 것은, 신설이 아닌 폐지라는 점에서 정책 이상의 정치적 의미 등 다중적 성격을 내포하고 있었음을 보여준다. 녹읍은 얼마 되지 않는 사료에 비해 지나칠 정도로 많은 연구자들이 관심을 가지고 있는 주제로, 시각도 연구자들에 따라 많은 차이를 보여줬다. 토지제도, 관료보수라는[92] 경제적 측면에서 뿐만 아니라 국왕과 진골귀족, 더 나아가 대민지배방식 등 정치적 측면으로도 주목을 받았다.

녹읍은 689년에 혁파되어 경덕왕 16년(757)에 부활할 때까지 약 68년을 제외하고는 신라에서 지속적으로 관료들에게 주었던 보수였다. 또한 그 성격상 녹읍을 지급받은 관료들의 강력한 정치적·경제적 기반으로 작

90) 이희관은 관료전에서 田租의 官收官給制가 행해진 것은 신문왕 5년에 지방통치 조직이 대대적으로 정비된 것과 무관하지 않다고 언급하였다(이희관, 1992, 앞의 논문, 75쪽).

91) '王欲移都達句伐 未果.'(『삼국사기』 권8, 신라본기8 신문왕 9년).

92) 이희관, 1990, 「신라의 녹읍」, 『한국상고사학보』 3.

용하였다고 이해된다는 점에서 신문왕대의 녹읍 폐지는 관료보수 이상의 의미를 가지고 있었다.

그런 면에서 기존 논의들이 관료보수라는 면보다 정치경제적 시각으로 바라보는 것은 일리가 있으며, 문무관료전과는 달리 녹읍의 폐지는 신문왕의 정치행위로서의 성격이 강하다.

그러나 한편으론 녹읍은 신라사에서 중대의 68년 동안만 없었던 관료보수였다. 이것은 녹읍이 중대 왕권, 좁게는 신문왕의 국정운영방향과 어울리지 않는 속성을 가지고 있었음을 보여주는 사실이다. 이러한 사실은 녹읍의 성격과 신문왕의 폐지 의도를 이해하는 핵심이다.

기존 녹읍에 대한 논의는 워낙 방대하기 때문에 정치·토지·경제적 측면의 다양한 시각을 모두 소화하기는 만만치 않다. 따라서 문무관료전과 함께 중대 왕권이 추구하던 진골귀족의 관료화와 관련하여, 먼저 녹읍의 수취내용을 기존의 견해를 중심으로 대략 살펴보고, 새로운 관료보수로서 녹읍의 폐지와 租 지급의 정치적 성격을 파악하겠다.

> (신문왕 9년 정월) 하교하여 내외관의 녹읍을 없애고, 해마다 租를 줌에 차등 있게 하는 것을 恒式으로 삼았다.[93)]

> (소성왕 원년 3월) 菁州의 居老縣을 학생의 녹읍으로 삼았다.[94)]

신문왕은 689년 정월에 내외관의 녹읍을 폐지하고, 대신 租를 지급하였다. 녹읍이 언제부터 지급되었는지 알 수는 없지만, 아마도 관부 설치

93) '下敎罷內外官祿邑 逐年賜租有差 以爲恒式.'(『삼국사기』 권8, 신라본기8 신문왕 9년 정월).

94) '以菁州居老縣爲學生祿邑.'(『삼국사기 권10, 신라본기10 소성왕 원년 춘3월).

가 시작되는 6세기 이후 관료에 대한 경제적 보수로 지급되었을 것이다.[95] 그 명칭으로 보아서는 식읍제에서 연유하였다 볼 수 있다. 식읍이 특별한 공로에 대한 보수, 은상이었다면, 녹읍은 관료의 관직복무의 대가, 보수로서 지급되었던 것이다.[96]

녹읍에 있어서 핵심 쟁점은 그 수취내용이다. 이와 관련하여 소성왕 원년(799) 3월의 학생녹읍 기사를 통해 수취의 단위가 지역임은 알 수 있었지만,[97] 그 외에 구체적인 수취내용이 무엇이었는지 알 수는 없다. 관료의 보수라는 점에서 수취의 내용은 녹읍 이해의 핵심이다. 각론에 있어서는 연구자들마다 많은 차이가 있지만, 기존 견해는 다음과 같이 나누어 볼 수 있다.

첫째는 租와 力役·貢賦를 모두 수취했다는 주장이다.[98] 각론으로 들어가면 연구자들마다 차이가 있지만, 대체적으로는 조와 역역·공부를 모두 수취하였다는 입장으로, 인신적·고대적 지배양상으로 인식하는 경향이 강하다고 할 수 있다.

둘째는 租만을 수취했다는 주장이다. 백남운은 처음에는 모두 수취했

---

95) 6세기초(木村誠, 1976, 앞의 논문, 60쪽), 관료제도가 정비되는 삼국시기의 어느 시점(이경식, 1988, 앞의 논문, 154쪽), 6세기 법흥왕대의 율령제 시행 시기(이순근, 2004, 앞의 논문, 190쪽) 등으로 추측하고 있다.

96) 강진철, 1969, 앞의 논문, 36쪽. 반면 이희관은 관위에 따라 녹읍 내지는 세조를 받았던 것으로 추측하였다(이희관, 1992, 앞의 논문, 122~123쪽).

97) 물론 녹읍 부활 이후의 기록이라 폐지 이전과 성격이 같다고 단정할 수는 없다. 하지만 녹읍이라는 명칭을 그대로 사용한 것으로 보아 초기 녹읍도 '邑' 단위가 지급단위였음은 추정할 수 있다.

98) 김철준, 1962, 앞의 논문 ; 강진철, 1969, 앞의 논문 ; 강진철, 1987, 앞의 논문 ; 이우태, 「토지소유관계와 신분편제」, 『한국사』 4, 한길사 ; 박찬흥, 1999, 「신라 녹읍의 수취에 대하여」, 『한국사학보』 6 ; 박찬흥, 2001, 『신라 중·하대 토지제도 연구』, 고려대박사학위논문.

다고 주장하였고,[99] 이후 그 견해를 수정하여 일정한 治域에서의 수조권이라 하였다.[100] 박시형은 녹읍을 職田이 배치되어 있는 고을로 이해하고, 관료전과 녹읍이 같다고 하였다.[101]

이경식은 고대와 중세의 식읍에 대한 논의에서 녹읍을 언급하면서 세조, 녹봉과 대치될 수 있는 것이 녹읍이라고 하면서, 그러나 이 사실이 녹읍과 세조가 같다는 뜻은 아니라고 하였다. 즉 녹읍은 관료들에게 일정 고을 내의 토지를 떼어주고, 여기에서 조를 수취하도록 한 제도였다는 것이다. 이경식은 식읍도 그 지역 전체에 대한 私的 지배라기보다는 일반 조세권만이 있다고 보았다.[102] 이외에 각론에는 많은 차이가 있지만, 많은 연구자들이 수조권만 행사하였다고 보았다.[103]

셋째, 力役과 貢賦만을 수취했다는 주장이다. 주로 일본 연구자들에 의해 제시되었는데, 吉田孝가 처음 제기한 이후,[104] 武田幸男·木村誠 등이 「신라촌락문서」를 이해함에 이러한 견해를 제시하였다.[105] 이들은 일본

99) 백남운, 1933, 『조선사회경제사』 ; 백남운, 1994, 이론과 실천 재발간, 361쪽.
100) 백남운, 1937, 『조선봉건사회경제사』(상) ; 백남운, 1993, 이론과 실천 재발간, 21~22쪽.
101) 박시형, 1960, 『조선토지제도사』(상), 과학원출판사 ; 박시형, 1994, 신서원 재발간, 148쪽,
102) 이경식, 1988, 앞의 논문, 155쪽.
103) 이희관, 1990, 앞의 논문 ; 안병우, 1992, 앞의 논문 ; 전덕재, 1992, 앞의 논문 ; 조이옥, 1993, 앞의 논문 ; 이인재, 1995, 앞의 박사학위논문 ; 강봉룡, 1996, 앞의 논문 ; 김기섭, 1999, 「통일신라 토지분급제의 전개와 중세의 기점」, 『부대사학』 23 ; 이순근, 2004, 앞의 논문. 이 중 전덕재는 1992, 앞의 논문과 달리 이후의 논문에서는 중고기에는 租·調인 人稅를 수취하였다가 무열왕 때부터 租만을 수취할 수 있는 권리로 녹읍의 지배내용을 제한하였다고 약간의 논지 수정을 하였다(전덕재, 2000, 「신라시대 녹읍의 성격」, 『한국고대사논총』 10 ; 전덕재, 2006, 『한국고대사회경제사』, 태학사, 325~327쪽).
104) 吉田孝, 1972, 「公地公民について」, 『坂本太郎古稀記念 續日本古代史論集』 中巻, 433~434쪽.

고대 율령관인들에 대한 경제적 대우를 염두하고, 관료전은 職田的인 것으로, 녹읍은 封戶的인 것으로 이해하고, 봉호로부터의 수입은 調와 庸이었으므로 신라의 녹읍도 조·용만 수취하였다고 보는 것이다. 그래서 이들은 「신라촌락문서」를 祿邑帳으로 이해하였다. 이 견해는 浜中昇과 姜晉哲에 의해 비판을 받았다.[106]

넷째, 이전의 녹읍은 모두 수취했지만, 녹읍 부활 후는 租만 수취했다는 주장이다. 김기홍이 대표적인데,[107] 그의 견해에 의하면 녹읍 폐지 이전의 녹읍(전기녹읍)과 녹읍 부활 후의 녹읍(후기녹읍)은 질적으로 차이가 있다는 것이다. 즉 비록 녹읍이 부활되었지만 국가적 행정력에 의한 보다 계량적이고, 합리적인 재정운용을 경험하였고, 후기녹읍은 아직 중대의 안정된 정권 위에서 실시되었으며, 세조나 월봉 단계를 70년 정도 경험했기 때문에, 적어도 부활 초기에는 전기녹읍의 상태는 아니었다고 파악하는 것이다.

다음으로 관료보수라는 면에서 관료전과의 관계도 주요 관심사항이다. 앞서 사료를 살펴보았지만, 관료전은 녹읍이 폐지되기 2년 전에 설치되었다. 그러나 관료전의 폐지 여부는 안 보인다. 따라서 연구자들마다 관료전과 녹읍의 관계를 설명함에 차이가 있다. 즉 관료전과 녹읍이 공존했는가 안 했는가, 같은 계통인가 아닌가 하는 것 등이다.

첫 번째로는 관료전과 녹읍을 서로 다른 계통으로 파악하는 것이다. 즉 녹읍의 폐지나 부활과 상관없이 관료전은 설치 후 지속적으로 존재하였

105) 木村誠, 1976, 앞의 논문, 52~60쪽 및 62~63쪽 ; 武田幸男, 1976, 앞의 논문, 219~229쪽.

106) 浜中昇, 1983, 「新羅村落文書にみえる計烟について」, 『古代文化』 35 ; 浜中昇, 1986, 『朝鮮古代の經濟と社會』, 法政大學出版部, 81~85쪽 ; 강진철, 1987, 앞의 논문, 47~59쪽.

107) 김기홍, 1989, 앞의 논문, 31~32쪽.

다는 것인데, 김철준·노태돈이 대표적이다.[108] 김철준은 녹읍에 대치된 것은 逐年賜租나 月俸이지 문무관료전은 아니라며, 관료전은 정비되어가는 중앙전제정치체제의 경제적 기반을 마련한다는, 전혀 다른 동기에서 등장하였다고 하였다. 즉 관료전은 녹읍의 부활 후에도 공존하였다는 것이다.

武田幸男과 木村誠도 서로 다른 계통으로 파악하고 있지만, 앞서 서술한 것처럼 祿邑의 수취내용을 調와 庸으로 파악하고 있기 때문에 약간의 차이를 보여준다.[109] 이밖에 이희관·안병우·전덕재도 녹읍 폐지→逐年賜租(月俸)→녹읍 부활→(고려)녹봉 계통과 문무관료전→전시과 계통이 같이 공존했었다고 보았다.[110]

두 번째로는 관료전과 녹읍을 같은 계통으로 이해하는 것이다. 이것은 관료전이 녹읍의 폐지 시기에만 존재했었다는 견해이다. 박시형은 『삼국사기』 강수 열전에 보이는, 강수에게 지급된 세조를 녹봉으로 이해하여 관리들에게 녹봉을 지급하였다고 보았다. 이것이 후에 새롭게 문무관료전으로 지급되었고, 이후 여러 사정으로 다시 관료전을 폐지하고 다시 녹봉을 지급하였는데, 이것이 녹읍 폐지의 형태로 나타났다는 것이다. 즉 관료전은 단지 2년만 존재했던 것이고, 관료전이 즉 녹읍이라고 보았다. 그 변화순서는 세조→관료전(=녹읍)→축년사조이다.[111]

강진철도 관료전과 녹읍은 병행할 수 없었다고 하였다. 즉 관료전 제도가 창설되어 종래 녹읍(전기녹읍)을 받아오던 관료는 녹읍이 혁파된 이후

108) 김철준, 1962, 앞의 논문, 280쪽 ; 노태돈, 1978, 「통일기 귀족의 경제기반」, 『한국사』 3, 156~158쪽.

109) 武田幸男, 1976, 앞의 논문 ; 木村誠, 1976, 앞의 논문.

110) 이희관, 1990, 앞의 논문 ; 안병우, 1992, 앞의 논문 ; 전덕재, 1992, 앞의 논문.

111) 박시형, 1960, 『조선토지제도사』(상) ; 박시형, 1994, 신서원 재발간, 145~155쪽.

로는 일정 물량의 녹봉과 일정 면적의 관료전을 이중으로 받았으며, 이후 월봉은 없어지고 녹읍이 부활되어 그 후 계속 존속하였다는 것이다. 관료전은 녹읍이 폐지된 70년 정도만 존재하였다는 것이다.[112)]

세 번째로는 관료전 자체를 인정하지 않는 것이다. 이것은 앞서 살펴본 이경식의 견해가 대표적이며,[113)] 조이옥·이인재도 이와 같은 견해를 제시하였다.[114)] 이 견해는 먼저 관료전으로 이해되는 「신라촌락문서」에 보이는 '內視令畓'에 대한 적절한 설명이 필요하다.

이상 살펴본 바와 같이 녹읍의 성격, 특히 수취 내용에 대해서는 의견이 분분하며, 이 글의 견해도 기존 견해를 크게 벗어나지는 않는다. 그러나 신문왕대에 새로운 관료보수체계가 성립되었으며, 그 배경과 의미를 파악하고자 하는 입장에서 녹읍의 수취 내용에 대한 의견 제시는 당연하다. 이를 위해 중고기 이후 신라의 체제정비와 영역지배의 관점에서 녹읍의 수취 내용을 추측하고자 한다.

6세기 이후 점차적으로 국가 발전의 역량을 키워나갔던 신라는 그에 상응하여 중앙관부를 점진적으로 신설하였고, 군사적 성격이 강한 지방관을 파견하였다. 이에 중앙관료에 대한 보수 지급은 당연히 필요한 조치였으며, 식읍과 같이 지역단위로 녹읍을 지급하였다.

그러나 국가체제를 정비하기 시작한 신라 중고기의 왕실이 식읍과 같이 私的 지배를 전면적으로 허용하였을 가능성은 높지 않다. 만약 삼국간의 각축이 본격적으로 시작되었던 시기에 人身支配까지 허용하였다면, 이것은 6세기 신라의 국가성장 과정과는 배치되는 조치였다.

식읍이 공훈에 대한 은상[恩田]이고, 녹읍이 관료보수라고 할 때, 지역

112) 강진철, 1987, 앞의 논문, 43쪽.
113) 이경식, 1988, 앞의 논문, 154쪽.
114) 조이옥, 1993, 앞의 논문, 89~91쪽 ; 이인재, 1995, 앞의 박사학위논문, 164~171쪽.

[邑]이 수취범위라는 면에서는 동일한 성격이었지만, 수취 내용에는 일정한 차이가 있었다. 즉 신라에서는 녹읍에 대해서는 수취 내용에 일정한 제약을 주었으며, 收租·貢賦·力役 등 人身과 토지에 대한 전면수취는 허용하지 않았을 것이다.

그러나 유의할 점은 녹읍을 실시하였던 신라 중고기의 영역지배 수준과 녹읍을 지급받았던 관료의 인식이다. 중고기의 지방제도인 州郡制에서 각 지역에 대한 체계적이고 긴밀한 영역지배는 아직 허약하였으며, 군사적 거점지역으로서의 역할이 대부분으로, 따라서 행정적 지배는 상대적으로 미약하였다.[115] 다시 말하면, 신라 중고기의 영역지배는 행정적 지배가 약하였기 때문에 식읍에 허용된 전면적 지배와 같이,[116] 녹읍을 받았던 관료들도 그와 같은 지배 형식을 띌 가능성은 농후하였다. 녹읍주는 수조권, 국가는 역역 및 貢賦 수취권, 징병권을 매개로 녹읍을 지배하는 이원적인 지배 아래였지만, 녹읍주들은 직접 수조의 이점을 이용하여 국가의 여러 권리를 잠식해간 것으로 보는 견해는[117] 녹읍의 속성을 간파한 이해였다.

이러한 시각은 당시 중고기의 녹읍 지급대상이 주로 진골귀족이라는 점을 염두한다면, 그 가능성은 더욱 높아진다. 앞서 살펴본 바와 같이, 중

115) 이종욱, 1974, 「남산신성비를 통하여 본 신라의 지방통치체제」, 『역사학보』 64 ; 신형식, 1974, 「신라군주고」, 『백산학보』 19 ; 신형식, 1984, 『한국고대사의 신연구』 ; 濱田耕策, 1977, 「新羅の村城設置と郡縣制の施行」, 『朝鮮學報』 84 ; 주보돈, 1987, 「신라 중고기 6정에 대한 몇 가지 문제」, 『신라문화』 3·4합집 ; 이인철, 1989, 「신라 중고기의 지방통치체계」, 『한국학보』 56. 연구자들마다 각론에는 차이가 있어 세심한 주의가 필요하지만, 6세기부터 형성된 州郡制가 군사적 성격이 더 강함은 어느 정도 일치되었다고 생각된다.

116) 반면 이경식은 식읍도 일반 조세권만이 있었다고 보았다(이경식, 1988, 앞의 논문, 155쪽).

117) 이희관, 1992, 앞의 논문, 127~129쪽.

고기 말기인 진덕왕 이전에 설치되었던 관부의 관직들이 대부분 영·경(급)임을 감안하면, 그들이 대부분 진골귀족이었음은 자명하다.118) 이런 경우 그들의 자의적 수취에 대한 국가의 대응이 적극적일 가능성은 그만큼 적었다 할 수 있다.

따라서 국가의 의도와는 달리, 이러한 신라의 통치역량하에서 녹읍은 실질적으로 관료들에 의해 토지는 물론 인신까지 지배가 허용되었던 지역이었을 것이다. 이것은 관료들이 관등·관직을 통한 정치적 지위의 획득은 물론, 지급받은 녹읍지역을 실질적으로 지배하였고, 막대한 경제적 수취를 취하였을 가능성이 높았음을 의미한다.

녹읍의 수취내용이 이와 같다면, 중고기의 관료보수인 녹읍은 중대 왕권의 성립 이후 많은 문제가 노출되었을 것이다. 중대의 주군현 설치는 중앙에서 파견된 지방관에 의한 통치영역의 일률적인 지배가 이루어짐을 뜻한다. 이전까지의 녹읍이 실질적으로 지역지배의 속성을 가지고 있었다면, 중대 왕권의 입장에서는 허용할 수 없는 관료보수 형식이었다. 그런 면에서 녹읍의 폐지는 현실적 이유보다는 중대 왕권의 정치적 입장이 반영된 조치였다.

### (2) 田·租의 분리지급과 지급대상

7세기 신라는 주변국가와의 치열한 전쟁과정, 그리고 전쟁 승리 후 통치영역의 확장이라는 변화에 대응하여 꾸준히 제도를 정비해갔다. 이러

118) 반면 이희관은 녹읍과 세조의 지급기준을 官位로 보고, 이 중 녹읍은 대아찬 이상만, 즉 진골만 받을 수 있는 것으로 이해하였다(1992, 앞의 논문, 122~125쪽). 이러한 견해는 관직의 유무와 상관없이 관위로 녹읍을 보유할 수 있었던 것으로 보는 것이다.

한 제도 정비는 신문왕대에 이르러 완비가 되었다고 할 수 있다.

제도 정비가 마무리된 후, 687년 5월에는 이전까지 없었던 '田'의 형태로 문무관료의 보수를 지급하였다. 그리고 2년이 채 못 되어 중고기 이후 오랫동안 관료보수의 형태로 자리 잡고 있었던 녹읍을 폐지하였고, 現物인 '租'로 보수를 지급하였다. 즉 680년대 후반에 들어서 田과 租라는 두 가지 형태의 관료보수체계가 성립되었다.[119] 신문왕은 왜 이 시기에 관료보수체계를 변화시킨 것일까?

이러한 논의에 앞서 먼저 그 시기의 차이를 생각해볼 필요가 있다. 녹읍의 폐지보다 먼저 문무관료전이 설치되었다. 그러니까 687년 5월부터 689년 정월까지는 녹읍과 문무관료전이라는 보수형태가 공존하였던 시기였다. 이것은 동시에 시행할 수 있을 듯한데, 즉 관료전의 설치와 함께 녹읍 폐지도 가능했을 텐데, 신문왕은 먼저 관료전을 설치하였고, 약 2년의 공존기간 후 녹읍을 폐지하였다.

이 같은 사실은 녹읍을 받았던 관료들의 반발과 제도 시행을 위한 준비 미비라고 이해할 수도 있지만, 한편으론 녹읍을 받았던 관료들을 의식한 조치로 여겨진다. 당시의 녹읍 받는 자들이 관료전을 어떻게 이해했는지는 알 수는 없다. 하지만 수취단위가 '읍'이 아닌 '전'이라는 면에서 녹읍과는 달리 이해하였을 가능성이 높다.

'읍'이 수취의 단위가 지역이라면, '전'은 일정한 수치(結·負·束 등)가 단위이다.[120] 이것은 전의 지급이 이전의 실질적인 지역지배의 형태인 녹읍과는 다르다는 인식을 심어줬을 가능성이 높다. 즉 문무관료전의 설치

119) 租는 『삼국사기』 열전에 보이는 문무왕이 강수에게 세조를 지급한 기사를 통해('王命有司 歲賜新城租一百石 … 授位沙湌 增俸歲租二百石') 신문왕 이전부터 관료보수로서 세조를 상정할 수 있다.

120) 학생녹읍의 단위가 청주의 거로현이고, 「신라촌락문서」에 보이는 내시령답이 4결인 것은 녹읍과 관료전의 지급단위를 보여주는 예들이다.

와 녹읍 폐지를 약간의 격차를 두고 시행하였던 것은[121] 녹읍을 받았던 관료들에게 보수체계의 변화를 미리 예고한, 일종의 사전 포고의 성격을 띠고 있었다고 이해할 수 있다.[122]

그리고 굳이 번잡스럽게 田과 租로 나누어 지급하였던 사실은 또 하나의 의문점이다. 즉 녹읍을 폐지하고 지급한 租 대신 田을 지급하였다면, 관료보수는 단일화가 되어 국가 입장에서는 좀더 수월한 관리와 지급이 이루어졌을 텐데, 신문왕은 田 대신 租를 지급하였다.

田의 지급은 관리들의 보수라는 면과 함께 전쟁 동안 황폐화된 토지를 복구하고, 개척하려는 목적에서 관리들에게 職田의 지급이 이루어졌다는 견해는[123] 일면 타당성이 있다. 또한 「신라촌락문서」의 內視令을 통해 관료전은 국유지 위에 설치하였다고 본다.[124] 이러한 지적들은 田의 지급이 현실적으로 다중의 의미를 내포하고 있음을 보여준다.

다음으로는 정치적 시각에서의 이해로, 녹읍을 받았던 관료들에 대한 경계의 의미가 있었을 가능성이다. 관료전은 일정한 수조권을 지급하였던 보수였다. 하지만 '田'의 형태였기 때문에 녹읍을 받던 관료에게는 지역지배의 개념으로 받아들일 가능성과 오해가 있었다. 따라서 그러한 위험성을 사전에 차단하고, 배제하기 위한 조치였다. 관료전에서는 田租의 官收官給制가 행해졌으며, 이것은 녹읍의 혁파와 같이 관료들이 그 토지

121) 이희관은 관료전제와 녹읍제는 그 성격상 공존하기가 어려운 제도로, 이 시기는 두 보수체계가 공존한 과도기적인 성격을 가졌다고 추측하였다(이희관, 1992, 앞의 논문, 77쪽).

122) 이우태, 1994, 「토지소유관계와 신분편제」, 『한국사』 4, 한길사, 68쪽.

123) 박시형, 1960, 『조선토지제도사』(상), 과학원출판사 ; 박시형, 1994, 신서원 재발간, 148쪽.

124) 이와 관련하여 이희관은 「신라촌락문서」의 내시령을 통해 관료전은 국유지 위에 설치하였다고 보았다(이희관, 1992, 앞의 논문, 71~72쪽).

에 직접적으로 지배력을 행사하는 것을 차단하기 위해서라는 견해는[125) 적절하다. 즉 녹읍의 대치가 租라는 사실은, 그것의 기본속성과 폐지 이유를 좀더 명확히 보여준다. 녹읍 대신 관료전으로의 지급도 가능했으리라 보지만, 신문왕은 의도적으로 田과 租로 나누어 지급하였던 것이다.

田과 租의 지급대상자를 추측하는 것은 상당히 힘든 문제이지만, 두 가지 경우로 추측할 수 있다. 첫 번째는 田과 租의 지급대상이 서로 달랐던 경우이다. 이 경우는 점차 증원되었던 관료들에게는 田을 지급하여 수조하게 하였고, 녹읍을 받았던 관료에게는 현물인 租를 지급하였던 것으로 보는 것이다.

두 번째는 관료들에게 田과 租 모두를 지급하는 경우이다. 이 경우는 녹읍의 폐지 전후로 나누어 생각하여야 하는데, 폐지 이전에는 문무관료에게는 田이, 녹읍을 받았던 관료들은 녹읍이 지급되었을 것이며, 폐지 이후에는 관료들에게 田과 租를 어떠한 조건과 구분에 따라 모두 지급하였던 것으로 보는 것이다.

사료가 미비하기 때문에 두 경우 모두 예상할 수 있지만, 현재로서는 사료에 충실하게 지급대상자는 서로 달랐다고 이해할 수 있다. 그 이유는 앞서 말한바 대로 田의 지급이 지역지배의 오해를 불러일으킬 가능성 때문이다. 그러한 지역지배의 가능성을 배제하기 위해 두 가지 형태의 보수로 지급하였을 것이며, 그 지급대상자도 달랐을 것으로 생각한다.

이럴 경우 田과 租 각각의 지급대상이 누구인가를 생각해 보아야 한다. 이러한 논의는 녹읍을 받았던 관료에 대한 이해이기도 하다. 6세기 법흥왕 이후 신라의 국가발전에 따라 관부·관직도 점차 정비되어 갔으며, 이에 따라 관료들의 보수도 지급되었다.

---

125) 이희관, 1992, 앞의 논문, 75쪽.

그렇다면 이때에 녹읍을 받았던 관료들이 누구인가를 확인할 필요가 있는데, 이를 위해 먼저 관부와 관직 설치를 간단히 살펴보자. 지증마립간 9년(508)에 東市典을 설치했다고 했지만,[126] 설치관직은 알 수 없다. 이후 법흥왕 3년(516)에 兵部를 설치하였고,[127] 이어서 司正府·稟主·調府·乘府·禮部·領客府·侍衛府 등이 설치되었다.

이러한 관부의 설치과정에서 관직들도 설치가 되었는데, 김춘추가 정치적 실권을 장악한 진덕왕대 이전인 진평왕대까지를 살펴보면 모두 영(급)과 경(급)만이 설치되었다.[128] 이러한 사실은 영(급)에 취임할 수 있는 대상이 관등상 오직 진골임을 고려한다면, 당시의 관료들은 모두 진골 신분이었다고 할 수 있다. 경(급)은 관등상 6두품의 취임도 가능하였지만, 진평왕대까지 설치되었던 관직수가 많지 않음을 고려한다면, 경(급)도 6두품보다는 진골 신분이 장악, 취임하였을 가능성이 높다.

이러한 중고기의 관부·관직의 정비와 설치 현황은 진골 신분자가 녹읍을 지급받았을 가능성을 시사한다. 따라서 관료로서 녹읍을 받던 진골 신분자들은 신문왕 때에 이르러 租를 받았다고 이해할 수 있다.

그리고 관료전은 녹읍 지급대상자 이외의 관료들에게 보수로서 지급되었을 것으로 추측된다.[129] 진덕왕대 이후 실무관직인 大舍와 舍知의 설

126) 『삼국사기』 권38, 잡지7 직관 상 동시전.

127) '兵部 令一人 法興王三年始置.'(『삼국사기』 권38, 잡지7 직관 상 병부).

128) 이는 『삼국사기』 신라본기와 직관지를 기준으로 관부·관직의 설치 기사를 검토한 결과이다. 단 진평왕 11년(589)에 품주에 실무관료인 대사 2인의 설치 예가 있는데, 이 기록은 앞서 진덕왕대의 관부 현황을 살펴보고, 기록의 錯綜 가능성을 제시하였다. 따라서 진평왕대 품주의 대사 설치도 다른 대사와 같이 진덕왕 5년에 설치하였을 것으로 추측하였다.

129) 윤선태는 중국과 일본의 力祿과 職田制 운용 실태를 비교하여 신라의 관인급여제에서 세조는 중앙 京官에 대한 급여제, 職田은 外官에 대한 급여제로 추측하였다(윤선태, 1998, 「신라의 역녹과 직전」, 『한국고대사연구』 13, 273쪽). 반면 관료

치가 본격적으로 이루어졌으며, 이러한 과정에서 이들에 대한 경제적 보수지급도 이루어졌는데, 관료전 지급 이전에는 강수의 예처럼 조일 가능성이 높다.

그러나 租의 지급이 정규보수였는지 알 수는 없으며, 또한 치열한 전쟁기임을 고려한다면, 이들에게 관료보수로써 현물인 조의 지급이 지속적으로 가능했을지는 의문이다. 현물인 조를 점차적으로 증원되는 관리 모두를 대상으로 지급한다는 것은 재정적으로 어려움이 많았을 것이다.

반면 田의 지급은 많은 수고와 절차가 필요한 '租' 지급의 비효율성 문제를 제거할 수 있었다. 따라서 이전에 租를 받았던 관료들에게는 관료전을 지급, 그 지역의 수조권을 보수로서 주었을 것이다. 이러한 관료전 지급의 제도적 기반은 이전과는 달라진, 행정적 성격이 강한 지방관의 파견 등 완비된 지방제도였다.

신문왕대의 관료보수체계는 중대 통치조직의 정비과정과 짝을 이루어 성립되었던 것으로 이해된다. 문무관료전의 지급은 신문왕대에 진행된 중앙관부와 지방제도의 정비과정 속에서, 관료의 증원이라는 현실적인 이유로 새로운 관료보수의 필요성을 절감한 결과였다. 그것을 위해 지방제도의 정비는 시급히 완비해야 될 요소였을 것이다. 관료전 설치 이전에 州·小京·郡·縣의 설치는 이러한 목적 속에 신문왕이 체계적으로 실시한 것이었다.

이렇게 관료전 설치 후, 이어서 녹읍을 폐지하고 租를 지급하였다. 많은 연구자들의 지적처럼 녹읍의 폐지는 단순한 관료보수의 폐지가 아니

---

전은 그 토지로부터 큰 경제적 이득을 기대하기 어려웠으며, 지방 하급관리의 경제적 대우 정도로 기능이 약화된 채 명백을 유지한 것으로 보는 견해가 있는데(이우태, 1994, 「토지소유관계와 신분편제」, 『한국사』 4, 한길사, 71쪽), 자세한 설명이 없어 더 이상 구체적인 견해를 파악할 수는 없다.

었다.[130] 관료로서 녹읍을 받던 자들은 녹읍이 관료로서 뿐만 아니라, 신라의 기득권세력으로서 일정한 정치적 지위를 유지하고 행사하는 중요한 경제적 기반이었다.

이우태는 녹읍제와 녹봉제의 성격이 동일하고 녹읍에서의 수취내용이 수조권에 한정되어 있다면, 국가가 관료전이라는 새로운 제도를 만들면서까지 굳이 녹읍을 혁파한 이유가 무엇인가를 설명할 수가 없다고 보았다[131]. 이것은 녹읍이 총체적 수취권을 행사하였을 것이라는 시각에서 나온 것으로, 녹읍의 경제적 이득이 막대하였음을 보여주는 견해이다.

그런 면에서 녹읍의 폐지는 문무관료전의 설치와는 달리 정치적 입장이 작용한 조치였다. 진골귀족의 녹읍에 대한 인식, 즉 녹읍 지역에 대한 전면적 지배가 가능하다고 생각하는 관료들의 인식, 그러한 인식을 제거하고 그들을 국정운영의 구성원으로 '관료화'하고자 하는 신문왕의 의지가 반영된 조치였다. 관료보수로서 녹읍은 그 속성상 신라 중대의 국정운영 방향과는 어울리지 않았다.

녹읍은 중대 이후 기득권 세력인 진골귀족을 관료로 편입시킴에 큰 장애물이었다. 그만큼 녹읍의 폐지에 대한 반발은 막강하였을 것으로 추측되는데, 68년 후인 경덕왕 16년(757)의 녹읍 부활[132]은 이러한 추측의 단면을 보여주는 사실이다.

그럼에도 신문왕대에 녹읍의 폐지가 가능했던 것은 진덕왕 이후 꾸준히 진행되었던 무열왕계의 권력 집중화와 통치조직의 완비라는 제도적

130) 전덕재는 녹읍제의 혁파는 국가라는 조직체가 수취를 매개로 모든 일반민과 직접적인 지배관계를 형성하였으며, 중고기 이래의 중앙집권적 지배체제가 완비되어 국가와 민의 직접 지배관계를 주축으로 한 중대 지배체제의 전형을 형성한 것으로 보았다(전덕재, 1992, 앞의 논문, 35쪽).

131) 이우태, 1994, 앞의 논문, 69쪽.

132) '除內外群官月俸 復賜祿邑.'(『삼국사기』 권9, 신라본기9 경덕왕 16년 3월).

뒷받침이 있었기에 가능했다.

김춘추세력은 진덕왕 즉위 이후 漢化政策을 통해 국왕을 진골귀족과 차별화하여 그들을 서열화하였으며, 치열한 전쟁과 승리는 국왕에게 자연스럽게 권력이 집중되는 동기가 되었다. 이후 신문왕대의 통치조직의 정비는 제도적인 면에서 중대 지배체제의 완성이었다. 그리고 녹읍의 폐지는 전쟁을 거친 후 이전 삼국시대와 달라진 신라 중대사회를 보여주는 상징적인 정책이었다. 즉 중고기와는 달라진 중대 국가지배체제의 성숙도와 집중도를 입증하는 척도로 이해할 수 있다.

그러나 이러한 의지와 방향이 신라의 뜻대로 진행되었다고 생각하지는 않는다. 여전히 신라사회의 골격인 骨品의 제한은 엄격하였고, 신문왕대 이후에도 기득권세력인 진골귀족은 관료보다는 골품제 속의 귀족 모습이 더 강하게 투영되어 있다고 할 수 있다. 이후 진행된 신문왕의 천도 시도 실패, 8세기 중반부터 보이는 왕권의 약화 모습, 759년의 녹읍 부활, 하대부터 보이는 문란한 왕권다툼 등은 결국 신라 중대 왕권이 지향하는 국정방향으로 이행되지 않았음을 보여주는 사실이다.

그렇지만 신문왕대의 통치조직의 정비와 진골귀족의 관료화 추진과 의지는 기득권세력인 진골귀족으로 하여금 관료로서 국정운영에 참여하도록 유도하였고, 이후 진골귀족들은 신라사회에서 그들의 타고난 신분뿐만 아니라 관료로서의 위치도 인식하게 되었다. 앞서 살펴본 신문왕대 김군관의 모습은 관료화의 모습을 확인할 수 있는 대표적인 진골귀족의 실례였다.[133]

신라사회에서 신분제적 질서의 운영원리는 막강하게 작용하고 있었지만,[134] 그것이 신문왕대 관료보수체계의 성립이라는 제도적 조치의 의미

133) 자세한 내용은 박명호, 2008, 「신문왕의 교서를 통해 본 김군관의 정치적 성격」, 『한국사학보』 31 참조.

마저 간과해야 된다는 의미는 아니다. 이러한 정책들은 변화된 중대사회에 조응하는 결과물이며, 진골귀족들을 관료화하는 배경이었다.

134) 이기동, 1984, 앞의 책, 128~141쪽.

# 제4장
# 중앙과 지방의 통치조직 확립

신문왕대는 7세기 신라 중대를 성립시킨 태종무열왕과 문무왕대의 전쟁기를 거쳐 대내외적으로 안정기 또는 완성기로 이해를 한다.[1] 이러한 이해의 이면에는 전쟁의 종료와 함께 신문왕대에 진행된 제도의 완비를 고려한 시각이 존재한다.

지금까지 신문왕대의 연구들은 주로 정치경제사 측면에서 문무관료전과 녹읍·정전 등 토지제도와 관련된 연구 등에 많은 논의가 이루어졌으며, 정치사는 김흠돌의 모반을 중심으로 한 연구에 집중되어 있었다.

신문왕대의 지방제도와 중앙관부 정비 과정에 대한 연구성과는[2] 신문왕대를 완성기로 이해하는 막연한 인식으로 인해 중앙관부와 주군현제의 구체적인 실행과정을 간과한 측면이 적지 않다. 따라서 국가운영의 제도적 근간인 통치조직의 정비·완비라는 면에서 그 과정의 구체성과 시대적 의미를 검토하는 것은 필수적이라 할 수 있다.

중앙관부는 이미 앞서 진덕왕대부터 문무왕대까지의 정비과정과 내용,

1) 신형식, 1985, 『신라사』, 이대출판부, 90쪽.

2) 제도적인 측면의 연구성과는 그리 많지 않다. 군사·지방제도와 관련되어 김희만(김희만, 1992, 「신라 신문왕대의 정치상황과 병제」, 『신라문화』 9)과 한준수(한준수, 2005, 「신라 신문왕대 10정의 설치와 체제정비」, 『한국고대사연구』 38)의 연구성과가 있으며, 신라통일기의 전반적인 지방관을 고찰하는 과정에서 신문왕대의 주·군·현 설치를 살펴본 이문기의 연구가 있다(이문기, 1990, 「통일신라의 지방관제 연구」, 『국사관논총』 20). 기타 오묘제(채미하, 2004, 「신라의 오묘제 시정과 신문왕권」, 『백산학보』 70), 혼례의(서영교, 2004, 「신문왕의 혼례의 - 『고려사』 예지와 비교를 통하여-」, 『백산학보』 70) 등에 대한 연구가 이루어졌다.

그 의미 등을 살펴보았지만, 통치조직의 정비라는 면과 함께 정치적 의도 등도 고려해야 한다. 그런 면에서 전쟁이 종료된 이후인 신문왕대에 실질적으로 전쟁의 결과물인 영토와 민의 효율적인 지배와 통치를 위한 정비는 당연한 수순이었다.

이러한 점을 고려하여 그 과정과 특징, 앞 시기와의 차이점 등을 살펴보겠다. 특히 位和府의 기능 강화에 주목하였는데, 관료화 시각과 관련하여 통치조직에서도 이와 같은 경향이 보이는 것은 흥미로운 사실이다.

중고기까지의 영역지배가 주로 군사적 성격이 강함을 고려하면, 전쟁의 승리를 통해 原新羅地域에서[3] 舊百濟地域으로의 영역 확대와 9주의[4] 완비는 통치영역을 획정하는 의미가 강하였다. 특히 제도상 신라말까지 특별한 변동 없이 지속되었다는 면에서 신라 지배체제의 근간이라 할 수 있다. 이러한 점을 고려하여 신문왕대에 순차적으로 실시되었던 州·群·縣·小京의 설치연역을 살펴보고, 그 특징과 완비의 시대적 의미를 검토하겠다.

이러한 검토를 통해 신문왕대에 진행된 중앙관부의 정비, 이후 지방제도의 정비라는 순차적 제도 정비과정을 파악할 수 있고, 통치조직의 완비라는 제도적 면과 함께 일정한 계획과 의도성을 가지고 진행된 신문왕 개인의 국정운영 방향을 이해할 수 있을 것이다.

---

3) 이 글에서 사용하는 原新羅地域은 『삼국사기』 권34, 잡지3 지리1 신라의 신라 강역에 나와 있는 '本國界內'의 세 州 지역을 말하는 것으로, 지리지 기준으로 尙州·良州·康州 지역이다.

4) 이때의 9주는 『삼국사기』 권34, 잡지3 지리1 신라의 '本國境內'의 세 주(상주·양주·강주), '故百濟國界'의 세 주(웅주·전주·무주), '故高句麗南界'의 세 주(한주·삭주·명주)를 가리킨다. 그러나 성덕왕대에 패강 이남지역을 당에서 주었고, 경덕왕대에 이르러 예성강 이북의 14개 군현을 설치하였던 것으로 보아, 이때의 9주는 예성강 이남지역까지라 할 수 있다.

# 1. 신문왕대 중앙관부의 체계화와 그 방향

## 1) 관부의 강화 및 신설

김춘추의 정치적 입지가 강화되었던 진덕왕대의 관부정비의 특징은 정치적 의도가 반영된 집사부의 설치와 실무관직인 大舍의 설치, 문무왕대의 특징은 전쟁수행을 위한 관원의 증원이었다.

그런 면에서 신문왕 때가 전쟁이 종료된 시기였고, 신라의 중앙관부와 지방제도 등 통치조직이 완비되었던 시기였음임을 고려하면, 그 정비과정에 대한 구체적인 실상과 방향은 좀더 자세히 살펴볼 필요가 있다. 이러한 접근은 신라 중대 통치조직의 특징과 그 지향점을 확인하기 위한 기초적인 연구라 할 수 있다.

이를 위해 먼저 位和府와 國學, 侍衛府의 정비 내용을 살펴보고자 한다. 이것은 중대의 관료화를 촉진하기 위한 신문왕의 의도가 이 관부들의 정비에 투영되었다고 이해되기 때문이다.

<표 8> 신문왕대 위화부·국학·시위부 정비 현황

| 연대 | 관부 | 관직 | 변동내용 | 비 고 |
|---|---|---|---|---|
| 2년(682) | 위화부 | 衿荷臣 | 2인 둠 | 掌選擧之事 如今吏部 |
| 5년(685) | | 衿荷臣 | 1인 증원 | |
| 2년(682) | | 上堂 | 2인 둠 | |
| 2년(682) | 국학 | 卿 | 1인 둠 | |
| 원년(681) | 시위부 | 將軍 | 6인 둠 | 罷侍衛監置將軍 |

위화부의 衿荷臣[5])은 신문왕 2년(682)에 2인이 설치되었다. 위화부 관련 내용은 다음과 같다.

> (진평왕 3년 정월) 처음으로 위화부를 두었는데, 지금의 吏部와 같다.[6])

> (신문왕 2년 4월) 위화부에 令 2명을 두었는데, 選擧 관련 업무를 맡았다.[7])

> 위화부는 진평왕 3년에 처음으로 두었다. … 금하신은 2명인데, 신문왕 2년에 처음으로 두었고, 5년에 1명을 더하였다. 애장왕 6년에 令으로 고쳤다. 관등이 이찬에서 대각간인 자가 하였다. 上堂은 2명인데, 신문왕이 두었다. 성덕왕 2년에 1명을 더하였으며, 애장왕이 卿으로 고쳤다. 관등이 급찬에서 아찬인 자가 하였다.[8])

위화부는 『삼국사기』에 따르면 진평왕 3년(581)에 처음으로 설치가 되었음을 알 수 있다. 그리고 '選擧之事'와 고려시대의 吏部와[9]) 같다 하여 그 업무를 짐작할 수 있다. 아마도 위화부는 고려시대 이조의 업무인 文選과 勳封에서 관료의 선발(文選) 등 인사 관련을 담당하였을 것이다.[10])

그러나 진평왕 3년 위화부에 어떠한 관직이 설치되었는지는 알 수 없다. 그리고 長(級)인 금하신은 682년 4월에 두고 있어 시기적으로 약 100

5) 신라본기에는 위화부령이라 하였지만, 직관지를 따라 금하신으로 표기한다. 아마도 신라본기의 기사는 애장왕 6년 이후 기록을 바탕으로 서술된 듯하다.
6) '始置位和府 如今吏部.'(『삼국사기』 권4, 신라본기4 진평왕 3년 정월).
7) '置位和府令二人 掌選擧之事.'(『삼국사기』 권8, 신라본기8 신문왕 2년 4월).
8) '位和府 眞平王三年始置 … 衿荷臣二人 神文王二年始置 五年加一人 哀莊王六年改爲令 位自伊飡至大角干爲之 上堂二人 神文王置 聖德王二年加一人 哀莊王改爲卿 位自級飡至阿飡爲之.'(『삼국사기』 권38, 잡지7 직관 상).
9) '吏曹掌文選封勳之政.'(『고려사』 권76, 지30 백관1 吏曹).
10) 훈봉과 관련된 업무는 창부 소속인 상사서가 담당하였을 것이다.

년의 차이가 있다. 그렇다면 위화부는 진평왕 때에 관부로서 설치되었다고 할 수 있을까? 次級인 上堂도 신문왕 때에 설치되었으며, 다른 관부의 대사가 주로 진덕왕 5년(651)에 설치가 되었음을 고려하면, 위화부의 대사가 진평왕 때에 설치되었을 가능성은 그리 높지 않다.

또한『삼국사기』의 본기와 직관지를 보면 진평왕 3년까지 중앙에 설치되었던 관부들은 그리 많지 않았다.[11] 아직 중앙관부의 설치가 본격적으로 시작되지 않았으며, 관직도 영과 경으로 한정되어 있었으며, 인원도 소수였다. 따라서 진평왕 때의 위화부 설치 기록은 이해하기에 어려움이 있다. 현재 직관지 등등의 기록에서 확인되는 위화부 관직들은 모두 진평왕 이후 설치되었다.[12] 더 이상의 추측은 힘들지만, 진평왕 3년에 처음으로 설치되었지만, 위화부는 신문왕대에 이르러 금하신 2인을 두면서 본격적으로 관부로서 그 기능을 발휘하였다고 할 수 있다.

금하신은 2인을 설치하였다가, 3년 후인 685년에 1인을 더 증원하여 신문왕 때에만 3인을 두었다.[13] 이때 주의할 점은 금하신의 취임 관등범위

11) 그때까지 설치되었던 중앙관부와 관직은 東市典, 兵部의 令 2인, 上大等, 司正府의 卿 2인, 稟主의 典大等 2인이었고, 그밖에 불교와 관련하여 國統 1인, 大都唯那 1인, 大書省 1인 등이 있었다. 연대가 확인되지 않는 것은 제외하였다. 이 외에 직관지 무관조와 중고기의 금석문 등에서 監舍知와 道使 등등이 확인된다.

12) 위화부의 최하관직인 史의 설치연대는 알 수가 없지만, 진평왕 때에 설치되었을 수도 있다. 신라 중앙관부의 史 설치연대는 대부분 알 수가 없지만, 유일하게 창부의 史는 진덕왕 때에 두었다고 나와 있어 창부령의 설치시기와 같다(『삼국사기』 권38, 잡지7 직관 상 창부 참조). 그래서 史의 설치시기는 각 관부의 영(급)이 설치된 시기를 전후하여 설치하지 않았을까 추측하였다. 그런 면에서 위화부의 史만이 진평왕대에 설치되었을 가능성도 그리 높지는 않다고 본다.

13) 그래서 금하신을 상대등이 겸직하였을 것으로 보기도 한다(전봉덕, 1956,「신라 최고관직 상대등론」,『법조협회잡지』 5-1·2·3 ; 이영호, 1983,「신라중대 왕실사원의 구조와 기능」,『한국사연구』 43, 93~99쪽 ; 이인철, 1993,『신라정치제도사연구』, 38~39쪽).

가 伊飡에서 大角干까지 라는 것이다. 신라 대부분의 중앙관부 영의 하한은 5관등인 대아찬이었다. 예를 들어 집사부의 중시는 대아찬에서 이찬까지, 병부령은 대아찬에서 太大角干까지로, 이들 관부들보다 위화부 금하신의 취임 하한선은 2관등인 이찬이기 때문에 취임할 수 있는 인물들이 좀 더 제한적이며, 엄격하였다고 할 수 있다.

이와 같은 사실은 위화부의 위상과 함께 신문왕의 정치적 의도를 보여주는 하나의 사실이다. 신문왕대에 이르러 진골귀족들의 관료화를 위한 관료 선발은 중요한 국가적 사안으로 대두되었다. 따라서 신문왕은 금하신의 취임 관등범위를 각 관부의 영이 취임할 수 있는 하한선인 대아찬보다 높은 이찬으로 함으로써, 관료 선발에 있어 정치적 구애를 받지 않고 좀더 엄격한 기준으로 결정·선발할 수 있는 제도적 여건을 마련하였다. 이것은 신문왕이 신분이 아닌 인물의 역량과 재능을 기준으로 관료를 선발하였을 가능성을 보여주는 사실이다.

그 외에 卿(級)인 '상당' 2인도 신문왕 때에 설치하였고, 대사는 2인이고 史는 8인인데, 설치연대는 알 수 없다. 흥미로운 사실은, 직관지에 따르면 다른 관부들과는 달리 실무관직인 사지는 관직체계에서 확인할 수 없었다.[14] 따라서 위화부는 이후에도 令(衿荷臣)-卿(上堂)-大舍-史의 4등급 관직체계를 유지하였다.

이처럼 위화부의 관직 증원은 신문왕 때에 위화부의 기능이 강화되고 있었음을 보여주는 반증으로, 점차 증가하는 관료들로 인해 인사 문제가 중요한 업무로 대두되었음을 보여준다.

(신문왕 2년 6월) 국학을 세우고 경 1명을 두었다.[15]

14) 舍知가 신문왕 5년에 설치되었다는 견해가 있지만(이인철, 1993, 앞의 책, 39쪽), 구체적인 근거는 없다.

국학은 예부에 속하였는데, 신문왕 2년에 두었다. … 경은 1명인데, 경덕왕이 司業으로 고쳤으나 혜공왕이 다시 경으로 칭하였다. 관위는 다른 경과 같았다.[16)]

(경덕왕 6년 정월) 국학의 諸業에 박사와 조교를 두었다.[17)]

직관지에 따르면 국학에는 이미 진덕왕 5년(651)에 대사를 두었다. 그러나 본기와 직관지에는 경 1인을 두면서 '立國學', '國學置'라 하여 신문왕 2년(682)에 국학이 설립되었다고 하였다.[18)] 이후 경덕왕 6년(747) 정월에 교수진인 박사와 조교를 둠으로써 실무진까지 갖추었다.

그래서 일반적으로 진덕왕 5년에는 실질적으로 국학의 업무를 대사 등이 담당하였고, 신문왕대에 이르러 경의 설치를 통해 개편 또는 강화로 보고 있다. 이러한 견해에 기본적으로 동조하지만, 국학이 예부 소속의 관부임을 간과한 면이 있었다. 즉 국학은 예부 및 그 소속 관부의 설치 속에서 설치시기 및 기능 강화 등이 논의되어져야 한다.

예부는 진평왕 8년(586)에 영 2인을 두면서 설치하였다. 이후 진덕왕 5년에 경과 대사 등을 둠으로써 그 기능을 보강, 강화하여 관부가 완성되었다. 예부 소속 관부는 국학 이외에 大道署·音聲署·典祀署·司範署가

15) '立國學 置卿一人.'(『삼국사기』 권8, 신라본기8 신문왕 2년 6월).

16) '國學 屬禮部 神文王二年置 … 卿一人 景德王改爲司業 惠恭王復稱卿 位與他卿同.'(『삼국사기』 권38, 잡지7 직관 상 국학).

17) '置國學諸業博士助敎.'(『삼국사기』 권9, 신라본기9 경덕왕 6년 춘정월).

18) 그러나 신문왕 원년(681)에 건립된 문무왕릉비에는 '及飡國學少卿臣金通三'이라는 기록이 있어 이미 少卿이 존재하였음을 알 수 있다. 卿을 두기 1년 전에 소경이 확인되어 이해에 어려움이 있다. 卿과 少卿이 어떠한 차이가 있었는지 알 수는 없지만, 시기적으로 보아 大舍보다는 경의 설치시기와 가까운 때에 두었을 것으로 추측된다.

있었는데, 이들 관부는 예부령의 설치 이후 관직의 설치가 이루어졌다.[19]

대도서는 진평왕 46년(624)에 大正 1인을 두었는데, 예부령 설치 후 소속관부 중 가장 먼저 長級이 설치되었다. 그 후 예부의 경·대사가 설치되는 시기인 진덕왕 5년에 국학·음성서·전사서의 대사 2인이 각각 설치되었다. 그러나 관부의 장이라 할 수 있는 국학의 경은 신문왕 2년(682), 전사서의 監은 성덕왕 12년(713)에 설치되었고,[20] 정확한 설치연대는 알 수가 없지만, 음성서의 장이 신문왕 7년(687)에 경으로 고쳐졌던 것으로 보아 이전에 설치되었던 것으로 이해된다.

이러한 사실은 진덕왕 5년 이전에는 대도서를 제외한 예부 소속 관부의 관원은 대사 이하만이 설치되었으므로, 실질적으로는 예부의 영 또는 경이 그 관부의 최고 책임자로서의 역할을 수행하지 않았을까 한다. 이와 관련하여 직관지의 표기방법에 유의할 필요가 있다.

'국학은 예부 소속인데 신문왕 2년에 두었다.', '전사서는 예부 소속인데 성덕왕 12년에 두었다.'[21]라고 長級의 설치시기를 관부의 성립시기로 기록하였다. 따라서 국학의 경우에도 경 1인이 설치되었던 신문왕 2년에야 비로서 관부로서 독립적인 기능을 시작하였다고 이해할 수 있다.

국학의 기능과 성격에 대해서는 많은 연구가 이루어졌으며, 다양한 견해들이 존재한다.[22] 국학은 관료로서의 소양과 능력을 배양, 능력 있는 관료를 양성하는 신라 최고의 교육기관으로, 위화부의 금하신 설치와 짝하여 신문왕대의 관료화와 관련하여 이해할 수 있는 관부였다. 이처럼 위

19) 司範署는 설치시기를 알 수 없어 검토대상에서 제외한다.
20) '典祀署屬禮部 聖德王十二年置.'(『삼국사기』 권38, 잡지7 직관 상).
21) 『삼국사기』 권38, 잡지7 직관 상 전사서.
22) 국학에 대한 그간의 논의는 고경석, 1997, 「신라 관인선발제도의 변화」, 『역사와현실』 23 ; 이희관, 1998, 「신라 중대의 국학과 국학생」, 『신라문화제학술발표회논문집』 19 참조.

화부의 금하신, 국학의 경 설치를 통한 관부의 기능 강화는 관료화를 촉진하기 위한 신문왕의 의도가 관부에 투영되었음을 보여준다.

이와 관련하여, 신문왕 원년 8월 16일에 김흠돌 모반을 진압하고 내린 교서의 내용을 살펴볼 필요가 있다. 이 중 '位는 才로 올라간 것이 아니고, 職은 실로 恩으로 올라간 것'이라는 표현이 있다.[23] 이것은 김흠돌 모반세력에 대한 인물평가인데, 그들은 才가 아닌 진골귀족으로 (관)위와 (관)직을 얻었음을 말한다.[24]

이것은 역으로 중대에 들어서 관직의 진출에서 恩보다는 才가 중요하게 되었음을 보여주는 사실이다. 아마도 이때의 才란 관료로서의 재능과 능력이었을 것이다. 일면이지만, 이 교서의 내용은 신분이 아닌 능력이 점차 중요하게 되었으며, 관료의 선발과 관련된 업무의 증가를 암시한다. 즉 이 시기 중대 왕권이 추구하였던 진골귀족의 관료화 모습을 보여주는 단면이자, 관료를 선발하는 담당관부의 기능을 강화하고자 하였던 이유를 추측할 수 있는 단서라 할 수 있다.

신문왕 개인의 관심과 의지도 많았던 듯하다. 『삼국사기』 열전 설총에[25] 보이는 설총의 이야기는 이러한 신문왕의 모습을 잘 보여준다. 설총은 신문왕의 요청에 의해 花王戒 이야기를 들려주었는데, 그 이야기의 중심은 인재의 '옥석 고르기'였다. 이에 신문왕은 깊은 뜻을 깨닫고, 설총에게 높은 벼슬을 주었다.[26]

---

23) '賊首欽突興元眞功等 位非才進 職實恩升.'(『삼국사기』 권8, 신라본기8 신문왕 원년 8월 16일).

24) 박명호, 2008, 「신문왕의 교서를 통해 본 김군관의 정치적 성격」, 『한국사학보』 31, 58쪽.

25) 『삼국사기』 권46, 열전6 설총.

26) '王愀然作色曰 子之寓言 誠有深志 請書之 以爲王者之戒 遂擢聰以高秩.'(『삼국사기』 권46, 열전6 설총).

설총이 들려주었던 이야기는 6두품인 설총의 신분이나 처지와 관련하여 이해할 수도 있다. 그러나 유의할 사실은 설총의 의도와는 상관없이, 그 이야기의 주제가 인재 선발이었다는 것이다. 이것은 인재 선발에 관심이 있는 신문왕의 경향을 보여주는 사실이었다. 이런 면에서 위화부의 금하신에 이어서 바로 국학의 경 설치도 이와 같은 목적의 연장선에서 이해할 수 있다. 다음은 시위부를 살펴보자.

> (신문왕 원년 10월) 侍衛監을 없애고 장군 6명을 두었다.[27]

> (진평왕 46년 정월) 시위부에 대감 6명을 두었다.[28]

> 시위부는 三徒가 있었는데, 진덕왕 5년에 두었다. 장군은 6명인데, 신문왕 원년에 監을 파하고 장군을 두었다. 관위가 급찬에서 아찬인 자가 하였다.[29]

신문왕대에 처음으로 정비된 관부는 侍衛府[30]였다. 중앙행정관부는 아니지만 시위부는 왕의 근위부대, 왕궁수비대라고 이해되기에 검토가 필요하다.

시위부의 개편은 김흠돌 모반을 진압한지 두 달 안에 신속하게 이루어졌다. 시위부는 이미 진평왕 46년(624) 정월에 大監 6인을 두었으며, 진덕왕 5년(651)에 조직을 三徒로 나누었는데, 이때에 이르러 시위감을 폐하

27) 『삼국사기』 권8, 신라본기8 신문왕 원년 10월.
28) '置侍衛府大監六員.'(『삼국사기』 권4, 신라본기4 진평왕 46년 춘정월).
29) '有三徒 眞德王五年置 將軍六人 神文王元年 罷監置將軍 位自級湌至阿湌爲之.'(『삼국사기』 권40, 잡지9 직관 하 무관 시위부).
30) 시위부의 전반적인 성격에 대해서는 이문기, 1986, 「신라 시위부의 성립과 성격」, 『역사교육논집』 9 ; 이문기, 1997, 『신라병제사연구』, 일조각 참조.

고 장군 6인을 두었던 것이다.

이때 장군은 일반명사가 아닌 '관직명'으로 이해를 해야 하며, 직관지에 따르면 장군은 36인이 존재하였고, 大幢과 貴幢, 9誓幢 등 총 12부대, 漢山停 등 총 4곳의 부대[31] 등 중요 부대에만 배치되어 있었다. 이와 같은 시위부 관직의 치폐는 김흠돌의 모반과 관련한 조치로 이해되는데, 두 가지 방향으로 추측할 수 있다.

먼저 생각해볼 수 있는 것은 모반 진압 후 왕궁의 군사력(경비) 강화였다. 차후 이러한 모반 발생시 철저히 대비하고자 하는 의도로 총 책임자의 지위를 높인 것이다. 그러나 일반적으로 관부의 위상 강화시 수반되는 관원의 증가는 보이지 않고 총책임자의 명칭만을 상향 조정한 것은 의심스럽다.

이와 관련하여 시위부 監들이 김흠돌 모반의 동조자였다는 견해는[32] 적절하다. 결과적으로는 이러한 조치가 왕궁의 군사력 강화로 이어졌지만, 시위부 자체의 관원 증가도 없이, 단지 명칭의 변경을 통한 위상강화는 결국 인물의 교체로 이해할 수 있다.

신문왕 원년(681) 8월 16일에 김흠돌 처형 후에 내린 교서에는 '近竪'라는 표현이 있다. 정확히 그 실체를 알 수는 없지만, 왕궁 내부의 동조자가 있었음을 추측하게 한다. 이러한 동조자란 결국 군사력을 동원할 수 있는 인물로, 왕궁 내에서는 '시위감'이 비중 있는 인물로 파악된다. 교서에 보이는 외부에서 불러들인 '凶邪'는 알 수가 없지만, 交結한 '近竪'는 시위감이 가장 근접한 인물이었다. 또한 간접적이지만 병부령인 군관과 관련하여 이해한다면, 시위감이 김흠돌의 모반에 적극적으로 동조하였거나, 또는 반대로 모반 진압에 소극적인 대처를 했을지도 모른다.[33]

31) 『삼국사기』 권40, 잡지9 직관 하 무관.
32) 이문기, 1997, 앞의 책, 162~163쪽.

이에 감 6인을 제거하는 동시에, 장군 6인으로 시위부의 총 책임자를 대체하였다.[34] 결과적으로 이러한 조치는 김흠돌 모반세력에 대한 처벌의 연장선상에서 이루어졌던 것으로 생각된다. 아울러 장군으로의 명칭 변경과 관등의 변화는 시위부의 위상 강화와 함께 왕의 근위부대로서 군사력의 강화로 이어졌다고 할 수 있다.

이외에도 신문왕대에는 여러 관부의 정비가 이루어졌다. 관직인 令, 監, 卿, 舍知, 史의 순으로 정리하면 다음과 같다.

<표 9> 신문왕대 관부·관직의 정비 현황

| 연대 | 관부 | 관직 | 변동내용 | 비 고 |
|---|---|---|---|---|
| 6년(686) | 例作府 | 令 | 1인 둠 | |
| 4년(684) | 永興寺成典 | | | |
| 2년(682) | 工匠府 | 監 | 1인 둠 | |
| 2년(682) | 彩典 | | 1인 둠 | |
| 6년(686) | 例作府 | 卿 | 1인 둠 | |
| 8년(688) | 船府 | | 1인 증원 | |
| 5년(685) | 執事部 | 舍知 | 2인 둠 | |
| 5년(685) | 調府 | | 1인 둠 | |
| 원년(681) | 船府 | 史 | 2인 증원 | |
| 7년(687) | 音聲署 | 卿 | | 長을 卿으로 변경 |

먼저, 例作府와 永興寺成典이 새롭게 설치되었다.

33) 8월 16일 교서에 '近竪'가 언급되고 있는 것으로 보아 시위부의 대감세력은 소극적인 동조가 아니라 적극적으로 김흠돌 세력에 참여하였을 것으로 추측된다.

34) 반면 大監에서 將軍으로의 이름 변경을 통한 승격으로 보는 견해도 있다(井上秀雄, 1969, 「삼국사기にあらわれた新羅の中央行政官制について」, 『朝鮮學報』 51 ; 井上秀雄, 1974, 『신라사基礎研究』, 157쪽).

(신문왕 6년 정월) 예작(부)에 경 2명을 두었다.[35)]

예작부[또는 例作典이라고도 하였다]는 … 영은 1인인데, 신문왕 6년에 두었다. 관위가 대아찬에서 각간인 자가 하였다. 경 2인은 신문왕 때에 두었다. 관등은 司正(府)의 경과 같다.[36)]

영흥사성전은 신문왕 4년에 두었다. 경덕왕 18년에 監永興寺館으로 고쳤다. 대나마는 1명인데, 경덕왕이 監으로 고쳤다. 史는 3명이다.[37)]

예작부의 영 1인과 경 2인을 신문왕 6년(686)에 두었던 것으로 보아, 예작부는 이때에 처음으로 설치되었다고 할 수 있는데, 당의 工部와 將作監의 기능을 취하여 설치한 관부로, 신라의 독창성을 내포하고 있다고 보기도 한다.[38)] 대사는 2인, 사지는 1인, 史는 8인인데, 그 설치시기는 알 수가 없다.[39)] 예작부의 기능은 수리·영선 등을 담당하였을 것으로 추측되는데, 아마도 증치되는 여러 관부의 신설과 수리에 따른 전담관부의 필요성이 제기되어 신설되었던 것으로 보인다.[40)]

영흥사는 법흥왕과 진흥왕의 妃가 만년에 尼僧으로 머물렀던 곳으로서,[41)] 진평왕 18년(596)의 화재 때 진평왕이 친히 갔었던 곳으로[42)] 보아

35) '置例作府卿二人.'(『삼국사기』 권8, 신라본기8 신문왕 6년 정월).
36) '例作府 一云例作典 … 令一人 神文王六年置 位自大阿湌至角干爲之 卿二人 神文王置 位與司正卿同.'(『삼국사기』 권38, 잡지7 직관 상 예작부).
37) '永興寺成典 神文王四年始置 景德王十八年 改爲監永興寺館 大奈麻一人 景德王改爲監 史三人.'(『삼국사기』 권38, 잡지7 직관 상 영흥사성전).
38) 이인철, 1993, 앞의 책, 35~36쪽.
39) 이미 많은 관부가 설치되어 있었고, 관부도 5관등 체계가 성립된 시기였으므로, 대사·사지·사가 이때에 동시 설치되었을 가능성이 높다.
40) 이기동은 예작부의 설치를 마지막으로 하여 당의 六典 조직에 준하는 행정체계가 완성된 것으로 보았다(이기동, 1984, 앞의 책, 122쪽).

왕실과 관련이 깊은 사찰이었음을 추측할 수 있다. 成典의 기능은 정확히 파악이 안 되지만, 경덕왕 때의 명칭으로 보아 주요 사찰의 전담관리(수리) 기관이 아니었을까 추측된다.[43] 영흥사성전도 경덕왕 18년(759)에 監永興寺館으로 개칭되었던 것으로 보아 그러한 기능을 수행하였을 것으로 생각된다.

(신문왕 2년 6월) 工匠府監 1명과 彩典監 1명을 두었다.[44]

공장부는 … 監은 1명인데, 신문왕 2년에 두었다. 관위가 대나마에서 급찬인 자가 하였다.[45]

채전은 … 監은 1명인데, 신문왕 2년에 두었다. 관위가 나마에서 대나마인 자가 하였다.[46]

(신문왕 8년 2월) 선부의 경 1명을 더 두었다.[47]

선부는 … 경 2명은 문무왕 3년에 두었는데, 신문왕 8년에 1명을 더 두

41) 『삼국유사』 권1, 왕력1 법흥왕 ; 권3 흥법3 阿道基羅 및 原宗興法 厭滅身條 ; 『삼국사기』 권4, 신라본기4 진흥왕 37년 참조.
42) '永興寺火 延燒三百五十家 王親臨救之.'(『삼국사기』 권4, 신라본기4 진평왕 18년 10월).
43) 成典에 대해서는 채상식, 1984, 「신라통일기의 성전사원의 구조와 기능」, 『부산사학』 8 ; 이영호, 1983, 「신라중대 왕실사원의 구조와 기능」, 『한국사연구』 43 참조.
44) '又置工匠府監一人 彩典監一人.'(『삼국사기』 권8, 신라본기8 신문왕 2년 6월).
45) '工匠府 … 監一人 神王二年置 位自大奈麻至級湌爲之.'(『삼국사기』 권38, 잡지7 직관 상 공장부).
46) '彩典 … 監一人 神文王二年置 位自奈麻至大奈麻爲之.'(『삼국사기』 권38, 잡지7 직관 상 채전).
47) '加船府卿一人.'(『삼국사기』 권8, 신라본기8 신문왕 8년 2월).

었다. 관위는 조부의 경과 같다 … 史는 8명인데, 신문왕 원년에 2명을 더 두었다 애장왕 6년에 2명을 줄였다.[48)]

관직의 신설과 증원도 이루어졌다. 신문왕 2년(682)에 공장부와 채전에 감 1인을 각각 두었다. 채전에는 이미 주서 2인을 진덕왕 5년에 두었는데, 신문왕대에 이르러 관부의 장인 감을 설치함으로서 관부로서 완성되었다고 할 수 있다. 마찬가지로 공장부도 주서 2인을 이미 진덕왕 5년에 두었고, 이때에 이르러 감을 설치하여 독립관부가 되었다고 할 수 있다. 공장부와 채전은 이후에도 사지가 설치되지 않아 감-대사-사의 3등관직체계를 유지하였다.

앞서 살펴본 바와 같이 선부는 문무왕 18년(678)에 병부에서 분리하여 설치하였던 신설관부였다. 그리고 신문왕 때에 이르러 경 1인과 사 2인을 증원하였다. 아마도 이것은 전쟁과정에서 선박의 중요성을 알고, 전후에 국가차원의 전시대비 조치였을 것이다. 그러나 20여년이 지난 애장왕 6년(805)에 다시 사 2인을 줄이는 것으로 보아 실무 차원의 업무가 많지는 않았던 듯하다.

이외에도 관직의 명칭 변경도 보이는데, 신문왕 7년(687)에 音聲署의 장을 경으로 고쳤던 것이 그것이다.[49)] 음성서는 관부의 설치시기는 물론 장의 설치시기도 알 수 없다. 이에 대해 예부 소속 관부들의 대사 설치가 진덕왕 5년에 설치되었으며, 국학의 경이 신문왕 2년(682)에 설치되었던 경우를 적용하여 음성서의 장도 이때에 설치되었을 것으로 추측하는 견

48) '船府 … 卿二人 文武王三年置 神文王八年加一人 位與調府卿同 … 史八人 神文王元年加二人 哀莊王六年省二人.'(『삼국사기』 권38, 잡지7 직관 상 선부).

49) '改音聲署長爲卿.'(『삼국사기』 권8, 신라본기8 신문왕 7년 여름 4월).
'音聲署 屬禮部 … 長二人 神文王七年改爲卿 … 位與他卿同.'(『삼국사기』 권38, 잡지7 직관 상 음성서).

해가 있다.[50] 음성서는 예부 소속의 관부로 그 명칭으로 보아 국가의 각종 제사와 연회의 음악 담당 관부로 이해되는데,[51] 이때에 이르러 다른 관부와 마찬가지로 경으로 개칭하였다.

아마도 이것은 바로 이어서 기록되어 있는 祖廟에 대한 제사[52]와 관련한 사전 조치로 추정된다. 조묘의 제사는 신문왕의 직계조상에 대한 제사[五廟制]였는데, 이때 음성서도 제사 의례에서 음악을 담당하였을 것이고, 이에 좀더 존엄하고 권위 있는 제례의식을 위해 음성서의 장을 다른 관부와 같이 경으로 개칭, 의례를 준비하였던 것으로 생각된다.

### 2) 사지의 신설과 5등관제

신문왕대 관부 정비의 큰 특징은 관직인 사지의 설치였다. 신문왕 5년(685)에 주요 관부라 할 수 있는 執事部와 調府에 사지를 신설하였다.

> (執事省) 사지 2명은 신문왕 5년에 두었는데, 경덕왕 18년에 원외랑으로 고쳤다가 혜공왕 12년에 다시 사지로 칭했다. 관위가 사지에서 대사인 자가 하였다.[53]

> (조부) 사지 1명은 신문왕 5년에 두었는데, 경덕왕 때에 司庫로 고쳤다가 혜공왕 때에 다시 사지로 칭했다. 관위가 사지에서 대사인 자가 하

50) 이인철, 2003, 『신라정치경제사 연구』, 224~230쪽.
51) 음성서에 대해서는 이인철, 2003, 앞의 책, 222~246쪽 참조.
52) '遣大臣於祖廟 致祭曰 王某 稽首再拜 謹言太祖大王眞智大王文興大王太宗大王文武大王之靈 …'(『삼국사기』 권8, 신라본기8 신문왕 7년 4월).
53) '舍知二人 神文王五年置 景德王十八年 改爲員外郎 惠恭王十二年 復稱舍知 位自舍知至大舍爲之.'(『삼국사기』 권38, 잡지7 직관 상 집사성).

였다.[54)]

집사부는 이미 651년 단계에 中侍, 典大等, 大舍, 史가 설치되었다. 이후 문무왕 11년(671)에 사의 증원 조치에 이어서, 신문왕대에 이르러 대사와 사 사이에 새로운 관직인 사지를 설치하였던 것이다. 조부도 집사부와 마찬가지로 이미 영, 경, 대사, 사를 설치하였으며, 이때에 이르러 사지 1인을 설치하였다.

실무관직인 사지의 신설은 신라 관직체계의 완성이라는 면에서 주목해야 될 부분이다. 이미 문무왕 12년에 설치된 병부 소속의 '弩舍知'를 통해 살펴보았지만, 문무왕 때의 노사지 설치 이후 본격적으로 주요 관부에 확산, 적용된 시기는 신문왕대였다.[55)] 이것은 집사부와 조부의 예를 통해서 이해한 것이다.

즉 문무왕 때 처음으로 노사지를 설치한 후 신문왕 때부터 주요 관부들을 대상으로 점차 사지를 신설하였을 가능성이 높다. 따라서 신문왕대는 신라의 5등급 관직체계인 영-경-대사-사지-사가 형성된 시점이었으며, 경덕왕과 혜공왕대에 관직명의 변동 사항은 있었지만, 이후 신라의 주요 관

54) '舍知一人 神文王五年置 景德王改爲司庫 惠恭王復稱舍知 位自舍知至大舍爲之.'(『삼국사기』 권38, 잡지7 직관 상 조부).

55) 대부분의 연구자들은 5등급 관직의 설립을 신문왕 때로 보았지만, 김희만은 이러한 견해는 재고의 여지가 있으며, 진덕왕 5년에 제일급 관부의 조직을 종전의 4단계 조직에서 5단계 조직으로 확충하였다고 보았다. 그 예로 예부의 사지를 거론하였는데, 대사의 설치시기가 진덕왕 5년이며, 사지의 설치시기가 보이지 않는 것은 누락이 아닌 생략이며, 이것은 대사와 내용이 같기 때문에 이처럼 기재하였다고 보았다(김희만, 2003, 「신라의 왕권과 관직제」, 『신라문화』 22, 13~14쪽). 그러나 진덕왕 5년의 특징은 실무관직인 대사의 설치였으며, 사지가 최초로 보이는 것은 문무왕 때의 弩舍知이고, 이후에 신문왕 때에부터 업무의 증가와 관직의 세분화에 따른 또다른 실무관직인 사지의 설치가 시작되었다고 보는 것이 더 합리적이다. 이 기록을 생략이라 할 수 있는 근거는 없다.

부를 구성하는 관직체계의 기본틀로 작용하였다.[56] 그렇다면 사지가 설치되었던 중앙관부를 살펴보자.

<표 10> 중앙관부의 사지 설치 현황

| 관부 | 연대 | 인원 | 관등범위 | 개칭명 (경덕왕 18) | 비 고 |
|---|---|---|---|---|---|
| 執事部 | 신문왕 5년(685) | 2인 | 모두 사지~대사 | 執事員外郎 | |
| 兵部 | 문무왕 12년(672) | 1인 | | 司兵 | 弩舍知 |
| 調府 | 신문왕 5년(685) | 1인 | | 司庫 | |
| 京城周作典 | 불명 | 1인 | | 司功 | |
| 倉部 | 효소왕 8년(699) | 1인 | | 司倉 | 租舍知 |
| 禮部 | 불명 | 1인 | | 司禮 | |
| 乘府 | 불명 | 1인 | | 司牧 | |
| 例作府 | 불명 | 2인 | | 司例 | |
| 船府 | 불명 | 1인 | | 司舟 | |
| 領客府 | 불명 | 1인 | | 司儀 | |
| 大日任典 | 불명 | 4인 | | 中典事 | 都事舍知 |
| | 불명 | 8인 | | 典謁 | 都謁舍知 |
| | 불명 | 1인 | | 典人 | 都引舍知 |
| 六部少監典 (梁部·沙梁部) | 불명 | 각 1인 | 불명 | 불명 | |
| 六部少監典 (本彼部) | 불명 | 1인 | 불명 | 불명 | |
| 六部少監典 (牟梁部) | 불명 | 1인 | 불명 | 불명 | |
| 六部少監典 (漢祇部·習比部) | 불명 | 각 1인 | 불명 | 불명 | |
| 直徒典 | 불명 | 8인 | 불명 | 불명 | |

56) 이기동, 1984, 앞의 책, 123쪽.

<표 10>에서 보는 바와 같이[57] 사지는 중앙의 주요 관부에 거의 설치가 되어 있었다. 반면 미설치된 관부도 있었는데, 사정부·위화부·좌리방부·우리방부가 이에 해당된다. 이 중 사정부와 좌·우리방부는 영, 경, 좌, 대사, 사로 관직이 구성되어 5등관을 갖추었다. 아마도 관부의 업무특성으로 인해 사지 대신 좌를 설치하였을 가능성이 높다.

반면, 위화부는 衿荷臣, 上堂, 大舍, 史로 구성되어 4등관만을 갖추어 다소 의심스럽다. 그래서 기록에는 없지만 사지의 설치를 추측하는 견해도 있다.[58] 그러나 누락됐다는 근거는 전혀 없기 때문에 직관지의 기록을 그대로 따를 수밖에 없다.[59] 단지 추측할 수 있는 것은 위화부의 관직명이 衿荷臣, 上堂 등 '成典' 관부들과 일치하였고, 그들 관부에 사지에 해당하는 관직이 끝까지 설치되지 않았던 것으로 보아,[60] 성전과 같이 업무의 특성상 설치를 하지 않았다고 추측된다.

이외에 상사서·대도서·국학·음성서·공장부·채전·좌사록관·우사록관·전사서 등등의 관부들은 4등관, 또는 3등관으로 구성되었기 때문에 사지가 설치가 되지 않았던 것으로 추측된다.

주로 주요 관부에 사지가 설치되었음을 보건데, 大日任典과 六部小監典·直徒典에 사지가 설치되었음은 이채롭다. 대일임전은 왕경 관련 관부로 추측되는데, 都事舍知가 4인, 都謁舍知 8인, 都引舍知 1인 등 업무별

57) 『삼국사기』 권38, 잡지7 직관 상 기준으로 정리하였다. 이하 내용은 특별한 언급이 없는 이상 이 사료에 근거한 것이다.

58) 이인철, 1993, 앞의 책, 39쪽.

59) 木村誠은 위화부에 舍知가 없는 이유에 대해, 그에 상당하는 업무가 한정적이고 형식적인 형태로 운용된 것이라 하였다(木村誠, 1982, 「統一新羅の官僚制」, 『日本古代史講座』 6, 學生社, 161쪽).

60) 예를 들어 四天王寺成典의 경우, 애장왕 때 青位를 大舍로 바꾸는 것으로 보아 대사에 해당하는 관직이 있었음을 추측할 수 있다. 반면 취임관등의 범위로 보아 舍知에 해당하는 관직은 설치가 되지 않았다.

로 나누어 구성되었다. 육부소감전은 왕경의 행정구역인 6부의 관리관부로 이해되며, 각 부별로 사지를 1인씩 6명을 설치하였다. 직도전은 그 업무를 정확히 알 수 없으며, 사지는 8인을 설치하였다.

더구나 주요 관부들이 보통 1인으로 구성되었음에 비해, 이 관부들의 인원은 다수로 구성되어 있으며, 다른 '典'類 관부들에는 대부분 설치되어 있지 않아서 이해하기에 어려움이 많다. 더 이상의 추측은 힘들지만, 대일임전의 舍知가 '都事', '都謁', '都引' 등으로 분리되어 설치되었다는 점과 다수임을 고려하면, 중앙관부의 사지가 먼저 설치되었고, 이후 '典'類 관부에 설치되면서 기능이 더욱 분화되면서 관원이 증가되지 않았을까 한다. 그러나 사료의 누락인 경우 말고는 왜 이 관부들에만 사지가 설치되었는지는 알 수가 없다.

사지의 설치연대는 대부분 불명이며, 알 수 있는 관부들은 소수이다. 앞서 살펴본 바와 같이 최초의 사지 설치기록은 문무왕 12년(672)에 설치되었던 노사지였다. 이후 신문왕 5년(685)에 집사부와 조부에 사지가 설치되었으며, 효소왕 8년(699)에 창부에 租舍知가 설치되었다. 이를 보아 중앙관부 중에서도 주요 관부들에 사지의 설치가 시작되었음을 알 수가 있다. 사지는 일상행정실무를 맡는 史를 감독하였으며, 행정실무에서 허리 역할을 하는 것으로 추정된다.[61)]

사지의 최초 설치기록은 문무왕 12년의 병부의 노사지였지만, 전쟁기간이었음을 생각하면 중앙관부의 체계화를 위한 신설로는 보이지 않는다. 아마도 전후 신문왕대에 이르러 중앙관부의 체계적인 정비과정 중에 사지의 신설이 본격적으로 진행되었을 것이다. 나머지 관부들의 설치연대는 확인할 수 없지만, 신문왕 5년 이후 점차 설치하였을 가능성이 높다.

61) 木村誠, 1982, 앞의 논문, 161쪽.

이후 '典'類 관부에도 사지가 설치가 되었으며, 내성 소속의 관부들에도 일부 설치가 되었다. 사지가 설치되었던 내성의 관부를 정리하면 <표 11>과 같다.

<표 11> 내성 소속의 사지 설치 현황

| 관부 | 연대 | 인원 | 관등범위 | 개칭명<br>(경덕왕 18) | 비 고 |
|---|---|---|---|---|---|
| 內省 | 불명 | 1인 | 불명 | 불명 | 舍知 |
| 穢宮典 | | 4인 | | | 助舍知 |
| | | 2인 | | | 從舍知 |
| 洗宅 | | 2인 | | | 從舍知 |
| 崇文臺 | | 2인 | | | 從舍知 |
| 獄典 | | 2인 | | | 從舍知 |
| 監典 | | 2인 | | | 舍知 |
| | | 2인 | | | 從舍知 |
| 廩典 | | 2인 | | | 舍知 |
| | | 2인 | | | 從舍知 |
| 祭典 | | 2인 | | | 從舍知 |
| 藥典 | | 2인 | | | 舍知 |
| | | 2인 | | | 從舍知 |
| 麻典 | | 4인 | | | 從舍知 |
| 監夫大典 | | 2인 | | | 從舍知 |
| 大傅典 | | 2인 | | | 從舍知 |
| 行軍典 | | 2인 | | | 從舍知 |
| 願堂典 | | 2인 | | | 從舍知 |
| 洗宅<br>(東宮 소속) | | 2인 | | | 從舍知 |
| 僧房典 | | 2인 | | | 從舍知 |
| 庖典 | | 2인 | | | 從舍知 |

내성 소속의 사지들은 설치연대나 관등범위는 알 수 없으며, 그 인원은 내성의 1인, 예궁전의 조사지, 마전의 종사지 각 4인을 제외하고는 모두 2인이었다. 역시 내성 소속 관부 중 왜 이들 관부들에만 설치되었는지 알 수는 없다. 그러나 사지 관직 내에서 서열이 보이고 있었음은 주목된다.

문무왕대에 '노사지'를 설치한 후 대부분의 관부에는 사지가 설치되었지만, 일부 관부에는 사지 앞에 구체적인 업무명이 부기되어 설치되었다. 租舍知나 대일임전에 설치된 都舍舍知 등이 그것이다. 이것은 일부 관부의 사지 업무를 구체적으로 보여주는 역할을 하였을 것이다.

그러나 내성 소속의 사지에는 업무나 기능이 아닌 '助舍知'와 '從舍知'가 설치됨으로써 사지의 서열화가 이루어졌다.62) 이러한 현상은 사지를 설치한 이후, 나중에는 사지 내에서 상하의 구분이 생겼음을 보여주는 것이다. 또한 이것은 내성 소속의 사지는 중앙관부에 설치가 된 이후 설치가 되었음을 보여주는 사실이기도 하다.

따라서 사지는 중앙관부의 주요 관부 → 기타 중앙관부 → 내성 소속의 관부순으로 설치가 되었으며, 그 시기는 신문왕대부터 설치가 본격적으로 시작되었다고 추측할 수 있다. 사지의 취임관등을 확인할 수 있는 관부들은 사지에서 대사로 모두 동일하였다.

신문왕대의 사지의 신설은 진덕왕대의 대사 설치와 비교하여 이해할 수 있다. 두 관직 모두 실무관직이며, 그로 인해 신라의 관부가 4등관과 5등관으로 체계화되었기 때문이다.

앞서 진덕왕대의 대사 설치는 체계적인 관부의 구성이라는 면과 함께 정치적 목적도 있었다고 추측하였다. 이것은 이전까지 진골귀족이 취임

62) 사지와 비교할 수 있는 실무관직인 대사의 경우는 東宮衙의 上大舍, 次大舍와 典大舍典의 典大舍, 上大舍典의 上大舍만 확인할 수 있어 상대적으로 서열화가 활발하지 않았다고 추정할 수 있다. 또한 모두 그 관부의 책임자라는 공통점도 있다.

하였던, 영(급)과 경(급)만이 존재하던 관부에 실무관직을 설치함으로써, 관부의 구성원이자 관료로 그들을 더욱 긴박하게 하는 역할을 하였을 것으로 보는 것이다. 이런 면에서 신문왕대의 4등급에서 5등급으로의 관직의 세분화도 그와 같은 정치적 기능을 하였을 가능성은 있다.

그러나 김춘추세력의 정치적 입김이 작용했었던 진덕왕 때의 대사 설치와는 달리, 신문왕대 사지의 설치는 실질적인 국가운영을 위한 통치조직의 정비 면이 더 강하였다고 이해된다. 이것은 진덕왕대와 신문왕대의 정치상황을 달리 이해한 것이다. 진덕왕대가 김춘추세력에 의해 진골귀족의 정치력을 약화시키는 것이 당시 정치현실에서 1차의 목적이었다면, 신문왕대는 전후에 관부의 조직화를 통한 국가통치조직의 정비가 당시의 주목적이었을 것이다.

또한 진덕왕대는 대사라는 실무관직이 최초로 설치됨으로써 관부 구성면에서 실무관직 이상의 정치적 의미를 가질 수 있었지만, 신문왕대 사지의 설치는 또 다른 실무관직의 설치라는 점에서 업무의 증가에 따른 현실적인 목적이 더 강하였을 것이다. 이후 사지 내에서 상하로 구분되는 것은 이러한 점을 보여준다.

관부 정비의 기본적인 목적은 내치를 위한 통치조직의 정비이다. 이러한 과정을 통해 국가운영을 위한 조직과 체제가 더욱 탄탄해진다고 할 수 있다. 그러나 각 시기별로 이루어지는 일련의 관부 정비 모습은 한편으론 그 시기를 이해할 수 있는 일면이 강하게 나타난다. 그런 면에서 신문왕대는 전쟁의 승리 후 도래한 안정기라는 점에서 특히 주목된다. 신문왕대의 관부 정비는 몇 가지 특징과 신문왕의 의도를 엿볼 수 있는 면이 있다.

먼저, 관부 측면에서는 기존에 실무관원만이 존재했던 관부에 독립적인 업무와 기능을 할 수 있도록 책임자인 長級을 신설, 통치조직의 완비를 계속 추구하였다. 즉 진평왕대에 설치되었던 위화부나 진덕왕대에 대사가 설치되었던 국학·공장부·채전에 영(급)을 설치함으로써 각각의 관부가 독립적인 기능이 가능하게 되었다. 그렇게 진평왕·진덕왕 때에 조직된 관부들이 전쟁기인 태종무열왕과 문무왕 시기를 거쳐, 신문왕 때에 이르러서 독립관부로 성립이 된 것이었다.

신문왕대 이후 주요 관부의 신설이 거의 없었음을 고려하면, 신문왕대는 중대 왕권의 중앙관부가 완비되었던 시기이자, 신라사에서 중앙관부의 완성기로 말할 수 있다. 신문왕 6년(686)의 예작부의 신설로 당의 육전조직에 준하는 행정체계가 완성되었던 것으로 보는 것은[63] 이러한 연유였다.

다음으로 관직 측면에서는 제4등급인 사지가 신설됨으로써 제한된 관직과 증가한 관인의 불균형을 해소하는 의미와[64] 함께 신라 중앙관부의 체계화가 이루어졌다.

마지막으로 정치적 측면에서는 진골귀족의 관료화라는 신문왕의 의도와 목적이 관부 정비에 투영되었음을 알 수 있다. 이것은 진골로 국왕에 오른 중대 왕권의 정치과정의 연속으로 이해할 수 있는데, 위화부와 국학의 기능 강화가 그것이다. 이로써 중대 왕권이 지향하였던 국왕 중심의 중앙집권체제를 위한 중앙관부의 제도적 기반은 완성되었다 할 수 있다.

---

63) 이기동, 1984, 앞의 책, 122쪽.

64) 김영하, 2007, 「신라 중대의 전제왕권론과 지배체제」, 『한국 고대사 연구의 새 동향』, 서경문화사, 288쪽.

## 2. 신문왕대 주군현의 완비와 그 특징

### 1) 영역 획정과 9주 5소경

국가영역의 확장과 民의 증가에 의한 효율적인 영역관리를 위해서 지방제도의 정비는 필수적인 요소라 할 수 있다. 신라는 이전부터 지방영역에 대한 꾸준한 치폐와 정비가 이루어져 왔으며, 신라통일기의 지방통치조직에 대한 논의도 활발히 이루어졌다.[1)]

신문왕은 중앙관부를 정비한 후 지방제도를 중점적으로 정비하였다. 이것은 신문왕이 일정한 계획하에 순차적으로 국가제도를 정비하였음을 보여준다. 이에 신문왕대에 진행된 지방제도 정비현황을 구체적으로 살펴봄으로써 그 특징과 의미를 파악해 보고자 한다.

신문왕대는 州와 郡, 縣, 그리고 小京에 이르기까지 다양한 영역의 정비내용이 보이고 있어, 지방제도의 정비과정을 이해하는 데에 도움을 준다. 먼저, 주의 설치를 살펴보자. 신문왕 5년(685)부터 지방통치영역의 본격적인 정비과정이 보이는데, 먼저 完山州와 菁州의 설치가 이루어졌다.

(신문왕 5년) 다시 완산주를 두었는데, 용원을 총관으로 삼았다. 居列州

1) 藤田亮策, 1953,「新羅九州五京巧」『朝鮮學報』5, 朝鮮學會 ; 木村誠, 1976,「新羅郡縣制の確立過程と村主制」,『朝鮮史研究會論文集』13, 朝鮮史研究會 ; 주보돈, 1989,「통일기 신라 지방통치체제의 정비와 촌락구조의 변화」,『대구사학』37 ; 이문기, 1990,「통일신라의 지방관제 연구」,『국사관논총』20 ; 강봉룡, 1999,「통일신라 주군현제의 구조」『백산학보』52, 백산학회.

를 나누어 菁州를 설치하였는데, 처음으로 9주를 갖추었다. 대아찬 복세를 총관으로 삼았다[2)]

全州는 본래 백제 完山이었는데, 진흥왕 16년에 주로 삼았고, 26년에 주를 폐하였다. 신문왕 5년에 다시 완산주를 두었다. 경덕왕 16년에 이름을 고쳐 지금도 그대로이다.[3)]

(경덕왕 16년 12월) 완산주를 전주로 하였는데, 1주, 1소경, 10군, 31현을 거느렸다.[4)]

康州는 신문왕 5년(당 수공 원년)에 居陁州를 나누어 청주를 설치하였다. 경덕왕이 이름을 고쳤다. 지금의 晉州이다.[5)]

(경덕왕 16년 12월) 청주를 강주로 하였는데, 1주, 11군, 27현을 거느렸다.[6)]

685년 봄에 완산주와 청주를 설치하였는데, 이때의 9주를 갖추었다는 표현이 보인다. 그럼, 이전에 이미 설치되었던 주의 설치 현황을 먼저 확인해보자.

---

2) '復置完山州 以龍元爲摠管 挺居列州 以置菁州 始備九州 以大阿湌福世爲摠管.'(『삼국사기』 권8, 신라본기8 신문왕 5년 봄).
3) '全州 本百濟完山 眞興王十六年爲州 二十六年 州廢 神文王五年 復置完山州 景德王十六年改名 今因之.'(『삼국사기』 권36, 잡지5 지리3 신라 전주).
4) '完山州爲全州 領州一 小京一 郡十 縣三十一.'(『삼국사기』 권9, 신라본기9 경덕왕 16년 겨울 12월).
5) '康州 神文王五年唐垂拱元年 分居陁州 置菁州 景德王改名 今晉州.'(『삼국사기』 권34, 잡지3 지리1 신라 강주).
6) '菁州爲康州 領州一 郡十一 縣二十七.'(『삼국사기』 권9, 신라본기9 경덕왕 16년 겨울 12월).

먼저 원신라지역에는 歃良州와 一善州가 설치되어 있었다. 삽량주는 문무왕 5년(665)에 상주와 하주의 땅을 분리하여 설치하였고,[7] 일선주는 진평왕 36년(614)에 沙伐州를 폐하고 두었다.[8]

구백제지역에는 所夫里州와 發羅州가 설치되어 있었다. 소부리주는 『삼국사기』 지리지에는 문무왕 12년(672)에 총관을 두었다 하였고,[9] 신라본기에는 문무왕 11년 7월이라 하여[10] 이때쯤에 설치가 되었던 것으로 추측이 된다. 발라주는 설치시기를 알 수가 없는데, 나중에 발라군으로 변경되는 것으로 보아 이미 설치가 되었음을 알 수 있다.

구고구려지역에는[11] 北漢山州와 首若州와 何瑟羅州가 설치되어 있었다. 먼저 북한산주는 신주, 북한산주, 남천주 등으로 치폐를 거듭하다, 진평왕 26년(604)에 북한산주를 설치하였다.[12] 다음으로 수약주는 지리지에 '선덕왕 6년에 牛首州를 두었다'하고, 세주에서는 '또는 문무왕 13년에 수약주를 두었다'하여[13] 혼동스럽지만, 신라본기의 경덕왕 16년(757)에 수약주를 朔州로 고쳤다는 서술로 보아,[14] 우수주에서 다시 수약주로

7) '良州 文武王五年 麟德二年 割上州下州地 置歃良州.'(『삼국사기』 권34, 잡지3 지리1 신라 양주).

8) '廢沙伐州 置一善州 以一吉湌日夫爲軍主.'(『삼국사기』 권4, 신라본기4 진평왕 36년 2월).

9) '扶餘郡 本百濟所夫里郡 … 文武王十二年置摠管.'(『삼국사기』 권36, 잡지5 지리3 신라 웅주 부여군).

10) '置所夫里州 以阿湌眞王爲都督.'(『삼국사기』 권7, 신라본기7 문무왕 11년 7월).

11) 이 글에서 사용하는 舊高句麗地域은 『삼국사기』 권34, 잡지3 지리1의 신라 강역에 나와 있는 '故高句麗南界'의 세 州 지역을 말하는 것으로, 지리지 기준으로 漢州·朔州·溟州 지역이다.

12) '廢南川州 還置北漢山州.'(『삼국사기』 권4, 신라본기4 진평왕 26년 가을 7월).

13) '朔州 … 善德王六年 唐貞觀十一年 爲牛首州 置軍主 一云 文武王十三年 唐咸亨四年 置首若州.'(『삼국사기』 권35, 잡지4 지리2 신라 삭주).

14) '首若州爲朔州 領州一小京一郡十一縣二十七.'(『삼국사기』 권9, 신라본기9 경

변경되었음을 알 수가 있다. 마지막으로 何瑟羅는 선덕왕 8년(639)에 北小京으로 삼았다가,[15] 태종무열왕 5년(658)에 말갈 때문에 다시 주로 삼았다.[16]

이후 신문왕대에 구백제의 영역과 원신라지역에 2개의 주를 추가 설치함으로써, 신라의 영역은 삽량주·일선주·청주·소부리주·발라주·완산주·북한산주·수약주·하슬라주의 9주를 갖추었다. 물론 이후에 약간의 변동이 있었고 중고기의 군사적 성격이 아직도 잔존하고 있었지만, 이때의 9주는 『삼국사기』의 표현대로 백제와 고구려의 南境, 그리고 신라의 옛땅을 가리키는 것으로,[17] 옛 삼국의 영역을 일정한 체제로 묶었음을 보여준다. 신문왕 5년 봄의 '始備九州'는 이런 면에서 신라영역의 획정을 상징적으로 보여주는 기록이다.

그러나 이전 시기의 주와 신문왕 때의 주의 설치를 비교했을 때, 그 성격이 변했다고 추측할 수 있는 실마리는 없다. 주의 책임자가 軍主에서 摠管으로 개칭된 내용이 보이는데, 명칭상 군주나 총관 모두 군사적 성격이 강하였기 때문에 그것이 차이점을 보여주는 것은 아니었다. 그렇다면 먼저 중고기 주의 성격을 살펴볼 필요가 있다.

중고기의 지방제도는 보통 州郡制라 부르는데, 이에 대한 검토를 통해 6세기 지방제도의 성격을 軍管區的인 성격으로 파악하였다. 그리고 주군제의 이러한 軍政 성격은 行使大等과 村主에 의한 民政으로 보완하는 체제였다고 보았다.[18]

덕왕 16년 겨울 12월).

15) '以何瑟羅州爲北小京.'(『삼국사기』 권5, 신라본기5 선덕왕 8년 춘2월).

16) '王以何瑟羅地連靺鞨 人不能安 罷京爲州 置都督以鎭之.'(『삼국사기』 권5, 신라본기5 태종무열왕 5년 3월).

17) '未幾 新羅盡幷其地 置熊全武三州及諸郡縣 與高句麗南境及新羅舊地爲九州.'(『삼국사기』 권37, 잡지6 지리4 백제).

군주에 대한 연구를 통해 주의 역할을 검토한 연구도 있다. 즉 주는 영토 확장을 위한 지역통치의 필요성에 의해 병마권을 가진 군주를 파견하였던 곳으로, 정복활동을 위해 점차로 주를 정비해 갔다는 것이다.[19]

중고기 주의 이러한 군사적 성격은 지방관에 대한 검토에서도 그대로 드러났다. 남산신성비의 분석을 통해서 역역 동원을 위한 지방관들의 실체를 파악하여, 중고기의 지방통치체제는 군사적인 성격이 강하다고 하였고,[20] 사료와 금석문에 보이는 여러 지방관들의 명칭과 그 기능의 변화과정을 살펴보고, 지방관의 군사적인 성격을 개괄적으로 검토하기도 하였다.[21] 이렇듯 중고기의 주는 군사적 성격이 강함을 알 수 있었는데, 이것은 중고기의 지방통치체제의 성격을 그대로 드러내는 것이기도 하였다. 그렇다면 신라통일기의 주에 대한 견해를 살펴보자.

초기의 연구에서는 其人制의 기원을 살피면서 지방제도에 대해 언급하였는데, 군사적 거점으로써 주를 이해하였다. 즉 9주5경제는 신라의 복속지역과 복속민에 대한 통치방법과 함께 성립되었으며, 주는 군사적인 거점으로, 소경은 정치적·문화적 중심지로서 통치의 거점이라는 것이다.[22]

그러나 이후의 연구들에서는 대부분 신라통일기 지방통치제도에 있어 주의 행정적 성격을 제기하였다. 즉 신라의 영역 전부를 9개의 범주로 확정, '州'라는 명칭을 부여한 지방행정구역의 일대 재정리 작업으로 보았다. 이것은 신라의 각급 행정구역은 가장 기본적인 행정구역인 현이 누층적인 형태로 결집된 것으로, '州治로서의 주', 소경, 군은 현과 기본적으

18) 浜田耕策, 1977, 「新羅の城村設置と州郡制の施行」, 『朝鮮學報』 84.
19) 신형식, 1975, 「신라군주고」, 『백산학보』 19 ; 신형식, 1984, 『한국고대사의 신연구』.
20) 이종욱, 1974, 「남산신성비를 통하여 본 신라의 지방통치체제」, 『역사학보』 64.
21) 주보돈, 1979, 「신라중고의 지방통치조직에 대하여」, 『한국사연구』 23.
22) 한우근, 1960, 「고대국가 성립과정에 있어서의 대복속민시책(상·하)」, 『역사학보』 12·13.

로 동일한 구조를 지닌 주치 직할지, 소경 직할지, 군 직할지와 영현으로 이루어진 것이며, 이들을 포괄한 최상위의 행정구역으로 '광역의 주'가 존재한 것으로 보았다.[23)]

신라통일기 이후 지방관의 행정적 성격이 강해졌음은 이견이 없다고 할 수 있다. 그렇지만 전쟁 이후 9주가 완비되는 신문왕 때에 이르러 주의 행정적 성격이 강해졌음을 보여주는 특별한 내용은 없다. 다만 명칭의 변경이 보이는데, 『삼국사기』 직관지에 따르면 주의 책임자는 軍主 → 摠管 → 都督으로 변경되었음을 알 수 있다. 총관으로의 개칭은 문무왕 원년(661)에, 도독으로는 원성왕 원년(785)에 개칭되었다.[24)] 명칭상 군사적 성격의 총관이 행정적 성격의 도독으로 개칭된 것은 신문왕대로부터 100여년이 지나서였다.

그럼, 앞서 살펴본 신문왕 5년 완산주 설치에 대해 다시 한번 살펴보자. 앞서 살펴본 '완산주를 다시 두었다.'라는 기록은 이전에 설치하였다가 이때에 다시 두었다는 의미인데, 많은 연구자들이 편찬자의 착오에 의한 기록으로 생각하였다.[25)]

『삼국사기』 지리지에 따르면 全州는 본래 백제의 完山으로, 진흥왕 16년(555)에 주로 삼았다가 진흥왕 26년에 폐하였고, 신문왕 5년에 다시 완

23) 이문기, 1990, 앞의 논문, 5쪽.

24) '都督 九人 智證王六年 以異斯夫爲悉直州軍主 文武王元年 改爲摠管 元聖王元年 稱都督 位自級湌至伊湌爲之.'(『삼국사기』 권40, 잡지9 직관 하 외관 도독).

25) 전영래, 1975, 「완산과 비사벌론」, 『마한·백제문화연구』 창간호 ; 이강래, 1987, 「백제 '비사벌'고」, 『최영희선생화갑기념한국사학논총』. 반면 『삼국지』와 『일본서기』에 보이는 지명인 '比利'에 주의하여 전주의 古號가 比斯伐과 관련된다고 이해하여, 『삼국사기』 지리지의 기록을 의심하지 않고 받아들이거나(천관우, 1979, 「마한제국의 위치 시론」, 『동양학』 9), 신라본기의 完山州 기록을 조작으로 보는 경우도(鮎貝房之, 1931, 「全北全州及慶南昌寧の古名に就きて」, 『青丘學叢』 4) 있다.

산주를 설치하였다 하여 신라본기의 기록과 일치하고 있다. 또한 신라본기에도 진흥왕 16년에 완산주를 比斯伐에 두었고, 진흥왕 26년에 완산주를 폐하고 大耶州를 두었다[26] 하여, 완산주는 비사벌이며,[27] 이후 주를 대야주로 옮겼다는 것이다.

그러나 이 기록과 달리 지리지 良州 火王郡條를 보면, 화왕군은 比自火郡(혹은 比斯伐)인데, 진흥왕 16년에 下州를 설치하였고, 진흥왕 26년에 폐하였으며, 지금의 창녕군이라 하였다.[28] 이 경우 대야주 설치기사는 보이지 않고, 진흥왕 26년에 폐한 기사만 보인다. 두 기록을 모두 인정한다면 『삼국사기』 기록 내에서 비사벌이라는 지역은 2곳이 존재하는 것으로, 완산주(전북 전주)의 옛 이름으로서의 비사벌과 하주가 설치된 경남 창녕군이 그것이다.

이렇듯 『삼국사기』 내에서는 완산주에 대해 상치된 기록이 보이고 있어 혼란스럽다. 이럴 경우 3가지를 상정할 수 있는데, 첫 번째와 두 번째는 완산주와 하주의 설치를 분리하여 보는 시각이다.

먼저, 첫 번째 경우는 사료에 충실하여 완산주를 비사벌에 상정하고, 진흥왕 16년에 주로 삼았다가 진흥왕 26년에 폐하고 대야주를 설치하였다가 신문왕 5년에 다시 완산주를 두었다고 보는 것이다. 이럴 경우 주는 완산주(전북 전주)에서 대야주(경남 합천)로 이동한 것으로, 진흥왕 16년(555)부터 26년(565)까지 일시적으로 10년 동안 백제지역인 전주지역에 대한 신라의 지배가 이루어졌던 것이다. 그리고 약 120년이 지나 백제를

26) ‘置完山州於比斯伐.’, ‘廢完山州 置大耶州.’(『삼국사기』 권4, 신라본기4 진흥왕 16년 정월 및 26년 9월).

27) 『삼국사기』 권37, 잡지6 지리4 백제조를 보면 ‘完山州는 比斯伐, 또는 比自火라고 한다.’라는 기록이 보인다.

28) ‘火王郡 本比自火郡一云比斯伐 眞興王十六年 置州名下州 二十六年 州廢 景德王改名 今昌寧郡.’(『삼국사기』 권34, 잡지3 지리1 양주).

병합한 후, 그 지역에 다시 주를 설치하였던 것이다.

두 번째 경우는 지리지 화왕군조를 따라서 555년에 비자화군에 하주를 설치하였고, 565년에 폐하였다 보는 것이다. 이 경우는 비사벌이 완산주의 옛 명칭과 같지만 서로 다른 지역으로 인식하고, 비사벌에 하주가 10년 동안만 설치되었던 것으로, 신문왕 5년(685) 완산주의 復置 기사와는 아무 상관이 없는 것이다.

마지막으로 세 번째 경우는『삼국사기』기록의 착오를 조정하여 신문왕 5년의 완산주 '復置'를 '始置'로 보는 것이다. 이것은 지리지 화왕군조를 따라서 비자화군이 비사벌이고, 진흥왕 16년에 설치한 것은 하주이며, 진흥왕 26년에 폐하고 대야주를 설치하였던 것이다. 이 경우 주는 비사벌(경남 창녕)에서 대야주(경남 합천)로 이동한 것이다. 이러한 해석은 신문왕 5년 이전까지의 '완산주' 존재를 부정하고 하주를 상정하는 것이며, 완산주는 신문왕 5년에 처음으로 설치가 되었던 것이다.

많은 연구자들이 세 번째 시각을 견지하는데, 이유는 완산주가 백제지역이었음을 고려한 것이다. 즉 6세기 중반 신라가 이 지역을 일시적으로도 지배할 가능성은 낮았고, 또한 진흥왕 16년에 완산주와 하주의 동시 설치와 진흥왕 26년의 동시 폐지를 설정하는 것은 무리이며, 사료상에도 그와 같은 사실을 확인할 수 없기 때문이다.[29] 필자도 이러한 견해에 동의한다.[30] 아무튼 약간의 혼동은 있지만 이때에 처음 설치한 것으로 본다

29) 이강래는 比斯伐 관련 사료의 오류 원인을 정밀히 추적하여, 가야지역에 대한 6세기 신라와 백제 간의 갈등으로, 完山에 集團徙民된 백제민들이 비사벌로 부른 것으로 이해하였다(이강래, 1987, 앞의 논문).

30)『삼국사기』권37, 잡지6 지리4 백제조의 내용에 따라 만약 比斯伐, 比自火가 완산주의 옛 이름이라면 진흥왕 16년조의 기록은 자연스럽지 않다. 다른 기록과 마찬가지로 '置州於比斯伐', 또는 '比斯伐爲州' 등으로 기록해야지, 완산주가 옛 이름인 비사벌과 함께 기록되어 있는 것은 편찬자의 착오가 발생한 것이다.

면, 신문왕대에 이르러 구백제지역에 또 하나의 주를 설치하게 되었던 것이다.

청주의 설치기사는 기록이 특이하다. 신라본기에는 '挺居列州置菁州'라 하였고, 지리지에는 '分居陁州置菁州'라 하여 기록을 그대로 따르면 거열주[居陁州[31]]를 나누어 청주를 두었던 듯하다. 거열주의 설치연대는 정확히 알 수 없으며,[32] 청주의 설치 이후 거열주가 계속 주로 남았는지 없어졌는지도 알 수는 없다. 이후 기록이 보이지 않는 것으로 보아 폐하였을 가능성이 높다. 그럼에도 다른 주의 치폐기록과 달라 이해하기에 혼란스럽다.[33]

신문왕은 이렇게 구백제지역에 새롭게 완산주를 설치한 이후 원신라지역의 주도 위치를 변동하였다. 즉 기존의 거열주(경남 거창)는 구백제지역에 치중되어 위치하고 있었는데, 완산주(전북 전주)를 설치함으로써 지역 위치상 더 이상 필요성이 없어짐에 따라 폐하였고, 좀더 남해안에 가까운 청주(진주)에 주를 이동하여 설치하였던 것이다.

이러한 주의 신설과 이동은 신문왕대에 들어서 원신라지역뿐만 아니라 구백제지역까지 국가의 통치영역으로 설정, 전체 신라영역을 고려하여

31) '居昌郡 本居烈郡 或云居陁 景德王改名.'(『삼국사기』 권34, 잡지3 지리1 강주).
32) 藤田亮策과 이문기는 문무왕 5년으로 추정하였다(藤田亮策, 1953, 앞의 논문 ; 이문기, 1990, 앞의 논문, 6쪽). 이것은 『삼국사기』 신라본기 문무왕 5년의 '以一善居列二州民 輸軍資於河西州.'라는 기록을 통한 이해이다. 그러나 665년에 설치되었다는 기록은 아니다. 문무왕 3년에 보이는 '攻取百濟居列城.'를 통해 663년에 거열성을 획득하였음을 알 수 있으므로, 따라서 거열주 설치시기는 663년에서 665년으로 추측된다.
33) 일반적으로 '廢~州' 내지 '置~州'의 기록형태를 가지는데, 청주의 설치는 그와는 달리 '뽑아내어 설치하였다', '나누어 설치하였다'라고 하여 마치 거열주의 일부 영역을 나누어 청주를 설치한 듯이 기록하였다. 그러나 거열주(거창)와 청주(진주)가 인접 지역이 아니기 때문에 두 지역의 영역조정은 사실상 불가능하다. 더 이상의 추측은 할 수 없고, 하나의 의문으로 남겨둔다.

위치 조정을 시작하였음을 보여준다.[34] 아마도 이전까지 구백제지역에 인접한 지역인 거열주에 주를 설치하였던 것은 군사적 목적이 강했을 것이다. 그러다 전쟁이 종료된 이후 완산주를 설치함에 따라 군사적 필요성이 감소되었고, 이에 남해안에 더 가까운 원신라지역으로 주를 이동하였던 것이다.

이렇게 청주까지 설치함으로서 신라는 처음으로 9주를 갖추게 되었다. 물론 이후에도 소경 설치, 주의 交置, 현·군의 설치 등 여러 변동이 있었지만, 이러한 변동이 685년에 9주의 始備를 부정하는 요인은 아니다. 이후 경덕왕대의 지명 개명이 있었지만, 지방제도상의 본질적인 개편은 없었기 때문에 신문왕 5년은 신라 지방통치제도의 완성 시기로 파악할 수 있다.[35]

이후 686년 2월에는 구백제지역의 군과 주가 交置되기도 하였다.

> (신문왕 6년 2월) 泗沘州를 군으로, 熊川郡을 주로 하였으며, 發羅州를 군으로, 武珍郡을 주로 하였다.[36]

> 熊州는 본래 백제의 舊都였다. 당 고종이 소정방을 보내 평정하였고, 웅진도독부를 설치하였다. 신라 문무왕이 그 땅을 빼앗아 차지하였고, 신문왕이 웅천주로 고치고 도독을 두었다. 경덕왕 16년에 웅주로 고쳤다. 지금의 공주이다.[37]

---

34) 이문기, 1990, 앞의 논문, 5~9쪽.

35) 藤田亮策은 실지로 9주가 갖추어진 것은 신문왕 7년이지만, 명실공히 9주5경제가 완비된 것은 경덕왕 16년(757)으로 보았다(藤田亮策, 1953, 앞의 논문).

36) '以泗州爲郡 熊川郡爲州 發羅州爲郡 武珍郡爲州.'(『삼국사기』 권8, 신라본기8 신문왕 6년 2월).

37) '熊州 本百濟舊都 唐高宗遣蘇定方平之 置熊津都督府 新羅文武王取其地有之 神文王改爲熊川州 置都督 景德王十六年 改名熊州 今公州.'(『삼국사기』

> 武州는 본래 백제의 땅이었다. 신문왕 6년에 武珍州로 삼았다. 경덕왕이 무주로 고쳤다. 지금의 광주이다.38)

사비주는 본래 백제의 所夫里郡이며, 문무왕 12년(672)에 총관을 두었다고 하여 이때에 주가 설치되었음을 알 수 있다.39) 그러다 이때에 이르러 웅천군에 주를 설치하였는데, 그 이유는 알 수 없다. 아마도 복속국의 舊都를 주로 둠에는 차후 정치적인 위험이 발생할 수 있다는, 그래서 지역적 시설기반이 갖추어져 있는 이전의 옛 도읍인 공주지역을 주로 설치하였을 수도 있다. 아울러 당이 웅진도독부를 설치하였음을 볼 때, 당시에는 공주가 중심지역으로서 그 지리적 비중이 더 컸다고 할 수 있다.

한편으론 672년 신라의 소부리주 설치는 당과의 전투상황에서 이미 공주에 웅진도독부가 설치되었기 때문에 신라로서는 어쩔 수 없이 교두보 확보 차원에서 부여에 주를 설치하였을 것이며, 이후 당과의 전쟁 승리 후 신문왕 때에 이르러 마침내 공주에 주를 설치하였을 가능성도 높다고 본다. 이미 9주가 완성된 후의 교치였으니, 아마도 완산주를 신설한 이후 구 백제지역을 좀더 효율적으로 통치하기 위한 영역의 조정으로 추측된다.

발라주의 설치시기는 알 수 없으며, 지리지에 따르면 무진주 소속으로 본래 백제의 영역이었다.40) 백제 복속 후 문무왕 어느 때에 발라주를 설치하였고, 신문왕대에 이르러 발라주를 군으로, 무진군을 주로 교치하였

---

권36, 잡지5 지리3 신라 웅주).

38) '武州 本百濟地 神文王六年 爲武珍州 景德王改爲武州 今光州.'(『삼국사기』 권36, 잡지5 지리3 무주).

39) 『삼국사기』 신라본기에는 문무왕 11년에 소부리주를 두고 아찬 진왕으로 도독을 삼았다고 하여 기록에 약간의 차이가 있다.

40) '錦山郡 本百濟發羅郡 景德王改名 今羅州牧.'(『삼국사기』 권36, 잡지5 지리3 무주).

다.[41] 이러한 조치도 역시 구백제지역에 대한 영역 정비의 일환으로 생각되는데, 앞서 웅천주의 설치와 같이 구백제지역에 대한 적절한 지배영역의 조정으로 파악된다. 이로써 신문왕대에 이르러 구백제지역에는 완산주·웅천주·무진주라는 3개의 새로운 주가 설치되어 이후에도 변동 없이 그대로 이어졌다.

이처럼 구백제지역에 대한 영역 조정이 끝난 후 신문왕 7년(687) 3월에는 원신라지역의 주의 이동도 이루어졌다.

> (신문왕 7년 3월) 일선주를 파하고 다시 사벌주를 두었는데, 파진찬 관장을 총관으로 삼았다.[42]

> 상주는 첨해왕 때에 사벌국을 취하여 주로 삼았다. 법흥왕 11년에 처음으로 軍主를 두어 상주로 삼았다. 진흥왕 18년에 주를 폐하였다. 신문왕 7년에 다시 두었다. 축성하였는데, 둘레가 1,109보였다. 경덕왕 16년에 이름을 상주로 고쳤다. 지금도 그대로이다.[43]

사벌주와 일선주는 이전에도 빈번한 치폐가 이루어졌는데, 신라본기에 따르면 진평왕 36년(614) 2월에 사벌주를 폐하고 일선주를 둔 후, 이때에 이르러 다시 사벌주를 두었다.[44]

---

41) 그런데 신라본기 문무왕 18년 4월에는 무진주 설치 기사가 아닌 무진주 도독을 임명하는 기사가 보인다('阿湌天訓爲武珍州都督'). 이 기록에 따르면 무진주는 이미 678년에 설치가 되었던 것이다. 구체적인 인명까지 나오기 때문에 양쪽 기록의 이해에 어려움이 있다.

42) '罷一善州 復置沙伐州 以波珍官長爲摠管.'(『삼국사기』 권8, 신라본기8 신문왕 7년 3월).

43) '尙州 沾解王時取沙伐國爲州 法興王十一年梁普通六年 初置軍主爲上州 眞興王十八年 州廢 神文王七年唐垂拱三年 復置 築城 周一千一百九步 景德王十六年 改名尙州 今因之.'(『삼국사기』 권34, 잡지3 지리1 신라 상주).

지리지에 따르면 첨해왕 때에 사벌국을 취하여 주로 삼았다고 한다. 이때의 주 설치를 그대로 따르기는 힘들고, 『삼국사기』 열전 昔于老에 첨해왕 재위 때 사량벌국이 예전에는 우리에게 속했다가 갑자기 배신하고 백제로 가서 토벌하였다는[45] 기사에 주의하면 사벌주 지역에 대한 일시 점령 기록으로 이해된다.

이후 법흥왕 12년(525)에 '伊登으로 사벌주의 군주로 삼았다.'라는 기록을 통해,[46] 524~525년쯤에 처음으로 주를 설치하였음을 알 수 있다. 이후 진흥왕 18년(557)에 주를 폐하고 감문주를 설치하였던 것으로 나온다.[47] 그러나 앞서 살펴본 바와 같이 진평왕 36년에 사벌주를 폐하고 일선주를 두었다 하여 진흥왕대에 이어 다시 진평왕대에 폐하는 기사가 나와 혼란스럽다. 아마도 그 사이에 다시 주의 치폐가 이루어졌던 것으로 추측된다.

이와 관련하여 지리지 상주 開寧郡條를 살펴보면[48] 개녕군을 예전의 감문소국이라 기록한 것으로 보아 주가 설치되었던 감문주로 파악된다. 靑州라 기록되어 혼란스럽지만, 이 기록을 근거로 한다면 감문주를 진평왕 어느 때에 폐하고 사벌주를 두었다가, 진평왕 36년에 다시 사벌주를 폐하고 일선주를 둔 것으로 이해된다. 정리하면 다음과 같다.

44) '廢沙伐州 置一善州 以一吉湌日夫爲軍主.'(『삼국사기』 권4, 신라본기4 진평왕 36년 2월).

45) '沾解王在位 沙梁伐國舊屬我 忽背而歸百濟 于老將兵往討滅之.'(『삼국사기』 권45, 열전5 석우노).

46) '以大阿湌伊登爲沙伐州軍主.'(『삼국사기』 권4, 신라본기4 법흥왕 12년 2월).

47) '廢沙伐州置甘文州 以沙湌起宗爲軍主.'(『삼국사기』 권4, 신라본기4 진흥왕 18년).

48) '開寧郡 古甘文小國也 眞興王十八年 梁永定元年 置軍主爲靑州 眞平王時州廢 文武王元年 置甘文郡.'(『삼국사기』 권34, 잡지3 지리1 상주).

○ 沙伐州置(법흥왕 12년, 525) → 沙伐州廢, 甘文州置(진흥왕 18년, 557) → 甘文州廢, 沙伐州置(진평왕대) → 沙伐州廢, 一善州置(진평왕 36년, 614) → 一善州罷, 沙伐州 復置(신문왕 7년, 687)

이렇듯 이미 6세기부터 주를 설치, 군사적인 거점으로 인식되던 사벌주를 이때에 다시 설치하였으니 원신라지역의 주를 이동하여 전체 통치영역의 조정 조치가 이루어졌던 것으로 보인다. 이로써 신문왕대에 이르러 원신라지역에는 기존의 삽량주와 함께 청주·사벌주를 설치하였으며, 이후에도 변동 없이 그대로 이어졌다.

이상 살펴본 것처럼 구백제지역에는 신문왕 5년과 6년에 새롭게 완산주를 설치하였고, 이어서 기존의 2개 주를 다른 곳으로 이동, 웅천주와 무진주를 설치하였다. 또한 원신라지역의 주 이동 모습도 확인할 수 있는데, 기존 거열주의 지리적 위치가 구백제지역에 인접하였기 때문에 청주로 이동하였던 것으로 추측되며, 일선주를 폐하고 사벌주를 설치하였던 것도 전체 신라영역의 조정이라는 맥락에서 이해할 수 있다.

주의 정비와 함께 685년에는 구백제지역에 대한 소경의 설치도 이루어졌다.

(신문왕 5년 3월) 서원소경을 두었는데, 아찬 元泰를 仕臣으로 삼았다. 남원소경을 두었는데, 모든 주군의 民戶를 나누어 살게 하였다.[49]

서원경은 신문왕 5년에 처음으로 서원소경을 두었다. 경덕왕이 이름을 서원경으로 고쳤다. 지금의 청주이다.[50]

---

49) '置西原小京 以阿元泰爲仕臣 置南原小京 徙諸州郡民戶分居之.'(『삼국사기』 권8, 신라본기8 신문왕 5년 3월).

50) '西原京 神文王五年 初置西原小京 景德王改名西原京 今淸州.'(『삼국사기』

> 남원소경은 본래 백제 古龍郡이었는데, 신라가 병합하였다. 신문왕 5년에 처음으로 소경을 설치하였다. 경덕왕 16년에 남원소경을 설치하였다. 지금의 南原府이다.[51]

서원소경은 웅천주 소속의 구백제지역으로 이해에 처음으로 두었다. 남원소경도 역시 구백제지역으로 완산주 소속인데 이해에 처음으로 두었다. 이렇듯 2곳에 새로운 소경을 설치하였고, 이어서 주군의 민호를 소경에 옮기어 나누어 살게 하였다. 이러한 조치는 구백제지역에 완산주를 신설한 이후 바로 이어진 후속조치로, 구백제지역의 지역정비의 의도를 엿볼 수 있는 기록이다. 그러면 먼저, 신라에 이미 설치되었던 소경을 살펴보자.

가장 먼저 國原小京(충북 충주)이 진흥왕 18년(557)에 설치되었다.[52] 한주 소속으로 본래 고구려 영역이었으며, 문무왕 때에 축성하였음을 알 수가 있다.[53] 다른 소경과 달리 일찍이 설치되었다. 이후 문무왕 18년(678)에 北原京(강원도 원주)을 설치하였는데, 원래 고구려 영역이었으며 삭주 소속이었다.[54] 문무왕 20년(680)에는 김해소경을 설치하였는데, 양주 소속이었다.[55] 따라서 소경은 옛 가야지역인 김해에 1곳, 구고구려지

---

권36, 잡지5 지리3 웅주).

51) '南原小京 本百濟古龍郡 新羅幷之 神文王五年 初置小京 景德王十六年 置南原小京 今南原府.'(『삼국사기』 권36, 잡지5 지리3 전주).

52) '以國原爲小京.'(『삼국사기』 권4, 신라본기4 진흥왕 18년).

53) '中原京 本高句麗國原城 新羅平之 眞興王置小京 文武王時築城 周二千五百九十二步 景德王改爲中原京 今忠州.'(『삼국사기』 권35, 잡지4 지리2 신라 한주 중원경).

54) '置北原小京 以大阿湌吳起守之.'(『삼국사기』 권7, 신라본기7 문무왕 18년 춘정월). '北原京 本高句麗平原郡 文武王置北原小京 神文王五年築城 周一千三十一步 景德王因之 今原州.'(『삼국사기』 권35, 잡지4 지리2 신라 삭주 북원경).

55) '金海小京 古金官國一云伽落國 … 以其地爲金官郡 文武王二十年永隆元年

역에 2곳을 설치하였는데, 이때에 이르러 구백제지역에 2곳의 소경을 설치함으로써 5소경이 완비되었고, 이후까지 변함없이 지속되었다 할 수 있다.

소경의 설치에서 흥미로운 점은 徙民의 모습이 보인다는 것이다. 맨처음 설치한 국원소경에는 설치한 다음해 2월에 貴戚子弟와 6부의 豪民을 사민하였고,[56] 서원소경과 남원소경에도 주군의 민호를 나누어 살게 하였던 것으로 보아, 일반적인 지방영역으로 이해하기에는 미심쩍은 면이 있다. 그래서 소경에 대한 다양한 이해가 제기되었다.

초기의 연구에서는 소경의 사신은 군의 태수, 현의 현령보다 높은 주의 장관과 거의 동렬에 있는 독자적인 존재로 보고, 소경은 주에 포함되면서도 주와 병존하는 이상한 조직이라고 하였다. 또한 소경은 통치의 불편함을 보완하기 위하여 설치하였던 것이고, 정복지역의 지배층 대우면에서 수도를 모방한 도시의 건설로 보았다.[57]

반면 大等의 용례를 통해 주의 도독과 비길만한 존재는 아니었으며, 「신라촌락문서」의 서원경 소속의 촌과 현 소속의 촌이 같이 기록되어 있었다는 것은 소경이 현과 동렬에서 상부인 주에 행정명령이 상하달되었던 것으로 파악하기도 하였다. 즉 거의 주의 장관을 육박하는 높은 관직이라고 추리했던 소경의 지방행정거점설은 다른 근거를 찾지 못하는 한 성립되기 어렵다고 하면서, 군의 태수와 비슷하였다고 보았다. 문화의 중심지임은 인정하나 지방행정의 중심지는 아니라는 것이다.[58]

---

爲小京 景德王改名金海京 今金州.'(『삼국사기』 권34, 잡지3 지리1 신라 양주 김해소경).

56) '徙貴戚子弟及六部豪民 以實國原.'(『삼국사기』 권4, 신라본기4 진흥왕 19년 춘 2월).

57) 藤田亮策, 1953, 앞의 논문.

58) 임병태, 1967, 「신라소경고」, 『역사학보』 35·36합집.

이러한 소경의 영속관계는 소경을 이해함에 중요한 문제인데, 비록 초기의 연구이기는 하지만 과연 현과 동열에서 영속관계가 이루어졌는가에 대해서는 회의적이다. 그래서 소경의 지방관은 국가의 명령을 받아 직접 촌락민에게 전했으며,[59] 행정구역으로서의 특수성격과 관등범위로 보아 중앙정부에 직속되어 있으며, 소경 사신의 명령보고체계는 왕-사신-행정촌이며, 수취체제 역시 중앙정부와 직결되었던 것으로 보는 견해[60] 등이 제시되었다.

소경의 영속문제는 추측하기가 매우 힘들지만, 행정특수구역으로 파악하는 것이 보다 합리적이다. 이와 관련하여 지방도시의 관점에서, 각 주의 여러 지역에서 집하된 물자를 관리, 비축하거나 소비하면서 복합기능을 수행하는 지방도시로 발전하였으며, 각 소경은 중요 교통로에 위치하고 있었다고 이해한 시각은 주목된다.[61]

755년에 작성된 「新羅白紙墨字大方廣佛華嚴經권五十寫經跋文」에는 '大京'이라는 표현이 나온다.[62] 이것은 왕도인 대경에 비유되는 소경의 모습을 보여주는 것이며, 왕도에 버금가는 왕경인의 또다른 생활거점임을 의미하는 것이었다. 즉 소경을 지방도시로 이해하고, 중대의 소경 역시 중고기처럼 왕도와 州治를 연결하는 중간거점의 성격을 가졌으며, 왕도에 버금가는 왕경인의 또다른 생활거점이라는 것이다. 이러한 견해는 왕경에서 각 주로 나아가는 교통로와 연관시켜 5소경이 체계적으로 배치되었음에 유의한 것이었다.[63]

59) 이종욱, 1980, 「신라장적을 통하여 본 통일신라의 촌락지배체제」, 『역사학보』 86.
60) 이문기, 1990, 앞의 논문.
61) 양기석, 1993, 「신라 5소경의 설치와 서원경」, 『호서문화연구』 11 ; 여호규, 2002, 「한국고대의 지방도시 -신라 5소경을 중심으로」, 『강좌 한국고대사』 7, 가락국사적개발연구원.
62) 이기백, 1993, 『한국상대고문서자료집성』(제2판), 일지사에서 재인용.

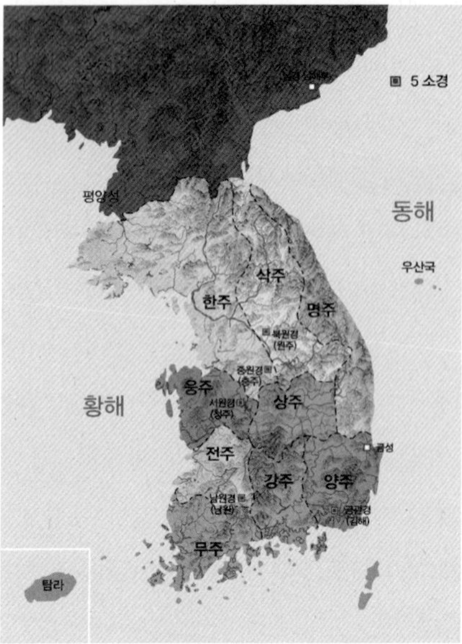

신라통일기 9주 5소경

5소경은 중고기인 557년에 설치되었던 국원소경을 제외하면 나머지 4소경은 모두 중대인 678년부터 685년 사이에 집중적으로 설치가 되었다. 즉 당과의 전쟁 후에 구고구려지역과 신라지역에 소경을 설치하였고, 이때에 이르러 구백제 지역에도 설치가 이루어졌던 것이다.

「新羅白紙墨字大方廣佛華嚴經卷五十寫經跋文」에는 주, 소경, 군, 현의 순서로 기록되어 있다. 그리고 『삼국사기』 직관지를 통해 관등 등 그 지위가 주와 군 사이임이 확인이 되며, 지리지를 통해 주에 소속된 영역임을 알 수 있었다. 하지만 소경은 주군현체제라는 지방제도 속에서 그 영속관계를 파악하는 것보다는 특수한 성격의 행정구역으로 파악하는 것이 합리적이라 판단된다. 게다가 인위적인 사민은 소경을 주·군·현과 같은 성격으로 이해할 수 없는 하나의 이유이다.

이와 같은 소경의 성격은 何瑟羅의 치폐를 통해 이해할 수 있다. 하슬라는 선덕왕 8년(639)에 북소경으로 삼았는데, 태종무열왕 5년(658)에 말갈 때문에 사람들이 불안해하자 다시 주로 삼아 도독으로 지키게 하였다.[64] 이 기록은 태종무열왕대까지 주의 기능이 주로 군사적이라면, 소경

63) 여호규, 2002, 앞의 논문.
64) '王以何瑟羅地連靺鞨 人不能安 罷京爲州 置都督以鎭之.'(『삼국사기』 권5, 신

은 그와 같은 기능을 제대로 할 수 없는 지방제도임을 보여준다.

이것은 소경의 설치가 중앙과의 관계 속에서 자리매김 되어야 한다는 의미이다. 물론 지방도시의 관점에서 중요 교통로에 위치하였다는 이해도 시사하는 바가 크다. 하지만 전쟁이 끝난 지 아직 얼마 되지 않은 시기이기 때문에 주의 군사적 역할이 강하다는 점을 고려하면, 소경은 그와는 다른 의미의 지역 중심지 역할을 위해 설치하였던 것으로 이해할 수 있다.

따라서 소경의 설치와 사민은 구백제지역에 경주에 비교되는 중심지역을 설정, 그 지역의 중심지 역할과 함께 영역통치를 위한 거점을 확보하고자 하는 조치로 이해할 수 있다. 구백제지역에 완산주를 신설하였고, 바로 이어서 2곳의 소경을 설치하는 시기적인 면도 그와 같은 면모를 보여준다. 결국 소경은 주·군·현과는 다른, 확대된 통치영역을 지배하는 중대 왕권의 또다른 제도적 장치로 이해할 수 있다.

### 2) 군현의 설치와 그 성격

사료에서 郡의 설치기사는 그리 많지 않기 때문에, 신문왕대 군의 설치기록은 흥미롭다. 그러나 군에 대한 전적인 연구는 많지 않으며, 주·군·현의 이해 속에서 간단히 언급이 되고 있다고 할 수 있다.

먼저 신라통일기 중간영역 행정단위로서의 주·군은 형식적 측면에서 볼 때 중고기의 군 단위에서 계승한 것으로 이해하였다. 그리고 역역의 징발과 수취한 조세를 중앙에 수송하는 것을 주요 업무로 보았다.[65] 이것은 중고기 군과의 연속성을 의식한 것으로, 신라통일기에 이르러 군이

---

라본기5 태종무열왕 5년 3월).

65) 강봉룡, 1999, 앞의 논문.

군, 또는 주로 설치되었음을 말한다. 앞서 살펴본 신문왕 때의 주·군의 교치 사실은 이러한 모습을 보여주는 하나의 예라 할 수 있다.

그리고 군의 책임자인 태수의 성립시기는 『삼국사기』에 따라 중고기의 幢主가 군의 태수로 바뀐 시기인 문무왕 원년(661) 이전이며, 군주가 도독으로 바뀐 시기와 일치하는 것으로 보았다.[66] 그러면 구체적으로 신문왕대 군의 설치기록을 살펴보자.

> (신문왕 3년 10월) 보덕왕 안승을 불러 소판으로 삼고 김씨를 하사하였으며, 경주에 머물도록 좋은 집과 토지를 주었다.[67]

> (신문왕 4년 11월) 안승의 족자인 장군 大文이 金馬渚에 있으면서 모반하였다가 일이 발각되어 죽임을 당하였다. 남은 사람들이 대문의 죽음을 보고 관리를 살해하고 읍에서 반란하니 … 그곳 사람들을 나라의 남쪽 주군으로 옮기고, 그 땅을 금마군으로 삼았다(대문은 悉.伏이라고도 하였다).[68]

이 사료는 연구자들에 의해 주로 정치사적인 접근을 통해 이해하고 있는 내용이다.[69] 물론 고구려 유민의 동향이라는 점에서 정치사로의 이해 부분도 상당하다. 하지만 지방제도의 정비라는 면에서도 유의하여 살펴보아야 할 내용이다. 시기적으로도 9주가 완비되기 2년 전이라 더욱 그렇다.

---

66) 이문기, 1990, 앞의 논문, 27쪽.

67) '徵報德王安勝爲蘇判 賜姓金氏 留京都 賜甲第良田.'(『삼국사기』 권8, 신라본기8 신문왕 3년 겨울 10월).

68) '安勝族子將軍大文 在金馬渚謀叛 事發伏誅 餘人見大文誅死 殺害官吏 據邑叛 … 徙其人於國南州郡 以其地爲金馬郡 大文或云悉伏.'(『삼국사기』 권8, 신라본기8 신문왕 4년 11월).

69) 보덕국과 관련된 그간의 연구사항은 임기환, 「보덕국고」, 『강좌 한국고대사 -고대사 연구의 변경』 10, 가락국사적개발연구원 참조.

고구려의 왕족인 안승은 문무왕 10년(670)에 牟岑과 함께 신라로 투항한 후 금마저에 머무른 이후 고구려왕으로 봉해졌으며, 674년에는 다시 보덕왕으로 봉해졌다. 사료에 따르면 680년에는 왕의 妹를 처로 받아들였다.70)

안승에 대한 신라의 이러한 태도는 신라 영토 내에서 형식적이나마 독립성과 자치권을 허용하던 모습에서, 왕실과 擬制的 혈연관계를 맺게 하여 통치권 내로 편입시키고자 하였던 의도라 할 수 있다. 이후 마침내 신문왕 3년(683)에 경주로 안승을 불러들여 관등을 부여하고, 김씨를 하사하는 조치를 취함으로서 신라의 세력권 내로 서열화하였다.

그러나 이러한 조치 1년 후인 신문왕 4년에 고구려민들의 반발이 발생하였고, 이에 반란을 제압하고 인위적으로 고구려민을 사민하고 금마군을 설치하였다. 이것은 더 이상 독립적인 세력인 보덕왕에게 형식적으로도 자치권을 허용하지 않겠다는 것이다. 아울러 지방통치영역을 정비하기 위한 기초작업으로 생각되는데, 신문왕 5년부터 시작된 지방제도의 정비를 위한 사전조치로 이해된다. 군의 설치는 신문왕 10년(690)에도 이루어진다.

> (신문왕 10년 10월) 轉也山郡을 두었다.71)

> 南海郡은 신문왕 초에 전야산군을 두었는데, 海中島다. 경덕왕 때에 이름을 고쳤는데, 지금도 그대로이다.72)

---

70) 이상의 내용은 『삼국사기』 권8, 신라본기8 문무왕 10년, 14년, 20년 ; 권22, 고구려본기10 보장왕 27년 참조.

71) '置轉也山郡.'(『삼국사기』 권8, 신라본기8 신문왕 10년 10월).

72) '南海郡 神文王初置轉也山郡 海中島也 景德王改名 今因之.'(『삼국사기』 권34, 잡지3 지리1 강주 남해군).

신문왕대의 지방제도 정비가 대부분 주와 소경 등에 집중되었음에 비해, 군의 설치는 이채롭다. 전야산군은 지금의 경남 남해로, 강주에 속해 있는 것으로 보아 원신라지역임을 추측할 수 있다. 그리고 지리지의 기록에 '신문왕 초에 두었다.'라고 표현되어 있어, 이때에 이르러서야 군으로 삼았음을 알 수 있다. 그렇다면 먼저 海中島를 군으로 설치한 경우를 살펴보자.

> 巨濟郡은 문무왕이 처음으로 裳郡을 두었는데, 해중도다. 경덕왕 때에 이름을 고쳤는데, 지금도 그대로이다.[73]

> 海口郡은 본래 고구려의 穴口郡이었는데, 해중도다. 경덕왕 때에 이름을 고쳤는데, 지금의 강화현이다.[74]

섬을 군으로 설치하였던 경우는 전야산군 이외에 강주 소속의 상군(경남 거제)과 한주 소속의 해구군(강화도)이 있었다. 이 중 주목되는 것은 상군의 기록인데, 전야산군의 기록방식과 일치한다. 반면, 혈구군은 본래 고구려의 혈구군이었다 하여, 이전에 이미 고구려에 의해 지방영역화가 되었음을 알 수 있다.

전야산군과 상군은 『삼국사기』 지리지의 일반적인 기록형태인 '~군(현)은 본래 ~군(현)이었다.'와는 달리 '신문왕 때에 처음으로 두었다', '문무왕 때에 처음으로 두었다'라고 달리 서술되어 있다.

이러한 기록방식은 이 지역이 원신라지역임에도 불구하고 기존에 신라

73) '巨濟郡 文武王初置裳郡 海中島也 景德王改名 今因之.'(『삼국사기』 권34, 잡지3 지리1 신라 강주 거제군).
74) '海口郡 本高句麗穴口郡 在海中 景德王改名 今江華縣.'(『삼국사기』 권35, 잡지4 지리2 신라 한주 해구군).

신문왕 5년에 현을 설치한 내용이었다는 것이다.

그렇다면 촌에서 현으로 변화할 때 수치상의 변화는 어떠하였을까? 기록과 금석문을 통해 백제지역 250개의 촌이 104개의 현으로 재조정된 것으로 본 견해가 있다.[84] 즉 일정한 조정이 있었다는 것으로, 모든 촌이 현이 되지는 않았으며, 몇 개의 성과 촌이 합하여 하나의 현이 되었으며, 현이 되는 촌과 그렇지 못한 촌이 있다는 것이다.[85] 반면 '소영역' 개념을 적용하여 그 수치는 거의 변화가 없는 것으로 보기도 한다.[86].

그러나 이러한 논의에서 좀더 중점을 두어야 할 것은 村(성)에서 현으로의 변화라는 연속성을 확인할 수 있냐는 것이다. 이와 관련하여 眞表의 출생지가 나와 있는 萬頃縣의 변화 모습을 추적하여 신라 중고기의 촌이 현으로 편성되는 과정을 살펴본 연구가 있는데,[87] 현으로의 막연한 변화 사실만을 서술한 다른 견해들보다 진전된 연구방법이었다고 할 수 있다.

신라통일기의 현의 이해에 있어 또하나의 논의점은 少守와 縣令이다. 『삼국사기』 직관지를 보면 주의 도독과 소경의 사신, 군의 태수 등이 나와 있고, 소수와 현령이 나열되어 있다. 이때 소수를 군의 장관인 태수의 차관으로 보기도 하지만,[88] 대부분의 연구자들은 현의 장관으로 본다.[89] 즉 현의 장관은 소수 또는 현령이었다. 소수와 현령은 관등에도 차이가 있었고, 소수는 85인, 현령은 201인 등 인원에도 차이가 있었다. 그래서 현이 2종으로 구분되었다고 보는 시각도 있다.[90] 설령 현의 책임자를 소

84) 이문기, 1990, 앞의 논문, 15~16쪽.
85) 이우태, 1981, 앞의 논문.
86) 강봉룡, 1999, 앞의 논문.
87) 김재홍, 2003, 「신라 통일기 전제왕권의 강화와 촌락지배」, 『신라문화』 22.
88) 村上四男, 1978, 앞의 책.
89) 末松保和, 1974, 「新羅の郡縣制, 特にその完成期の二三の問題」, 『東洋大學學術院紀要』.

수와 현령으로 구분하였다 할지라도, 과연 그 이유는 무엇이며, 그 차이는 무엇이냐는 것이다. 특히 신라통일기에 새롭게 설치된 현의 책임자라는 점에서 양자를 구분하는 기준을 규명하는 것은 현의 또다른 성격을 드러내는 면일 것이다.

그러면 신문왕대에 설치되었던 4개 현을 지리지를 통해 그 연혁을 살펴보자. 신문왕 5년을 현의 설치시기로 보는 견해도 있기에,[91] 어쩌면 현의 성립시기를 보여주는 자료일 수도 있다.

> 扶餘郡 … 영현이 둘이다. 石山縣은 본래 백제 珍惡山縣이었는데, 경덕왕 때 이름을 고쳤다. 지금의 石城縣이다.[92]

> 嘉林郡 … 영현이 둘이다. 馬山縣은 본래 백제의 縣이었는데, 경덕왕 때 주군의 이름을 고칠 때 및 지금까지도 모두 그대로 쓴다.[93]

> 任城郡 … 영현이 둘이다 … 孤山縣은 본래 백제 烏山縣이었는데, 경덕왕 때 이름을 고쳤다. 지금의 禮山縣이다.[94]

> 槥城郡 … 영현이 셋이다 … 新平縣은 본래 백제 沙平縣이었는데, 경덕왕 때 이름을 고쳤다. 지금도 그대로 쓴다.[95]

---

90) 주보돈, 1989, 앞의 논문.
91) 이문기, 1990, 앞의 논문, 15~16쪽.
92) '扶餘郡 … 領縣二 石山縣 本百濟珍惡山縣 景德王改名 今石城縣.'(『삼국사기』 권36, 잡지5 지리3 웅주).
93) '嘉林郡 … 領縣二 馬山縣 本百濟縣 景德王改州郡名 及今並因之.'(『삼국사기』 권36, 잡지5 지리3 웅주).
94) '任城郡 … 領縣二 … 孤山縣 本百濟烏山縣 景德王改名 今禮山縣.'(『삼국사기』 권36, 잡지5 지리3 웅주).
95) '槥城郡 … 領縣三 … 新平縣 本百濟沙平縣 景德王改名 今因之.'(『삼국사기』

석산현은 웅주 부여군의 영현으로 경덕왕 때에 개명된 이름이니, 본래 백제의 진악산현이다. 따라서 신문왕 때는 진악산현이라 하였을 것이다.[96] 현재의 부여군 석성면으로 비정된다. 마산현은[97] 웅주 가림군의 영현으로 다른 현과 달리 백제 때의 이름을 경덕왕 이후에도 그대로 사용하였다. 지금의 충남 서천군 한산면으로 비정된다.

고산현은 웅주 임성군의 영현으로 경덕왕 때에 개명된 이름이니, 본래 백제의 오산현이다. 따라서 신문왕 때에는 오산현이라 하였을 것이다. 지금의 예산군 예산읍으로 비정된다. 사평현은 웅주 혜성군의 영현으로 본래 백제의 현인데, 경덕왕 때에 신평현으로 고쳤다. 지금의 당진군 신평면으로 비정된다.

신문왕 때에 설치된 4개의 현은 모두 구백제지역으로 모두 웅천주 소속의 현이며,[98] 또한 모두 군의 영현임을 알 수가 있다. 지리지의 기록이 경덕왕대 이후의 기록임을 상기하면 신문왕 때의 사실과 차이가 있을 수 있다. 하지만 위의 기록이 중앙에서 계획적으로 현을 설치, 정비하였음을 보여주는 측면은 짐작이 간다.

이러한 추측은 이어서 기록된 사비주와 웅천군의 주·군 교치 사실에서 가능하다. 즉 웅천주 소속 군의 영현에 대한 일률적인 설치라는 면에서 주를 이동하기 위해 그 지역에 대한 영역 정비를 시도하였던 기록일 가능성은 높다. 특히 석산현이 부여군(사비군) 소속의 영현이라는 점은 사비주에서 군으로 교치되면서 영현이 되었을 가능성을 보여주는 기록으로

---

권36 잡지5 지리3 웅주).

96) 지리지의 기록에 따르면, 이 기록은 경덕왕 이후의 자료를 기준으로 서술하였다고 할 수 있다.

97) 『삼국사기』를 보면 아달라이사금 4년(157) 2월에 甘勿縣과 馬山縣을 설치하였다는 기록이 보이나 시기상, 위치상 신문왕 때에 설치된 마산현과 동일지역은 아니다.

98) 이문기, 1990, 앞의 논문, 15쪽.

추측된다.

이와 같은 현의 설치 예를 통해 볼 때 주의 설치 및 이동시 그 영속 군현에 대한 정비가 같이 이루어졌을 가능성은 높다고 할 수 있다. 즉 신문왕대에 구백제지역에 3개의 주, 원신라지역에 2개의 주가 설치 내지 이동하였음을 생각하면, 이 시기에 군과 현에 대한 영속관계 등이 대대적으로 정비되었을 것으로 생각할 수 있다. 특히 원신라지역과 달리 구백제지역은 설치되었던 3개의 주가 모두 신설 내지 이동이라는 점에서 이러한 가능성은 높다.

그렇다면 이때의 현의 설치는 무슨 의미일까? 지리지에 따르면 백제 때의 지명이 보이는 것으로 보아 이미 백제에 의해 지방영역화가 되었던 지역이었다. 따라서 신문왕 10년(690) 10월에 전야산군의 설치처럼 아직 통치영역화가 안 된 지역에 대한 새로운 현의 설치기록으로는 볼 수 없다. 지명이 경덕왕 이후 개명된 지명과 혼재되어 있어 정확히 판단되지는 않지만, 아마도 백제의 지명을 그대로 신문왕 때에 사용하였을 가능성이 높다.

그렇다면 결국 이 기록은 구백제지역에 신라의 중앙에서 4개 현을 설치하였다는 것이고, 이때 '현을 설치하였다.'는 것은 중앙에서 지방관이 파견되었다는 의미로 볼 수 있지 않을까 한다. 즉 전쟁 종료 후 아직까지 구체적으로 구백제지역에 대한 정비가 이루어지지 않다가, 이때에 이르러 현을 설치하면서 지방관을 파견하여 신라의 통치영역으로 편입하였던 것으로 추측할 수 있다. 즉 백제지역에 완산주를 설치하였고, 이어서 기존 주와 군의 교치가 이루어졌음을 볼 때, 그 지역 영현들에 대한 정비조치는 시급히 해결해야 할 당면문제였다.

신문왕 때에 이르러 주의 신설, 주군의 교치나 소경의 설치 등 구백제지역에 대한 영역조정 과정이 이루어졌다. 그리고 아직 정비가 미흡하였던 지역들도 점차적으로 신라 중앙의 지방관 파견을 통한 정비가 실시되었을 것이다. 4개 현의 설치는 이러한 과정을 보여주는 하나의 예로 판단된다.

이러한 지방영역의 제도화 조치와 함께 실질적인 築城의 모습도 보였다. 지리지를 보면 문무왕 18년(678)에 설치한 북원소경을 신문왕 5년 3월에 축성하였다.[99] 이것은 신문왕 때 서원소경과 남원소경을 설치할 때 이미 설치된 북원소경의 정비 차원에서 축성이 이루어진 듯하다. 신문왕 7년(687)에는 사벌주를 3월에 다시 둔 후 가을에 바로 축성하였고, 동시에 문무왕 5년에 설치하였던 삽량주에 대한 축성도 이루어졌다.[100] 신문왕 11년에는 685년에 설치하였던 남원소경을 축성하였다.[101] 주와 소경의 예만 보이는데, 이것은 주와 소경의 직할통치지역에 대한 축성이었을 것이다. 군과 현의 경우도 사료상에서 확인이 되지 않지만, 이렇게 통치영역을 설치한 후 실질적인 축성의 과정을 거쳤을 가능성은 높다고 할 수 있다.

이처럼 신문왕대에는 확장된 전체 신라영역을 대상으로 일률적인 통치영역화 과정을 시도하였으며, 이어서 그 영역에 대한 축성도 활발히 이루어졌음을 알 수 있다.

이상 살펴본 것처럼 신문왕대는 주, 소경, 군, 현 등 신라통일기 지방통치조직의 영역단위로 파악되는 모두 형태가 설치되었음을 알 수 있다. 남아 있는 사료의 한계로 더 이상의 구체적인 정비과정은 파악할 수 없다. 하지만 이러한 일단의 기록을 통해 신문왕대가 어느 시기보다 활발히 지

99) '北原京 … 神文王五年 築城 周一千三十一步.'(『삼국사기』 권35, 잡지4 지리2 삭주).
100) '罷一善州 復置沙伐州 … 秋 築沙伐揷良二州城.'(『삼국사기』 권8, 신라본기8 신문왕 7년 3월).
101) '築南原城.'(『삼국사기』 권8, 신라본기8 신문왕 11년 3월).

방제도를 정비하였다고 추측할 수 있는 여지는 많다.

주군현의 설치를 통한 신문왕대의 영역 획정은 신문왕대 이후의 군·현 설치 기록을 통해서도 알 수가 있다.[102]

(경덕왕 7년 8월) 처음으로 大谷城 등 14개의 군현을 두었다.[103]

(헌덕왕 15년 2월) 수성군과 당은현을 합하였다.[104]

신문왕대 이후 군이나 현의 설치기록은 거의 보이지 않는다. 이것은 한편으론 사료의 소략함으로 이해할 수도 있다. 물론 군현명과 축성 기록 등은 간간히 보이지만, 그것들은 이미 중고기부터 보이는 형태의 기록이기 때문에 지속적인 군·현의 설치로 이해하기에는 어렵다.

경덕왕 7년(748)에 대곡성 등 14개의 군과 현을 두었다는 기록은 성덕왕 34년(735)에 당으로부터 浿江 이남의 땅을 얻은[105] 이후의 조치로, 경덕왕대에 그 지역에 군현을 설치하였음을 보여준다. 따라서 이 기록은 신문왕대 이후 새롭게 획득한 영역에 대한 군현의 설치로 이해할 수 있다.

반면 헌덕왕 15년(823)의 수성군과 당은현을 합하였다는 기록은 군현의 설치는 아니지만, 이미 설치되었던 군현의 영역 조정이라는 점에서 홍

102) 물론 신라 하대의 지방제도에서는 주·군·현뿐만 아니라 浿江鎭, 道, 府, 鎭 등의 기록들이 단편적으로 보여 그에 대한 논의도 필요하다. 그러나 이 글에서는 보다 집중적인 논의를 위해 주·군·현에 한정하여 서술하겠다. 신라 하대의 지방제도에 대한 그간의 논의는 박명호, 2006, 「신라의 지방통치와 촌」, 『한국고대사입문』 3 참조.

103) '始置大谷城等十四郡縣.'(『삼국사기』 권9, 신라본기9 경덕왕 7년 가을 8월).

104) '合水城郡唐恩縣.'(『삼국사기』 권10, 신라본기10 헌덕왕 15년 2월)

105) '副使金榮在唐身死 贈光祿少卿 義忠廻 勑賜浿江以南地.'(『삼국사기』 권8, 신라본기8 성덕왕 34년 2월).

미로운 기록이다. 수성군은 한주 소속으로 본래 고구려 買忽郡이었다. 지금의 화성군 봉담면으로 비정된다. 군이지만 영현은 없다.106) 당은현은 지리지에서 확인이 되지 않고, 唐恩郡만이 보인다. 당은군은 한주 소속으로 본래 고구려 唐城郡이었다. 지금의 화성군 남양면으로 비정된다. 영현이 둘이다.107) 헌덕왕 8년(816)에 당은현이라는 기록으로 보아108) 헌덕왕 15년에는 당은현이었을 것이다.

두 지역은 『삼국사기』 지리지의 기재순서상 연이어 기록되어 있기 때문에 인접지역으로 판단된다. 따라서 이 기록은 이미 설치되어 있었던 군과 현을 합하는 영역 조정의 하나의 예로 이해할 수 있다.109) 정확한 이유는 알 수 없지만, 신문왕대 이후 시기에 따라, 필요에 따라 각 영역을 조정하였음을 보여주는 기록이다.

비록 사료의 소략함으로 이해에 한계는 있지만, 이처럼 새로운 영역의 편입이나 군과 현을 합하였다는 기록만이 남아있다는 것은 도리어 신문왕대에 신라의 전체 영역이 주, 군, 현으로 획정이 되었음을 보여주는 방증으로 이해할 수 있을 것이다.

신라통일기의 지방통치와 관련된 연구는110) 신라 중고기와 비교해 볼 때 상대적으로 적다고 할 수 있다. 「울진봉평신라비」와 「영일냉수리신라

106) 『삼국사기』 권35, 잡지4 지리2 신라 한주 수성군 참조.

107) 『삼국사기』 권35, 잡지4 지리2 신라 한주 당은군 참조.

108) '漢山州唐恩縣 石長十尺 廣八尺 高三尺五寸 自移一百餘步.'(『삼국사기』 권10, 신라본기10 헌덕왕 8년).

109) 홍덕왕 4년(829) 2월에 당은군을 唐城鎭으로 삼는 기록이 보인다. 아마도 헌덕왕 15년에 합하여 당은군을 설치하였다가, 홍덕왕 4년에 다시 당성진으로 삼았을 것이다.

110) 그동안의 연구성과는 김갑동, 1986, 「신라 군현제의 연구동향 및 그 과제」 『호서사학』 14 ; 노중국, 1990, 「국사학 연구의 현황과 과제 -통일신라의 지방통치조직의 편제를 중심으로-」 『한국학논집』 17 ; 박명호, 2006, 앞의 논문 참조.

비」, 최근에는 함안 성산산성 목간의 대량 출토[111] 등 당대 금석문과 문자자료의 발견으로 중고기 신라의 지방통치체제에 대해선 많은 치열한 논쟁과 주제를 던져 주었으며, 학위논문 등도 대부분 신라중고기에 중점을 둔 결과물들이었다.[112]

더 이상의 자세한 논의는 힘들지만 중고기의 지방통치체제가 일시에 정비된 것이 아니라 몇 단계의 과정을 밟아 정비되면서 군현제적인 바탕이 마련되어 갔다는 인식은[113] 타당하다고 본다. 이것은 신라가 중앙과 대비되는 '地方' 개념이나 국가통치 차원에서의 제도 정비라는 접근방식이라기보다는 6세기 이후 치열하게 전개되는 삼국간의 전쟁이라는 현실 속에서 영역과 人民 확보를 위한 현실적인 이유에서의 점차적인 정비과정이었을 것이다.

이후 대당전쟁기인 문무왕 때까지도 이러한 경향은 지속되었으며, 전쟁 승리 후, 즉 획정된 영역과 인민의 확보 후부터 본격적으로 왕경인 경주와 대비가 되는 地方統治 인식이 자리 잡았다. 신라통일기의 지방통치

111) 울진봉평신라비는 1989, 『한국고대사연구』 2, 영일냉수리신라비는 1990, 『한국고대사연구』 3에서, 함안 성산산성은 2000, 『한국고대사연구』 19에서 집중적으로 검토하였다.

112) 대표적인 학위논문은 다음과 같다.
이우태, 1991, 『신라 중고기의 지방세력연구』, 서울대박사학위논문 ; 이문기, 1991, 『신라 중고기 군사조직연구』, 경북대박사학위논문 ; 강봉룡, 1994, 『신라 지방통치체제연구』, 서울대박사학위논문 ; 서의식, 1994, 『신라 상대 '干'層의 분화와 重位制』, 서울대박사학위논문. ; 주보돈, 1995, 『신라 중고기의 지방통치와 촌락』, 계명대박사학위논문 ; 이수훈, 1995, 『신라 중고기 촌락지배연구』, 부산대박사학위논문 ; 김재홍, 2001, 『신라 중고기 촌제의 성립과 지방사회구조』, 서울대박사학위논문. 그밖에 그동안 출토된 목간을 체계적으로 정리, 분석한 이용현, 2001, 『한국고대목간연구』, 고려대박사학위논문도 영역통치와 관련하여 빼놓을 수 없다.

113) 주보돈, 1997, 「6세기 신라 지방통치체제의 정비과정」, 『한국고대사연구』 11.

는 이러한 인식하에서 살펴보아야한다.

지방통치조직으로서 주군현제의 구조 또는 특질은 초기에는 부족제적 전통이 계속 존재했다는 견해가 있었지만,[114] 주·군·현·소경이 각각 일정한 통치영역 또는 지배영역을 갖고 있으며,[115] 거점으로서 주·소경·군·현은 차이가 없다고 본다.[116]

이와 관련하여 중고기와 신라통일기 지방통치조직의 차이점을 3가지 제시한 견해가 있다.[117] 첫째, 군현제가 확립되었으며,[118] 둘째, 지방통치체제가 세분화되어 훨씬 강화되었고, 셋째, 행정적·군사적 성격이 분화되었다는 것이다. 결국 신라통일기에 이르러 중앙집권적 지배체제가 더 강화되었다는 것이다. 그렇지만 이러한 기본적인 인식 속에서도 각 견해들마다 중심 논점은 약간씩 다르다.

먼저, 구조적으로 고려의 군현제와 유사한 것으로 보는 견해이다.[119] 즉 성(촌)이 현으로 개칭되어 외현상 군현제가 확립되었고, 주·군·현은 각각 독자의 영역을 가지며, 명칭 또한 정치적·군사적 중요도에 따른 칭호로 고려 군현제의 그것과 유사하다는 것이다. 또한 주와 군을 대등하게 놓고 영현과 주·군과의 관계에서 현은 주·군의 영속하에 두어졌으며, 이것은 고려 군현제의 원형으로 고려에 와서 만개하였다는 것이다. 물론 주와 군이 대등한 관계인가 하는 문제가 선결되어야 하겠지만, 이러한 견해는 앞으로 좀더 구체적이고 통시대적인 시각에서 검토가 필요하다.

---

114) 藤田亮策, 1953, 앞의 논문.
115) 村上四男, 1953, 「新羅の村主について」『東洋史學論集』1, 東京敎育大文理學部 ; 木村誠, 1976, 앞의 논문.
116) 주보돈, 1989, 앞의 논문.
117) 주보돈, 1989, 앞의 논문.
118) 木村誠, 1976, 앞의 논문.
119) 木村誠, 1976, 앞의 논문.

중고기 주군제와 비교하여 주군현제는 질적으로 달랐다는 시각도 있다. 단순한 외형상의 변모가 아닌 복속민을 신라민으로 회유하고, 기존의 재지세력을 억제하기 위한 목적으로 수행되었다는 것이다. 즉 삼국간의 차이를 극복하고, 원 신라지역의 기존 재지세력에 대한 통제의 목적이라 하면서, 이러한 재편은 각 군현 사이가 전대에 비할 수 없을 정도로 인구나 규모면에서 균질화가 이루어졌다는 것이다.[120] 그러나 단순한 변화가 아닌 일정한 목적이 있었음은 동의하지만, 균질화에 대해서는 부정적이다. 『신증동국여지승람』의 '田丁戶口가 현이 되지 못한 것은 향이나 부곡을 두었다.'라는 기사는 현과 관련하여 이해할 수는 있지만, 그것을 지방행정구역 전체에 적용하여 균질화라고 하는 것은 무리이다.

'小領域' 개념으로 주군현제의 구조를 파악한 시각이 있다.[121] '소영역'이란 현과 대등한 단위로 중대의 주·군에는 광역행정구역적 의미와 중간영역으로서의 의미 이외에 소영역으로서의 의미를 내포하고 있다고 보았다. 현 자체와 鄕, 순수한 州治 및 郡治, 더 나아가 영현을 거느리지 않는 소경까지도 이와 대등한 단위로 기능하며, 이러한 소영역의 편제가 중대 주군현제의 구조와 운영상을 특징짓는 새로운 면모라는 것이다. 이때의 '소영역' 개념이란 대민지배의 실현이라는 기능을 한다. 그런 면에서 중고기 지방제도와의 차이점을 보다 더 분명히 보여주는 영역개념으로 파악된다.

이상의 논의를 통해서 주군현제의 실시는 삼국간의 전쟁 후 획득한 영토와 민을 재정리하고 좀더 효율적으로 지배하기 위한 조치라는 것은 어느 정도 의견이 일치한다고 할 수 있으며, 중고기의 촌이 국가의 직접적인 지배영역인 현으로 변경, 새롭게 설치되었다는 것도 동의하는 바일 것이다.

120) 주보돈, 1989, 앞의 논문.
121) 강봉룡, 1999, 앞의 논문.

이러한 점을 염두하고 신문왕대 지방제도의 정비내용을 다시 한번 정리해 보자. 신문왕 5년(685)에 보이는 '始備九州'는 그 상징성이 크다. 이것은 신라통일기 통치영역의 완비라 정의할 수 있다. 물론 신문왕 6~7년에 주, 군의 교치가 보이긴 하지만, 이후 경덕왕대의 개명작업 전까지 지방제도와 관련된 뚜렷한 조치가 보이지 않기 때문에 신문왕대가 가지는 영역정비의 의미는 '始備九州'로 표현할 수 있다. 또한 삼국의 영역을 일정한 체제 속으로 묶었으며, 그러한 영역의 정비는 이후 효율적인 통치를 위한 기반으로 작용하였을 것이다.

또다른 특징을 찾아본다면, 중점적으로 구백제지역에 대한 정비작업이 이루어졌다는 것이다. 이것은 완산주와 서원소경, 남원소경이 처음으로 설치되었으며, 군이었던 웅천군과 무진군에 주를 설치하였고, 구백제지역에 현의 설치를 통해 확인할 수 있다. 즉 구백제지역의 영역정비와 조정은 660년 백제를 평정한 후 약 15년이 지나서야 실질적인 조치가 취해진 것이다.

신라는 백제를 멸망시킨 후 백제세력의 부흥운동, 당의 웅진도독부 설치, 668년 고구려 멸망 후 백제지역에 대한 지속적인 공격, 이로 인한 당과의 기나긴 전투를 치뤘다. 이후 문무왕 16년에 이르러 기벌포전투를 끝으로 실질적으로 백제영역을 차지하였던 것이다.

이렇게 전시기간을 거친 후 신문왕대에 이르러서야 신라는 구백제지역 정비를 위해 먼저 형식상 독립적인 자치권을 허용하던 고구려 보덕왕에 대한 강압책을 실시하였다. 그리고 이후 지방의 중심거점라 할 수 있는 주의 설치 및 교치, 소경의 새로운 설치 등을 취했던 것이다. 그런 면에서 한편으로는 치열한 전쟁 이후의 후속조치이자 복구조치로 이해할 수 있는 면이 있다. 이것은 신라 중고기 주군제의 군사적 성격에서 신라통일기의 행정적 성격이 강한 주군현제로 전환되기 시작하였음을 보여주는 일면이기도 하다.

이러한 행정적 성격은 청주와 사벌주를 설치하여 원신라지역의 영역을 조정·정비하는 것도 같은 맥락에서 이해할 수 있다. 앞서 살펴본 거타주를 폐하고 청주로 주를 이동하는 기록이 대표적이다. 즉 군사적 목적으로 구백제지역에 근접하여 설치하였던 거타주를 원신라지역에 더 가깝게 청주로 이동하였음은 주의 군사적 기능이 더 필요하지 않게 되었음을 보여주는 예인 것이다.

비록 아직은 주의 책임자를 총관이라 하여 군사적 성격의 일면을 드러내고 있지만, 신문왕대는 확장된 신라 전체의 통치영역선상에서 정비가 진행되었다고 할 수 있다. 이러한 정비과정을 통해 지방통치의 군사적 면이 약화되고, 영역과 그 영역의 민을 직접적으로 지배하고자 하는 경향이 좀더 강하게 제도에 투영되어 가고 있었음을 추측할 수 있다.

이상 신문왕대에 진행된 통치조직의 정비 내용과 그 양상을 중앙관부와 지방제도를 중심으로 살펴보았다. 물론 통치조직은 중고기 이후 시기에 따라, 또는 각 왕대에 따라 지속적인 변화와 발전을 보였으며, 이러한 발전양상에서 신문왕대의 특징과 그 의미를 살펴본 것이다.

이러한 논의의 의도는 통치조직이라는 면에서 신문왕대의 주요 변화상을 확인하고자 하는 목적과 함께, 전체 신라사에서 신라통일기가 이전의 통치조직과 어떠한 차이를 보여주고 있느냐는 것이다. 그것은 지배영역과 피지배민의 양적 팽창과 더불어 시대를 가름할 수 있는 통치구조의 변화를 동반할 수밖에 없다는 인식하에서 출발한 것이었다. 특히 관부 정비가 된 후 지방제도가 정비되는 순차적인 과정은 이후 진행되는 여러 정책의 실시와 함께 이해한다면, 신문왕이 일정한 계획 아래 의도성을 가지고 실시하였음을 알 수 있다.

# 제5장
# 녹읍 부활과 중대 왕권의 붕괴

앞서 중고기와 구별되는 중대 지배체제의 내용을 살펴보기 위해 7세기 중반 김춘추세력이 실질적으로 정치적 실권을 장악한 진덕왕대부터 신문왕대까지의 제도와 정책의 정비, 그리고 실시과정을 살펴보았다. 중대 왕권은 궁극적으로 강력한 정치세력이었던 진골귀족들을 서열화를 통해 관료화하고, 6두품 이하 세력들을 관료군으로 양성하여 국왕 중심의 중앙집권체제를 갖추고자 하였다. 이러한 정치적·제도적 구축을 위한 노력으로 효소왕대 이후 중대 왕권은 정치적으로 비교적 안정을 유지하고 국정을 운영할 수 있었다. 그러나 혜공왕대(765~780)에 이르러 정치적 불안과 모반의 발생으로 결국 중대 왕권은 붕괴가 되었다.

효소왕 이후 중대 왕권의 국정운영에서 유의할 사실은 신문왕의 손자인 경덕왕이 경덕왕 16년(757) 정월에 內外群官의 月俸을 없애고, 이미 68년 전에 폐기하였던 녹읍을 관료보수로서 다시 지급하였던 사실이다. 경제적뿐만 아니라 정치적으로도 상징성이 높았던 녹읍이 강력한 국왕권을 행사하던 신문왕대에 폐기하였던 관료보수임을 고려하면, 중대 말인 경덕왕대의 녹읍 부활의 목적과 그 성격에 대한 이해는 주의를 요한다.

경덕왕대의 녹읍 부활은 당대 정치세력간의 政爭의 산물로 이해하는 것이 대부분이라 할 수 있다.[1] 반면, 녹읍 부활을 국가의 경제적 제도 정

1) 강진철, 1969, 「신라의 녹읍에 대하여」, 『이홍식박사회갑기념한국사학논총』 ; 강진철, 1987, 「신라의 녹읍에 대한 약간의 문제점」, 『佛教와 諸科學』 ; 이기백·이기동, 1982, 『한국사강좌』(고대편), 일조각 ; 이기백, 1958, 「신라 혜공왕대의 정치적

비가 충분하여 행정적 번거로움을 줄이기 위한 것이라는 견해나[2] 재정적 문제로 이해한 견해는[3] 흥미롭다. 즉 농민층의 도산과 국가재정의 궁핍으로 인한 정치사회적 불안정의 타개책이 녹읍 부활이라는 것이다.[4]

녹읍이 관료보수라는 점에서 정치세력과 관련하여 이해하는 견해는 한편으론 일리가 있다. 그러나 신문왕대 이후 국정은 안정적으로 운영이 되고 있었으며, 더욱이 녹읍이 부활된 경덕왕대에 정치세력간의 다툼이나 특이한 정치적 상황은 포착할 수 없었다. 도리어 『삼국사기』 등에서 확인할 수 있는 8세기 신라 중대사회의 특징은 지속적인 가뭄과 홍수, 그로 인한 민의 飢餓였다.

이러한 이해를 바탕으로 먼저, 효소왕대 이후 자연재해와 그로 인한 민의 생활고, 재정난 관련 내용을 살펴보고, 이에 대처하는 각 국왕들의 국정운영 모습을 파악해 보겠다. 이것은 정치적으로 안정된 기반을 유지하고 있었다고 판단되는 8세기 신라사회에서 자연재해 등으로 인해 재정적 문제가 발생하였고,[5] 유교적 정치이념이 형성된[6] 신라 국왕들은 이를 어

---

변혁」, 『사회과학』 2 ; 이기백, 1974, 『신라정치사회사연구』, 일조각 ; 이기백, 1995, 「신라 전제정치의 붕괴과정」, 『학술원논문집 -인문·사회과학편』 34, ; 이기백, 1996, 『한국고대정치사회사연구』, 일조각 ; 이희관, 1990, 「신라의 녹읍」, 『한국상고사학보』 3.

2) 김기흥, 1991, 『삼국 및 통일신라 세제의 연구』, 역사비평사.
3) 김철준, 1962, 「신라 귀족세력의 기반」, 『인문과학』 7, 연세대 ; 김철준, 1990, 『한국고대사회연구』, 서울대출판부 ; 전덕재, 1992, 「신라 녹읍제의 성격과 그 변동에 관한 연구」, 『역사연구』 1 ; 전덕재, 2006, 『한국고대사회경제사』, 태학사.
4) 전덕재, 1992, 앞의 논문, 8쪽.
5) 자연재해 등에 의한 재정난과 관련하여 이해하는 방법은 이미 전덕재에 의해 논의된 바가 있다(전덕재, 1992, 앞의 논문).
6) 신라 중대의 정치사상은 그동안 많은 논의가 전제왕권과 화엄사상과의 정치적 관계에 집중되었다. 반면, 김영하는 중대 왕권이 유학을 수용한 의미를 儒家倫理의 지배적 기능에 주목하였다(김영하, 2005, 「신라 중대의 유학수용과 지배윤리」, 『한국

떻게 대처하였는가 확인하고자 하는 것이다.

이를 통해 지속적인 재정난에 따른 현실적 극복 방안으로 月俸에서 녹읍으로 관료보수를 변경하였음을 논하고자 한다. 또한 이어서 실시된 지역명과 관부·관직의 개명은 녹읍의 지급단위가 지역임을 고려하여 녹읍 지급을 위한 현실적·제도적 후속조치로 이해하고자 한다.

그리고 녹읍 부활 이후 혜공왕대의 정치적 혼란과 정변 발생과정을 살펴보고, 재정난과 함께 녹읍 부활이 가져온 진골귀족의 정치적 입지 강화 등을 중대 왕권 붕괴의 일면으로 바라보고자 한다.

---

고대사연구』 40 ; 김영하, 2007, 『신라중대사회연구』, 일지사).

# 1. 자연재해와 재정수요 증대

## 1) 성덕왕대의 재정지출과 국정운영

『삼국사기』 기록을 살펴보면 앞 시기와는 달리 8세기 이후 자연재해가 자주 발생하였고, 이로 인한 국가재정난과 민의 생활 궁핍 모습을 확인할 수 있다. 물론 자연재해 현상으로 인한 민의 궁핍한 생활이 이 시기에만 존재하였던 것은 아니다. 그럼에도 8세기 이후의 『삼국사기』 기록 등에는 지나치다 싶을 정도로 많은 가뭄과 홍수, 이에 따른 민의 생활고 등이 사료 곳곳에서 확인이 된다. 이러한 사실은 『삼국사기』 편찬자의 사료 편중이라는 시각으로 이해할 수도 있지만, 오히려 8세기 신라사회의 한 특징으로 살펴볼 수 있을 것이다.[7)]

이러한 시대적 현상으로 인해 국가 재정에 문제가 발생할 소지는 어느 시기보다 컸다. 이미 김철준이 이러한 재정난에 유의하였으며,[8)] 전덕재는 토지 소유 집중화 현상, 자연재해, 사원 건립 비용 지출 등으로 농민층이 궁핍, 도산하는 결과를 가져왔고, 이로 인한 국가재정의 궁핍을 녹읍 부활의 원인으로 보았다.[9)] 특히 가뭄과 기근 등의 천재지변을 농민층의

7) 당에서는 8세기 전후하여 자연재해 현상이 많이 발생하였으며, 일본에서도 농민의 도산이 급증하였다고 한다. 이에 대해서는 전덕재, 2006, 『한국고대사회경제사』, 태학사, 349쪽 참조.

8) 김철준, 1962, 앞의 논문, 282~283쪽.

9) 전덕재, 1992, 앞의 논문, 39~45쪽.

몰락과 도산을 유발하는 중요한 계기로 보았다.[10)]

녹읍이 현물인 월봉을 대체한 관료보수임을 고려한다면, 이 같은 재정난으로 인한 관료보수의 변경으로 이해하는 시각은 적절하다고 할 수 있다. 사원 건립비용의 지출이나, 일부 귀족세력으로의 토지 집중화 현상은 재정난의 간접적인 요인으로 작용할 가능성이 있다. 반면 收租源인 민의 곤궁은 그만큼 직접적으로 국가재정에 타격을 줄 수 있는 요인으로 작용할 가능성은 높다.

한편 경제적 뿐만 아니라 정치적 이유로 인해 이미 68년 전에 폐지되었던 녹읍이 이때에 이르러 다시 부활되었다는 시각도 일면 타당하다. 그러나 신문왕 9년(689)의 녹읍 폐지가 중대 초기인 신문왕대에 의도적이고 정치적 목적이 강한 정책이었다고 한다면, 이미 사회적·경제적 조건이 달라진 68년 이후의 경덕왕 때는 그때와는 다른 정치적 조건이 형성되어 있었다고 할 수 있다.

이러한 면을 고려한다면 녹읍 부활은 재정적 문제로 이해를 하는 것이 우선일 것이고, 그 다음으로 당시의 정치적 상황을 고려해야 할 것이다. 이에 당시 유교적 정치이념이 이미 도입된 8세기 신라사회에서 민의 궁핍과 재정난을 타개하기 위한 국왕의 국정운영 과정을 효소왕과 성덕왕부터 살펴보자.

먼저, 성덕왕대를 살피기 전에 신문왕의 사후에 즉위한 효소왕 때(692~702)의 자연재해를 간단히 살펴보자.[11)] 효소왕 4년(695) 10월에는

10) 전덕재, 1992, 앞의 논문, 45쪽.

11) 이 글에서는 각 국왕대의 정치적 상황은 재정난을 이해함에 직접적인 관련이 없다고 생각하기 때문에 필요하지 않은 이상 가급적 서술하지 않겠다. 효소왕대의 정치적 상황에 대해서는 김영미, 1985, 「통일신라시대 아미타신앙의 역사적 성격」, 『한국사연구』 50·51합집 ; 김영미, 1988, 『신라 미타정토사상 연구』, 민족사 ; 신종원, 1987, 「신라오대산사적과 성덕왕의 즉위배경」, 『최영희기념사학논총』, 탐구당 ; 김

지진이 발생하였고, 696년 4월에는 서쪽 지역에 가뭄, 698년 2월에는 경주의 땅이 흔들리고, 큰 바람이 불더니, 7월에는 홍수도 발생하였다.[12] 그러나 이에 대한 신라 중앙 차원의 구휼 모습은 사료에서 전혀 확인할 수 없다.

이러한 자연재해는 성덕왕대 때(702~737)에도 계속되었다. 성덕왕대의 자연재해와 구휼정책을 정리하면 <표 12>와 같다.

<표 12> 성덕왕대의 자연재해와 구휼정책[13]

| 연번[14] | 연도 | 내용 | 구분 |
|---|---|---|---|
| 1-1 | 702(원년) | 모든 주군의 일년 조세를 면제해 줌 | 구휼정책 1 |
| 2-1 | 703(2년) | 서울에 홍수 나서 죽은 사람 많음 | 자연재해(1) |
| 4-1 | 705(4년) 5월 | 가뭄 | 자연재해(2) |
| 4-2 | 8월 | 노인들에게 술과 밥을 줌 | 구휼정책 2 |
| 4-3 | 10월 | 동쪽 州郡에 흉년이 들어 사자를 보내 賑恤 | 자연재해(3)<br>구휼정책 3 |
| 5-1 | 706(5년) | 나라 안이 굶주렸으므로 창고를 열어 진휼 | 구휼정책 4 |
| 5-2 | | 곡식이 잘 여물지 않음 | 자연재해(4) |
| 6-1 | 707(6년) 정월 | 민이 많이 굶어 하루 벼 3되씩을 7월까지 줌 | 구휼정책 5 |
| 6-2 | 2월 | 백성들에게 오곡종자를 나누어 줌에 차등이 있음 | 구휼정책 6 |
| 7-1 | 708(7년) 2월 | 지진 발생 | 자연재해(5) |
| 8-1 | 709(8년) 5월 | 가뭄 | 자연재해(6) |
| 9-1 | | 지진 발생 | 자연재해(7) |
| 10-1 | 10월 | 남쪽의 주군을 순수 | 구휼정책 7 |
| 13-1 | 714(13년) 여름 | 가뭄이 들고, 사람들이 많이 병에 걸림 | 자연재해(8) |
| 14-1 | 715(14년) 6월 | 크게 가뭄이 듬 | 자연재해(9) |
| 15-1 | | 대풍이 불고 나무가 뽑히고, 기와가 날아가고 崇禮殿이 훼손됨 | 자연재해(10) |

수태, 1996, 『신라중대정치사연구』, 일조각 ; 박해현, 2003, 『신라 중대 정치사 연구』 참조.

12) 이상의 내용은 『삼국사기』 권8, 신라본기8 효소왕 참조.

| | | | |
|---|---|---|---|
| 15-2 | 6월 | 가뭄이 듦 | 자연재해(11) |
| 16-1 | 717(16년) 4월 | 지진 발생 | 자연재해(12) |
| 17-1 | 718(17년) 2월 | 왕이 서쪽 주군을 순무함, 高年及鰥寡孤獨을 친히 위로하고 물건을 차등있게 줌 | 구휼정책 8 |
| 17-2 | 3월 | 지진 발생 | 자연재해(13) |
| 19-1 | 720(19년) 정월 | 지진 발생 | 자연재해(14) |
| 19-2 | 4월 | 큰비가 내려 산 13곳이 붕괴, 우박으로 벼모 손상 | 자연재해(15) |
| 19-3 | 7월 | 蝗蟲이 곡식을 해침 | 자연재해(16) |
| 21-1 | 722(21년) 2월 | 경주에 지진 발생 | 자연재해(17) |
| 22-1 | | 지진 발생 | 자연재해(18) |
| 24-1 | 4월 | 우박이 내림 | 자연재해(19) |
| 30-1 | 731(30년) 4월 | 죄수 사면, 늙은이들에게 술과 음식을 줌 | 구휼정책 9 |

성덕왕대는 36년이라는 장기 재위기간 동안 자연재해가 많이 발생하였다. 이러한 자연재해에 대한 구휼정책은 민이 재해로 인해 현실적·재정적으로 생활고를 겪는 것에 대한 국가의 구제정책이라 할 수 있다. 이러한 구제정책은 구체적이고 현실적인 조치로 민에게 직접적으로 재정적 도움을 주는 경우와 상징적이고 慰撫의 성격이 강한 조치로 나누어 이해할 수 있다.15)

먼저, 계량적으로 살펴보자. 성덕왕대에는 자연재해 현상이 19번 발생하였다. 그 내용은 홍수·가뭄·흉년·지진·질병·폭풍·蝗蟲 등이다. 이러한 재해로 인해 직접적인 피해의 모습도 보인다. 홍수로 인명 피해가 났으

13) 『삼국사기』 권8, 신라본기8 성덕왕 및 『삼국유사』 권2, 기이2 성덕왕을 기준으로 정리하였다.

14) 표의 연번에서 앞의 숫자는 재위연도, 뒤의 숫자는 그해에 발생한 순서를 나타낸다.

15) 赦免 조치가 일종의 대민정책임은 분명하다. 또한 성덕왕대에 사면 조치 횟수는 상대적으로 많다고 할 수 있다. 그렇지만 일반적으로 사면이 국왕의 대표적인 통치행위임을 고려하여, 이 글에서는 대민정책의 예에서 제외한다.

며, 사람들은 기아에 허덕이며, 질병에 감염이 되었다.

이러한 자연재해로 인한 민의 피해를 구제하기 위해 성덕왕은 다양한 구휼조치를 취한다. 먼저, 慰問의 성격이 강한 내용을 보면 면세 조치, 巡狩 등이 보인다[연번 1-1·10-1]. 이러한 정책은 다른 왕대에도 흔히 볼 수 있는 정책이다.

이러한 성격과는 달리 직접적인 구휼의 모습도 확인할 수 있다. 酒食을 주거나, 창고를 열어 賑恤을 하고, 물건을 차등 있게 지급하는 등의 기사가 보인다[연번 4-2·5-1·17-1]. 그러나 이러한 정책 외에도 성덕왕은 좀더 적극적인 구휼행위를 하였다. 粟과 種子 지급이 그 예이다.

성덕왕은 706년 흉년으로 인해 사람들이 굶주리자, 707년 정월 초하루부터 7월 30일까지 백성들을 구제하고자 租를 나누어 주었는데, 1인당 하루에 3升씩 주어 합계가 30만 5백석이었다고 한다.[16] 이렇게 장기간 곡식[粟]을 직접 지급하는 행위는[연번 6-1] 『삼국사기』에 보이는 국왕의 가장 적극적인 구휼행위라고 할 수 있다.[17]

이러한 곡식 지급은 성덕왕 초기까지는 아직 국가재정이 양호함을 보여주는 조치로 이해된다.[18] 그러나 이후 이러한 직접적인 구휼행위는 보이지 않는다. 이것은 아마도 성덕왕 초기보다 국가재정이 점차 곤란해지고 있었음을 간접적으로 보여주는 사실이 아닌가 한다.

이러한 조치와 동시에 바로 2월에는 백성들에게 종자를 지급하였다

16) 『삼국유사』 권2, 기이2 성덕왕.

17) 하대의 원성왕도 왕도의 백성들을 대상으로 원성왕 2년(786) 9월과 10월에 粟 3만 3,240석, 3만 3,000석을 나누어 준 경우가 있었다. 또한 원성왕 5년 정월과 6년 5월에는 한산주와 웅천주 民에게 곡식을 나누어 주었고, 원성왕 12년(796) 봄에도 역질이 유행하자 진휼하였는데, 기록상 원성왕도 상당히 적극적이었다고 할 수 있다(『삼국사기』 권10, 신라본기10 원성왕 2년 9월·10월, 5년 정월, 6년 5월 참조).

18) 성덕왕 원년(702)의 免稅 조치도 이에 해당할 것이다.

[6-2]. 이것은 앞서 곡식의 지급과 일맥상통하는 구휼정책이라 할 수 있는데, 정월의 곡식 지급에 이어 바로 종자를 지급함으로써 단기적으론 당장의 생활고를 지원하였고, 장기적으론 곡식을 자급자족할 수 있는 기반을 제공하였다. 이것은 민으로 하여금 스스로 생계를 이어나갈 수 있다는 사회적 분위기를 조성하였을 것이다.

그러나 성덕왕은 구휼정책 이외에도 몇 가지 특징적인 정책을 실시하였다.

(성덕왕 4년 9월) 하교하여 살생을 금하였다.19)

(성덕왕 10년 5월) 도살을 금하였다.20)

(성덕왕 14년 6월) 크게 가물어 왕이 河西州 龍鳴嶽의 居士 理曉를 불러 林泉寺의 못 가에서 祈雨를 하였더니, 곧 비가 열흘 동안 내렸다.21)

(성덕왕 15년 6월) 가물었으므로 또 거사 이효를 불러 기도를 하니 곧 비가 왔다.22)

(성덕왕 19년 5월) 有司에게 명하여 해골을 묻게 하였다.23)

직접적인 구휼정책은 아니지만, 민의 생활고를 해결하거나 자연재해로

19) '下敎禁殺生.'(『삼국사기』 권8, 신라본기8 성덕왕 4년 9월).
20) '禁屠殺.'(『삼국사기』 권8, 신라본기8 성덕왕 10년 여름 5월).
21) '大旱 王召河西州龍鳴嶽居士理曉 祈雨於林泉寺池上 則雨浹旬.'(『삼국사기』 권8, 신라본기8 성덕왕 14년 6월).
22) '旱 又召居士理曉祈禱 則雨.'(『삼국사기』 권8, 신라본기8 성덕왕 15년 여름 6월).
23) '命有司埋骸骨.'(『삼국사기』 권8, 신라본기8 성덕왕 19년 5월).

인해 파생되는 국가재정 문제를 타개하기 위한 성덕왕의 적극적인 국정 운영 노력은 사료 곳곳에서 확인이 된다.

먼저, 성덕왕 4년(705) 9월 살생 금지와 성덕왕 10년(711) 5월의 도살 금지 조치는 일차적으로 불교와의 관련성을 생각할 수 있다. 하지만 한편으론 생활고에 의해 함부로 살생하는 것을 막기 위한 의도로 이해할 수 있는 면이 있다. 이것은 그 시행시기에 주의한 것인데, 705년 5월에 가뭄이 들었고, 8월에는 노인에게 酒食을 제공하는 기록에 이어서 살생을 금지하는 조치가 보인다. 711년에는 봄인 3월에 큰 눈이 내렸다는 자연 이상 현상 기록에 이어서 도살 금지조치가 취해졌다. 따라서 이러한 금지조치는 소나 말 등 생산에 사용하는 가축들을 생계를 위해 함부로 살생함으로서 생산력에 영향을 줄 수 있다고 판단하여 취했을 가능성이 높다.

715년 6월과 716년 6월에는 계속하여 거사 이효를 불러 기우제를 지냈다. 기우제 자체를 구휼조치라 할 수는 없다. 그러나 그 상징성과 사회적 파급은 상당했으리라 생각한다. 즉 기우제라는 상징적인 의례를 국가 차원에서 개최함으로서, 그 실질적인 효과와는 상관없이 국왕의 구휼 의지를 관료들과 민에게 보여줌으로서 실질적인 구휼 이상의 효과를 가져왔을 것이다.

이러한 면은 해골을 매장하는 기록을 통해서도 알 수 있다. 성덕왕 19년(720) 5월에 해골을 묻어주는 기록은 아마도 전달인 4월에 큰 비가 내려 산 13곳이 붕괴되었다는 기록[19-2]과 관련된 후속조치로 판단된다. 즉 자연재해로 인해 많은 사망자가 있었고, 이러한 시신들이 참혹하게 거리 등에 방치되어 있었다고 추측할 수 있다.

이에 대해 성덕왕은 사망자 시신들을 그대로 방치하지 않고, 관리들에게 명하여 안장하였다. 이러한 국왕의 조치는 비록 실질적인 구휼은 아니었지만, 흉흉해질 수 있는 시국을 안정화시키는 효과를 가져왔을 가능성이 높다. 이렇듯 시국에 대처하는 성덕왕의 국정운영의 모습은 국왕으로서의 유교적 통치행위의 일면이 잘 드러나 있다.

한편 백성에게 丁田을 지급하였다는 기록은 국가재정과 관련하여 주의하여 살펴보아야 할 사실이다.

(성덕왕 21년 8월) 처음으로 백성들에게 丁田을 주었다.[24)]

성덕왕은 722년 8월에 田을 일반 백성에게 지급하는 조치를 하였다. 토지명은 '丁田'으로 丁에게 지급된 토지로 이해할 수 있다. 이때의 '丁'이란 「신라촌락문서」에 보이는 연령구분방식인 丁, 助子, 追子의 丁일 것이다. 문서에 丁女라는 기록이 있는 것으로 보아 丁男으로 이해해도 무방할 듯하다. 그렇다면 정전은 각 戶(또는 烟)의 정남에게 지급된 토지라 할 수 있다. 그렇다면 성덕왕이 정전을 지급하였던 이유는 무엇일까?

이에 대해 실질적으로 민에게 田을 지급하였기 보다는 국가가 민의 토지를 공인하고 수조권을 확보하였다거나, 또는 불모지 등을 개척하여 실질적으로 민에게 경작권을 주고 수조권을 확보하기 위한 조치 등으로 이해하였다.[25)] 이때의 '처음으로 주었다.'라는 표현에 주의할 필요가 있다. 아마도 국유의 불모지나 척박한 땅을 백성에게 실지로 제공하였을 가능

24) '始給百姓丁田.'(『삼국사기』 권8, 신라본기8 성덕왕 21년 가을 8월).

25) 백남운은 장정을 표준으로 급여하는 경지로(백남운, 1933, 『조선사회경제사』 ; 백남운, 1994, 이론과실천 재발간, 360~361쪽), 박시형은 당의 균전제와 같이 이해하였으며(박시형, 1960, 『조선토지제도사』(상), ; 박시형, 1994, 신서원 재발간, 133쪽), 강진철은 농민의 농토에 대하여 국가가 법제적 인정·절차를 거치거나 황무지를 給田하여 강제적 경작의무를 부과한 것으로(강진철, 1980, 「신라통일기의 토지제도」, 『고려토지제도사연구』, 6쪽), 김기홍은 종래부터 점유 내지 소유하던 民의 토지에 대해 국가가 소유권을 비로소 인정한 조치, 또는 無主地나 陳田에 대해 丁男에게 경작을 명령하는 조치(김기홍, 1991, 앞의 책, 209~210쪽) 등으로 이해하였다.

성이 높다.

이러한 조치로 민은 직접 생산에 참여, 생활고를 극복하는 기반을 갖게 되었을 것이다. 아울러 국가 입장에서는 수조권 지역의 확대로 인한 관료전 지급지역의 확보와 함께 조세 수입원의 증가라는 이중적인 효과를 볼 수 있었을 것이다. 정전의 지급이 당장의 단기적인 구휼의 효과를 거둘 수 있었을지는 의문이다. 그런 면에서 정전의 지급은 보다 근본적인 구제 시책으로,[26] 차후에 발생할 수 있는 국가재정난과 민의 생활고를 타개하기 위한 성덕왕의 장기적인 대책이었다 할 수 있다.

성덕왕대의 빈번한 遣唐使의 파견도 주목해야할 사실이다. 성덕왕대의 특징 중 하나는 적극적인 친당정책을 위한 빈번한 견당사 파견이었다. 성덕왕은 재위 36년 동안 성덕왕 35년(736)에 당에 사신으로 가다 사망한 왕의 從弟 대아찬 김상의 경우까지[27] 포함하면 총 34회였다.

물론 견당사 파견은 친당정책이라는 정치적 이해가 먼저이다. 그러나 이렇게 충실한 藩臣으로서의 신라의 태도는 당으로 하여금 浿江 이남의 땅을 신라에게 주는 결과를 가져왔다.[28] 물론 이러한 당의 조치는 신라를 이용, 발해를 견제하기 위한 목적이 있었으며, 성덕왕의 적극적인 친당정책의 목표가 영역 확장을 통한 토지 확보라고는 할 수 없다. 그러나 결과적으로 신라는 더 많은 영역을 확보하게 되었으며, 민의 생활고와 재정난을 타개할 수 있는 토지를 얻게 되었다.

이러한 추측은 성덕왕 35년(736)에 견당사를 파견하여 表를 올려 진사

26) 이기동, 1984, 『신라골품제사회와 화랑도』, 149쪽.

27) '遣從弟大阿金相朝唐 死于路 帝深悼之.'(『삼국사기』 권8, 신라본기8 성덕왕 35년 겨울 11월).

28) '副使金榮在唐身死 贈光祿少卿 義忠廻 勅賜浿江以南地.'(『삼국사기』 권8, 신라본기8 성덕왕 34년 2월).

한 내용 중에 '개간할 기회를 갖게 하고 農桑할 곳을 얻었다.'라는[29] 표현을 통해 확인할 수 있었다. 즉 패강 이남의 땅을 얻음으로서 당시 재정난을 해결할 기회로 성덕왕이 인식하고 있었음을 엿볼 수 있는 대목이다.

이런 면에서 성덕왕대의 빈번한 견당사 파견과 친당정책은 8세기 신라사에서 또다른 의미를 갖는다고 할 수 있다. 이러한 통치영역의 확보는 민에게는 경작할 토지를 통한 생활의 기반 터로 작용하였고, 국가재정면에서는 수조지역의 확보라는 결과를 가져왔다.[30]

사료에는 신라 왕들의 구휼정책이 많이 보인다. 그러나 대부분이 '순행하여 위로하였다.'는 상징적인 조치나 '노인이나 고아들에게 음식과 물건을 주었다.', '진휼하였다.'는 요식행위들이 대부분이었다. 이러한 조치가 가뭄이나 흉작으로 인한 생활고를 실질적으로 해소하는 방법은 아니었다.

그러나 성덕왕대의 救恤政策을 살펴보면 실질적이면서도 적극적이었으며, 한편으론 장기적인 정책들이었는데, 7개월간의 곡식 제공이나, 종자 지급 등이 대표적이다. 이외에 사망자들을 묻어주거나, 기우제의 개최라는 상징적인 조치를 통해 시국의 안정을 꾀하였으며, 정남에 대한 田의 지급과 적극적인 친당정책은 결과적으로 개간할 토지를 확보하는 효과를 가져왔다.

이러한 성덕왕의 국정운영은 爲民政策으로서 뿐만 아니라, 이를 통해 국가재정난의 발생 요인을 제거하고자 하는 국왕의 통치행위라고 할 수 있다. 또한 곡식의 직접 제공 사실을 보면 아직까지 국가재정에 그리 큰 문제가 없었다고 추측할 수 있다.

---

29) '遂使墾闢有期 農桑得所.'(『삼국사기』 권8, 신라본기8 성덕왕 35년 6월).
30) 전덕재, 1992, 앞의 논문, 42쪽.

## 2) 성덕왕 이후 재정난의 심화

성덕왕의 사후, 그의 둘째 아들인 효성왕이 즉위한다. 효성왕의 재위기간은 6년으로, 그 기간 동안에 지진이 2차례(737·742년) 발생하였다.[31] 성덕왕대 이후 자연재해는 간헐적으로 계속 발생하고 있었으나, 사료상 효성왕의 구휼정책은 확인할 수 없다. 이러한 자연재해는 다음 왕인 경덕왕대에도 계속 발생하였으며,[32] 중대 왕권의 마지막 국왕인 혜공왕대에도 자연재해는 이어졌다.

<표 13> 혜공왕대의 자연재해

| 연번 | 연도 | 내용 | 구분 |
|---|---|---|---|
| 3-1 | 767(3년) 6월 | 지진 발생 | 자연재해(1) |
| 5-1 | 769(5년) 5월 | 누리의 재해, 가뭄 | 자연재해(2) |
| 6-1 | 770(6년) 11월 | 지진 발생 | 자연재해(3) |
| 13-1 | 777(13년) 3월 | 서울에 지진 발생 | 자연재해(4) |
| 13-2 | 4월 | 지진 발생 | 자연재해(5) |
| 15-1 | 779(15년) 3월 | 서울에 지진 발생. 民屋이 무너지고 100여명 사망 | 자연재해(6) |

혜공왕대는 지진이 자주 발생하였으며, 이로 인해 혜공왕 15년(779)에는 많은 사망자가 발생하기도 하였다. 또한 누리로 인한 가뭄도 있었다. 그럼에도 중앙 차원의 구휼정책은 보이지 않았다. 이것은 사료의 누락으로 볼 수도 있지만, 재정난으로 인한 국가재정의 곤란과 혜공왕대의 정치적 혼란으로 실질적인 구휼이 불가능했을 가능성이 높다.

신라 하대에 이르러서도 자연재해는 끊임 없이 발생하고 있었다. 먼저 선덕왕대와 원성왕대의 자연재해와 구휼정책을 정리하면 <표 14>와 같다.

31) 『삼국사기』 권9, 신라본기9 효성왕 참조.

32) 논지전개상 경덕왕대의 자연재해와 국정운영의 모습은 다음에서 다루고자 한다.

<표 14> 선덕왕~원성왕대의 자연재해와 구휼정책

| 왕대 | 연도 | 내용 | 구분 |
|---|---|---|---|
| 선덕왕 | 781(2년) 7월 | 使者를 보내 패강 남쪽의 주와 군을 위로 | 구휼정책 1 |
| | 782(3년) 2월 | 왕이 한산주를 순행, 민호를 패강진으로 옮김 | 구휼정책 2 |
| | 783(4년) 2월 | 서울에 폭설 | 자연재해(1) |
| 원성왕 | 786(2년) 4월 | 우박으로 보리 피해 | 자연재해(1) |
| | 7월 | 가뭄 | 자연재해(2) |
| | 9월 | 王都民이 굶주려 粟 33,240석을 나누어 줌 | 구휼정책 1 |
| | 10월 | 또 粟 33,000석을 줌 | 구휼정책 2 |
| | 787(3년) 2월 | 서울에 지진 발생 | 자연재해(3) |
| | 7월 | 누리가 곡식을 해침 | 자연재해(4) |
| | 788(4년) 가을 | 서쪽 지방에 가뭄, 누리 발생<br>왕이 사신을 보내 안무 | 자연재해(5)<br>구휼정책 3 |
| | 789(5년) | 漢山州民이 굶주려 곡식을 내어 진휼함 | 자연재해(6)<br>구휼정책 4 |
| | 7월 | 서리가 내려 곡식을 해침 | 자연재해(7) |
| | 790(6년) 5월 | 곡식을 내어 한산주와 웅천주의 굶주린 민을 진휼함 | 구휼정책 5 |
| | 791(7년) 10월 | 서울에 폭설. 사람이 얼어 죽음 | 자연재해(8) |
| | 11월 | 서울에 지진 발생 | 자연재해(9) |
| | 793(9년) 8월 | 대풍이불고 나무와 벼가 쓰러짐 | 자연재해(10) |
| | 794(10년) 2월 | 지진 발생 | 자연재해(11) |
| | 795(11년) 4월 | 가물었으므로 친히 죄인들의 정상을 살핌 | 자연재해(12) |
| | 8월 | 서리가 곡식을 해침 | 자연재해(13) |
| | 796(12년) 봄 | 서울에 기근과 전염병 발생<br>왕이 창고를 열어 진휼 | 자연재해(14)<br>구휼정책 6 |
| | 797(13년) 9월 | 동쪽 지방에 누리가 곡식을 해침<br>홍수로 산이 무너짐 | 자연재해(15) |
| | 798(14년) 6월 | 가뭄 | 자연재해(16) |

하대의 첫 번째 국왕인 선덕왕(780~785)은 재위기간은 짧지만, 새로운 통치영역인 패강진 지역에 대해 관심을 가졌음을 확인할 수 있다. 즉 성덕왕대에 당으로부터 획득하여 경덕왕대에 지방영역화한 패강 이남지역

을 위로하고, 민호를 옮기는 등의 통치행위가 보인다. 이것은 아마도 통치영역의 안정화를 통해 안정적인 수조원을 확보하고자 하는 의도로 추측할 수 있다.

원성왕대(785~798)는 자연재해가 그 어느 시기보다 많이 발생하였고, 또한 민의 생활고도 많이 보였다. 가뭄·지진은 물론 농작물의 피해도 많았으며, 이로 인해 기근과 전염병까지 발생하였다. 이에 대해 원성왕은 적극적인 구휼정책을 실시하였다. 즉 기근이 발생하면 바로 곡식으로 민을 진휼하였다. 이렇게 곡식을 통한 직접적인 진휼은 원성왕대의 특징적인 현상으로, 중대의 성덕왕과 비교가 된다. 또한 가뭄과 누리가 발생했을 때는 그 지역에 사신을 보내어 안무하였고, 가뭄이 들면 직접 죄인의 정상을 살피는 등 시국의 안정을 위한 노력도 함께 행하였다.

이러한 원성왕의 적극적인 진휼은 이 시기에 이르러 국가재정이 안정적으로 운영이 되고 있었음을 간접적으로 보여주는 것이다. 이유는 정확히 알 수 없지만, 기근이 발생하면 바로 진휼로 이어지는 기록으로 보아 국가재정에 여유가 있었다고 추측할 수 있다. 그러나 동시에 이러한 적극적인 구휼정책은 차후에 국가재정에 문제가 발생할 가능성도 높아졌다. 이어서 애장왕대 이후의 자연재해와 구휼정책을 살펴보자.

애장왕 이후에도 지속적으로 자연재해는 일어났으며, 기근과 전염병 등으로 인해 사람들이 많이 사망하였다. 특히 기근으로 자식들을 팔아 自活하는 현상까지 발생하고 있어[33] 민의 생활고는 점차 더 열악해지고 있다고 추측할 수 있다. 이에 대해 각 국왕들은 구휼정책을 펼쳤다. 헌덕왕 6년(814)에 租調를 면제하거나 창고를 열어 진휼하는 모습 등이 보이지만, 원성왕처럼 적극적인 구휼이 이루어졌다고 볼 수는 없다.

---

33) '民饑 賣子孫自活.'(『삼국사기』 권10, 신라본기10 헌덕왕 13년 봄).

<표 15> 애장왕~문성왕대의 자연재해와 구휼정책

| 왕대 | 연도 | 내용 | 구분 |
|---|---|---|---|
| 애장왕 | 802(3년) 7월 | 지진 발생 | 자연재해(1) |
| | 803(4년) 10월 | 지진 발생 | 자연재해(2) |
| | 805(6년) 11월 | 지진 발생 | 자연재해(3) |
| | 807(8년) 8월 | 큰 눈 내림 | 자연재해(4) |
| | 809(10년) 7월 | 가뭄 | 자연재해(5) |
| 헌덕왕 | 814(6년) 5월 | 서쪽 지방에 홍수가 남<br>사자를 보내 수해를 당한 주와 군의 인민을 위문하고 1년간 租調를 면제해 줌 | 자연재해(1)<br>구휼정책 1 |
| | 815(7년) | 서쪽 변방의 주와 군에 큰 기근 | 자연재해(2) |
| | 816(8년) | 농사가 흉년이 되어 浙東으로 먹을 것을 구하는 자가 170명이나 됨. | 자연재해(3) |
| | 817(9년) 10월 | 사람들이 많이 굶어 죽음<br>주와 군에 명을 내려 창고의 곡식을 내어 진휼하도록 함 | 자연재해(4)<br>구휼정책 2 |
| | 820(12년) 봄·여름 | 가뭄 | 자연재해(5) |
| | 821(13년) 봄 | 백성들이 굶주려 자손을 팔아 생활 | 자연재해(6) |
| | 822(14년) | 폭설 | 자연재해(7) |
| 흥덕왕 | 827(2년) 8월 | 서울에 가뭄 | 자연재해(1) |
| | 828(3년) 3월 | 큰 눈 | 자연재해(2) |
| | 831(6년) 정월 | 지진 발생 | 자연재해(3) |
| | 832(7년) 봄·여름 | 가뭄 | 자연재해(4) |
| | 8월 | 흉년 | 구휼정책 1 |
| | 833(8년) 봄 | 큰 기근 | 자연재해(5) |
| | 10월 | 민이 전염병으로 많이 죽음 | 자연재해(6) |
| | 834(9년) 10월 | 남쪽 주군의 耆老及鰥寡孤獨한 자들을 위문하고 곡식과 布를 차등 지급함 | 구휼정책 2 |
| 문성왕 | 840(2년) | 4월부터 6월까지 비가 오지 않음 | 자연재해(1) |
| | 841(3년) 봄 | 서울에 전염병 | 자연재해(2) |
| | 848(10년) 봄·여름 | 가뭄 | 자연재해(3) |
| | 853(15년) 6월 | 홍수 | 자연재해(4) |
| | 8월 | 서남의 주와 군에 누리의 재해 | 자연재해(5) |
| | 855(17년) 정월 | 使者를 보내 서남의 백성을 위문함 | 구휼정책 1 |

도리어 앞 시기와는 다른 사회양상이 나타나기 시작했다. 헌덕왕 7년(815)에 큰 기근이 발생한 후 도적이 일어났다는 것은[34] 주의하여야 할 사실이다. 이러한 도적의 발생은 지금까지의 사료에서는 확인할 수 없었던 현상으로, 민이 생활고에 의해 각 지역에서 일탈하여 불법행위를 통해 스스로 생활하고자 하였던 기록으로 이해할 수 있다. 그만큼 민의 생활은 힘들어졌고, 국가재정에도 문제가 발생하고 있었음을 보여주고 있다. 이러한 도적의 발생 양상은 헌덕왕 11년에 이르러서는 더욱 사방으로 확대되고 있었으며,[35] 흥덕왕대에도 지속되었다.[36]

또한 각 지역을 떠나 저 멀리 중국 浙東까지 먹을 것을 구하러 가는 등 민의 지역 이탈현상도 보이기 시작하였다. 이것은 국가재정 수조원의 약화를 가져왔을 것이며, 아울러 신라의 재정난을 가중시켰을 것이다.

문성왕 이후에도 이러한 자연재해와 그로 인한 민의 기근은 계속되었다. 신라의 국왕은 이에 대해 위문과 진휼을 실시하였으며, 헌안왕 3년(859) 4월에 제방을 수리하고 농사를 권장하는[37] 정도가 9세기 중반 신라 왕권이 할 수 있는 재정난 극복책이었다. 결국 진성왕 3년(889)에는 貢賦가 들어오지 않아 나라의 창고가 고갈되는 현상이[38] 나타나기까지 하였다.

34) '西邊州郡大飢 盜賊蜂起 出軍討平之.'(『삼국사기』 권10, 신라본기10 헌덕왕 7년).
35) '草賊遍起 命諸州郡都督太守 捕捉之.'(『삼국사기』 권10, 신라본기10 헌덕왕 11년 3월).
36) '飢荒 盜賊遍起.'(『삼국사기』 권10, 신라본기10 흥덕왕 7년 8월).
37) '敎修完隄防勸農'(『삼국사기』 권11, 신라본기11 헌안왕 3년 4월).
38) '國內諸州郡 不輸貢賦 府庫虛竭 國用窮乏 王發使督促.'(『삼국사기』 권11, 신라본기11 진성왕 3년).

## 2. 경덕왕대의 재정난과 녹읍 부활

앞서 살펴본 바와 같이 8세기 이후부터 나타나기 시작하는 자연재해와 이로 인한 국가재정의 곤란함은 9세기 후반까지 지속되었다. 그렇다면 녹읍이 부활된 경덕왕대의 자연재해와 구휼정책을 살펴보자.

<표 16> 경덕왕대의 자연재해와 구휼정책1)

| 연번 | 연도 | 내용 | 구분 |
|---|---|---|---|
| 2-1 | 743(2년) 8월 | 지진 발생 | 자연재해(1) |
| 4-1 | 745(4년) 4월 | 우박 내림 | 자연재해(2) |
| 4-2 | 5월 | 가뭄 | 자연재해(3) |
| 5-1 | 746(5년) 4월 | 죄수 사면·백성들에게 잔치 베품 | 구휼정책 1 |
| 6-1 | 747(6년) 가을 | 가뭄 | 자연재해(4) |
| 6-2 | 겨울 | 눈이 안 옴 | 자연재해(5) |
| 6-3 | | 백성들이 굶주리고 전염병이 발생, 使者를 10도에 파견하여 위로 | 경제적 곤란상<br>구휼정책 2 |
| 8-1 | 749(8년) 2월 | 폭풍이 불고 나무가 뽑힘 | 자연재해(6) |
| 12-1 | 753(12년) 여름 | 큰 가뭄 | 자연재해(7) |
| 13-1 | 754(13년) 4월 | 우박 내림 | 자연재해(8) |
| 13-2 | 8월 | 가뭄과 해충의 피해가 있었음 | 자연재해(9) |
| 14-1 | 755(14년) 봄 | 곡식이 귀하여 백성이 굶주림 | 경제적 곤란상 |
| 14-2 | 7월 | 老疾鰥寡孤獨 위로, 곡식을 차등 지급 | 구휼정책 3 |
| 15-1 | 756(15년) 4월 | 큰 우박이 내림 | 자연재해(10) |
| 22-1 | 763(22년) 7월 | 경주에 대풍이 불어 기와가 날아가고 나무가 뽑힘 | 자연재해(11) |
| 24-1 | 765(24년) 4월 | 지진 발생 | 자연재해(12) |

효성왕의 同母弟인 경덕왕은 재위기간이 24년(742~765년)으로, 중대 국왕 중 성덕왕에 이어 가장 오랫동안 재위하였다. 사료에 따르면 경덕왕대에는 자연재해현상이 12번 발생하였다. 그 내용을 보면 지진·우박·가뭄·흉년·폭풍·蝗蟲·질병 등이며, 이로 인해 민은 飢餓에 허덕이며, 전염병에 감염되는 모습을 확인할 수 있었다. 경덕왕 14년(755)에 보이는 向德의 일화는[2] 효의 극진함을 기록해 놓고자 하는 『삼국사기』 편찬자의 의도와는 달리 경덕왕대 당시 민의 생활고를 적나라하게 보여준다.

이러한 재해의 피해를 구제하기 위해 경덕왕대도 구휼조치가 취해졌다. 먼저, 위로 성격의 구휼정책은 한 번 보이는데, 경덕왕 6년(747) 겨울에 민이 굶주리고 疫에 걸리자 10도에 사자를 보내어 위로하였던 것이 [6-3] 그것이다. 현실적인 구휼정책은 두 번 실시되었는데, 경덕왕 5년에는 잔치를 베풀었고[5-1],[3] 경덕왕 14년(755)에는 老疾鰥寡孤獨을 위로하고, 곡식을 차등 지급하였다[14-2]. 그러나 앞서 성덕왕과 비교하면 직접적인 구휼정책은 보이질 않았다. 이러한 차이를 어떻게 이해를 해야 할까?

적극적인 구휼정책에는 반드시 재정 문제가 발생한다. 적극적이라 함은 그만큼 많은 비용과 노력이 필요하기 때문이다. 사서에서 확인할 수는 없지만, 성덕왕이 707년의 예와 같이 직접적인 곡식 지급의 경우가 더 있었다면, 이후 국가재정은 점차 어려워졌을 가능성은 높았다.

효소왕 때부터 시작된 자연재해는 경덕왕 때까지 거의 50년 동안 지속되었다고 할 수 있다. 이러한 지속적인 재해로 국가 입장에서도 재정적인

1) 『삼국사기』 권9, 신라본기9 경덕왕 및 『삼국유사』 권4, 義解5 賢瑜加·海華嚴을 기준으로 정리하였다.

2) 『삼국사기』 권48, 열전8 향덕 참조.

3) 이 사료는 '賜大酺'라는 표현으로 보아 사면 이후 열린 큰 잔치로 이해하는 것이 더 합리적이다. 그러나 현물 지급이라는 면에서 구휼정책으로 이해하였다.

어려움이 더욱 가중될 가능성이 높았다. 즉 경덕왕이 실질적으로 구휼의 의지를 가지고 있었다 하여도, 장기간의 재해로 인한 국가재정의 궁핍으로 인해 좀더 적극적인 대처가 불가능했을 수 있었다.

그러나 경덕왕대에는 구휼정책 외에도 재정난 극복을 위한 노력이 확인된다. 바로 14개 군현의 설치이다.

> (경덕왕 7년 8월) 처음으로 大谷城 등 14개의 군현을 두었다.[4)]

> (경덕왕 21년 5월) 五谷·鵂巖·漢城·獐塞·池城·德谷 여섯 곳에 성을 쌓고, 각각 태수를 두었다.[5)]

경덕왕은 경덕왕 7년(748)에 처음으로 대곡성 등 14개의 군과 현을 두었으며, 경덕왕 21년(762)에는 오곡 등 6개 군에 성을 쌓았다. 이 기록에 대해서는 연구자들마다 약간의 견해 차이를 보이는데, 경덕왕 7년의 기록은 후대 설치까지 대략 계산하여 설치하였다는 견해와[6)] 경덕왕 21년의 6군 기록은 헌덕왕대에 取成郡과 領縣 등 4개 군현 설치 기록을 통해[7)] 경덕왕 5년에 설치한 10개 군현 중 경영상의 곤란으로 소멸되었던 것을 再興하였거나, 명목적 설치에서 실질적 군현제도를 추진하였던 것으로 보기도 한다.[8)]

이기동은 지리지의 한주에 보이는 예성강 이북의 전체 군현 수와 일치

---

4) '始置大谷城等十四郡縣.'(『삼국사기』 권9, 신라본기9 경덕왕 7년 가을 8월).
5) '築五谷鵂巖漢城獐塞池城德谷六城 各置太守.'(『삼국사기』 권9, 신라본기9 경덕왕 21년 여름 5월).
6) 藤田亮策, 1953, 앞의 논문, 362쪽.
7) 『삼국사기』 권35, 잡지4 지리2 신라 한주 취성군 참조.
8) 井上秀雄, 1961, 「三國史記地理志の史料批判」, 『朝鮮學報』 21·22, 朝鮮學會 ; 井上秀雄, 1974, 『新羅史基礎研究』, 87쪽.

한다고 보고, 경덕왕 7년에 먼저 4현을 설치하였고, 경덕왕 21년에 6개의 군현을 설치하였으며, 그리고 헌덕왕대에 취성군과 領縣 3개를 설치하였던 것으로 보았다.[9)]

이 기록은 성덕왕 34년(735)에 당으로부터 패강 이남의 땅을 얻은 이후의 후속조치로 판단되는데, 이에 대해서는 이미 재정적인 문제와 연결하여 이해한 견해가 있다. 즉 이 지역은 곡창지대라는 지리적 특성상 이미 많은 사람들이 유입되어 신라의 각종 경제적 부담에서 벗어나 있었는데, 군현의 설치를 통해 수취원의 확대를 가져왔다는 것이다.[10)]

이러한 지적은 적절한 것으로, 성덕왕대에 확보한 영토를 경덕왕대에 점차적으로 통치영역화하였음을 보여주는 기록이다. 이런 경우 주의할 점은, 성덕왕대에 얻은 영토를 13년이 지난 이후에나 처음으로 그 지역에 군현을 설치하였다는 것이다.

군·현의 설치란 지방관 파견과 축성 등의 과정을 걸쳐 국가의 통치영역으로 편입됨을 의미한다. 그런 면에서 성덕왕 말년의 영토 확보 후, 효성왕대를 지나 경덕왕 7년에 국가영역으로 편입되고 있었음은 점차 증가하는 재정난의 타개를 위한 하나의 방편임은 분명하다.

물론 이 지역이 이전부터 실질적으로 신라가 점령하였고, 많은 사람들이 국가의 각종 경제적 부담에서 벗어나 있었는지[11)] 여부는 의문이지만, 신라 중앙은 개간할 경작지의 확보를 위한 徙民과 자발적 이주를 통해 민

9) 이기동, 1976, 「신라하대의 패강진-고려왕조의 성립과 관련하여-」, 『한국학보』 4, 일지사 ; 이기동, 1980, 『신라골품제사회와 화랑도』, 일조각, 214~215쪽. 반면 14군현은 사료 그대로 일시에 설치되었던 것으로 보기도 한다(배종도, 1989, 「신라하대의 지방제도 개편에 대한 고찰」, 『학림』 11 ; 강봉룡, 1997, 「신라하대 패강진의 설치와 운영 -주군현체제의 확대와 관련하여-」, 『한국고대사연구』 11).

10) 전덕재, 1992, 앞의 논문, 42쪽 주103.

11) 전덕재, 1992, 앞의 논문, 42쪽 주103.

으로부터의 수취가 가능하게 되었을 것이다. 민도 가뭄과 굶주림, 질병 등으로 인한 생활고를 벗어나 생계를 유지할 수 있는 새로운 터전으로 인식하였을 것이다. 이러한 영역 확대와 국가의 통치영역화가 어느 정도 실질적인 효과를 거두었는지 알 수는 없지만, 장기적으로는 재정난을 타개하고자 하는 경덕왕의 정책으로 이해할 수 있다.

경덕왕대의 군현 설치를 통한 장기적인 재정난 타개책과 함께 경덕왕 16년(757)에는 月俸을 폐지하고 녹읍을 다시 주는 관료보수의 변경이 이루어졌다.

(경덕왕 16년 3월) 內外群官의 월봉을 없애고, 다시 녹읍을 주었다.[12)]

앞서 살펴본 국가 통치영역의 확대를 통한 경작지의 확보는 성덕왕대 패강 이남의 땅을 얻은 이후의 후속조치였지만, 그것으로 당장의 재정적 실효를 거두는 것은 아니었다. 즉 이러한 장기적인 대책 외에, 경덕왕은 현실적인 재정난 타개 정책이자 즉각적이고 현실 가능한 방법으로 68년 전 폐지된 녹읍 부활을 선택한 듯하다. 즉 관료보수로써 현물 지급인 월봉을 없애고, 지역 지급 방식인 녹읍을 지급한 것이었다.

재정적 측면에서 녹읍 지급의 이점을 정리한 견해가 있다. 이에 따르면 첫째, 관리들의 租를 중앙에서 지출할 필요가 없기 때문에 지출을 줄이는 커다란 효과가 있으며, 둘째, 녹읍 부활을 통해 조세수취의 곤란함도 녹읍주에게 떠넘겨 해결할 수 있으며, 셋째, 조세 수취와 운반 비용 등과 행정력의 낭비를 모두 녹읍주에게 전가하여 중앙재정의 낭비도 줄일 수 있다고 보았다.[13)] 이러한 이해방법은 재정적 이유로 녹읍이 부활되었다는

12) '除內外群官月俸 復賜祿邑.'(『삼국사기』 권9, 신라본기9 경덕왕 16년 3월).
13) 전덕재, 1992, 앞의 논문, 47쪽.

사실에 대해서 어느 정도 답을 주었다고 할 수 있다.

앞서 살펴본 재정적 측면의 이점은 대부분 국가 입장에서 이해한 바였다. 그렇다면 다시 녹읍을 지급받는 관료들은 어떠한 면에서 이점이 있었을까? 연구자들마다 약간의 차이가 있는데, 친왕파나 반왕파 모두,[14] 경덕왕대 전제왕권의 지지자로서 새로이 성장한 관료적 진골귀족 세력들,[15] 귀족관료들을 비롯한 녹읍주들은[16] 녹읍을 월봉보다 실질적인 경제적 이득이나 경제적 기반으로 선호하였으며, 자의적인 수취가 가능하다는 점 등 때문에 녹읍 지급에 대해 찬성을 했을 것으로 보았다. 이러한 견해는 경제적 이득이라는 일면으로는 이해가 된다. 아마도 진골귀족들은 앞서 서술한 재정적 이점 등을 내세워 국가적 재정 위기를 극복하는 정책으로 녹읍 부활을 먼저 제시했을 가능성이 높다.

또한 점차 어려워지는 국가재정으로 인해 관료보수로서 현물인 租의 지급에도 문제가 발생하였을 가능성이 있었다. 이에 관료들은 租가 아닌 지역 지급을 요청하였을 것이다. 이러한 추측은, 국가 입장에서는 민을 위한 구휼정책 못지않게 국가통치조직의 운영을 위한 관료들의 경제적 보수라는 면에서 중요한 현실적 당면문제였다.

직접적인 구휼정책이 경덕왕대에 이루어지지 못했던 것은 효소왕대 이후 장기간의 자연재해로 인해 국가재정이 어려웠기 때문일 가능성이 높다. 이에 경덕왕은 장기적으로는 새로운 군현의 설치를 통해 收租地를 확보하고자 하였고, 현실적으로는 관료보수의 지급방식을 변경함으로써 당장의 재정적 문제를 해결하고자 하였다.

그 외에도 경덕왕대의 몇 가지 특징적인 사실을 확인할 수 있었다. 면

---

14) 이기백, 1996, 『한국고대정치사회사연구』, 339~340쪽.

15) 이희관, 1992, 앞의 논문, 82쪽.

16) 전덕재, 1992, 앞의 논문, 47쪽.

저, 관심이 가는 것은 749년에 天文博士 1인과 漏刻博士 6인을 두었다는 기록이다.[17] 아마도 8세기 이후 더욱 더 빈번히 발생하는 자연재해를 극복하기 위해 전문기술자를 통한 제도적 대응방법이라 할 수 있다. 또한 753년 여름에 큰 가뭄이 들었을 때, 경덕왕은 大德 大賢에게 금광경을 講하여 단비를 빌게 하였던 기록으로 보아[18] 민들의 생활고, 그리고 국가재정난으로 인해 어수선한 시국을 극복하고자 하는 국정운영의 모습을 보여주고 있다.

68년 전의 녹읍 폐지가 경제적 뿐만 아니라 정치적 목적 하에 이루어졌다는 사실을 상기한다면, 녹읍 부활도 재정적 문제뿐만 아니라 그와 같은 정치적 시각으로 이해할 수 있다. 기존에 진골귀족의 정치력 강화에 의한 결과라고 보는 견해나,[19] 정치세력과의 정쟁 또는 타협에 의한 산물이 녹읍의 부활이라고 보는 견해는 이러한 이유 때문일 것이다. 이러한 견해에서 다음의 사료는 주목된다.

> (경덕왕 15년 2월) 상대등 김사인이 근년에 재앙과 이변이 자주 나타났으므로, 상소하여 時政의 득실을 극론하니 왕이 이를 기쁘게 받아들였다.[20]

> (경덕왕 22년) 대나마 이순은 왕이 총애하는 신하였는데, 홀연히 하루아침에 세상을 피하여 입산하였다. 왕이 여러 번 불렀으나 나오지 않았다. … 나중에 왕이 음악을 좋아한다는 말을 듣고 곧 궁문에 나아가 간하여 아뢰었다. "신이 듣건대 옛날 桀과 紂가 주색에 빠져 음탕한 음악을 그치지 않

17) '置天文博士一員 漏刻博士六員.'(『삼국사기』 권9, 신라본기9 경덕왕 8년 춘3월).
18) '夏大旱 詔入內殿 講金光經 以祈甘霆一日齋 … 斯須井水湧出 高七丈許.'(『삼국유사』 권4, 義解5 賢瑜加·海華嚴).
19) 강진철, 1969, 앞의 논문, 28쪽.
20) '上大等金思仁 以比年災異屢見 上疏極論時政得失 王嘉納之.'(『삼국사기』 권9, 신라본기9 경덕왕 15년 춘2월).

> 다가, 이로 인하여 정사가 쇠퇴하게 되고 나라가 망하였다고 합니다. 앞에 엎어진 수레가 있으면 뒤의 수레는 마땅히 경계하여야 합니다. 엎드려 바라건대, 대왕께서는 허물을 고치고 스스로 새롭게 하여 나라의 수명을 길게 하소서" 왕이 그것을 듣고 감탄하여, 음악을 그치고는 곧 그를 正室로 인도하여 불교의 오묘한 이치와 나라 다스리는 방책을 며칠 동안 듣다가 그쳤다.[21]

위의 사료는 경덕왕대에 들어 이전까지 보이지 않던 충신들의 적극적인 간언 사실이다. 먼저, 상대등인 김사인이 時政의 득실을 상소하였다. 특히 총신인 이순 같은 경우는 스스로 물러나 세속을 등지고 살다, 나중에는 직접 왕에게 간언을 올렸는데, 간언의 내용을 보면 악덕의 대명사인 桀紂을 예로 들며 극렬하게 비판을 하였다.

김사인은 경덕왕 4년(745) 정월에 상대등에 임명되어 경덕왕 15년(756) 2월에 시정의 득실을 극론하는 상소를 하였고, 그 다음 해인 경덕왕 16년 정월에 병으로 상대등을 면하였는데,[22] 바로 그해 3월에 녹읍이 부활되었다. 김사인에 대해서는 다양한 견해들이 있다. 김사인의 상소는 왕당파라 부를 수 있는 경덕왕 중심의 일파가 전제주의적 개혁을 단행하려고 하는 계획에 반대한 것으로 보아 반왕파로 보거나,[23] 반대로 김사인은 친왕파이며, 녹읍 부활에 반대하였다고 보는 견해도 있다.[24] 반면 김사인은 친왕적인 인물이지만, 녹읍 부활을 진언한 인물로 파악하기도 하였다.[25]

---

21) '大奈麻李純爲王寵臣 忽一旦避世入山 累徵不就 … 後聞王好樂 卽詣宮門諫奏曰 臣聞 昔者桀紂 荒于酒色 淫樂不止 由是 政事凌遲 國家敗滅 覆轍在前 後車宜戒 伏望 大王改過自新 以永國壽 王聞之感歎 爲之停樂 便引之正室 聞說道妙 以及理世之方 數日乃止.'(『삼국사기』 권9, 신라본기9 경덕왕 22년).

22) 『삼국사기』 권9, 신라본기9 경덕왕 4·15·16년 참조.

23) 이기백, 1974, 『신라정치사회사연구』, 일조각, 218쪽.

24) 이영호, 1990, 「신라 혜공왕대 정변의 새로운 해석」, 『역사교육논집』 13·14합집, 46쪽.

25) 전덕재, 1992, 앞의 논문, 47쪽.

김사인과 이순의 상소와 간언을 통해서 당시의 정치적 갈등을 상정할 수도 있다. 그러나 두 인물 모두 국왕의 측근, 또는 총신으로 파악되기 때문에 이것을 정치 갈등으로 이해하기에는 힘들다. 이들의 상소에 경덕왕은 모두 기쁘게 받아들였기 때문에 국왕과 정치세력간의 갈등관계가 발생할 소지는 없어 보였다. 따라서 경덕왕 초기의 상대등 임명 이후 13년 동안 상대등으로 재직하였고, 그의 극론이 嘉納되는 점, 비록 병을 이유로 사직하였지만, 녹읍이 부활되기 2개월 전에 상대등을 그만 두었다는 사실 등으로 보아 김사인은 이미 관료화를 거친 진골귀족으로 녹읍의 부활에 반대했을 가능성이 높다.26)

녹읍의 폐지와 부활은 신문왕대와 경덕왕대 당시의 시대적 상황을 반영하여 이해하여야 한다. 즉 중대 초기인 신문왕대에는 중고기와는 다른 지배체제를 형성하고자 기존의 정치세력들인 진골귀족의 관료화를 위한 경제적·정치적 행위가 녹읍 폐지에 반영이 되었다. 하지만 이미 안정적인 중대 왕권이 형성이 된 8세기 중반 경덕왕대의 녹읍 부활은 상대적으로 정치세력과의 관계 속에서 이해할 요인들이 적어졌다고 할 수 있다. 도리어 앞서 살펴본, 8세기 들어서 빈번히 발생하는 재해현상과 그로 인한 재정난이 당시 신라사회의 특징적 현상이었다 할 수 있다. 김사인의 상소에 보이는 재앙과 이변에 대한 언급은 이러한 현상의 반영이었다.

그런 면에서 김사인은 재정난으로 인한 녹읍으로의 관료보수 변경이 신라 국왕권과 통치권에 상당한 훼손을 초래할 것이라는 이유로 녹읍 부활에 반대하였고, 반면 녹읍 형태의 관료보수가 경제적 이득이 있음을 알고 있는 진골귀족 관료들은 지속적으로 재정 여건을 타개할 수 있는 현실

26) 이영호, 1990, 앞의 논문, 46쪽. 반면 전덕재는 김사인이 당시 시정책으로서 녹읍제 부활을 진언했을 가능성을 제시했다. 그러나 김사인을 반왕파로 보는 것은 아니다(전덕재, 1992, 앞의 논문, 47쪽).

적인 정책으로 녹읍의 부활을 요구하였을 것이다. 이러한 논의에서 결국 국왕은 녹읍 부활을 결정하였으며, 그 결과에 책임을 진 상대등 김사인은 3월에 녹읍이 부활되기 이전인 정월에 관직에서 물러나게 되었던 것으로 본다.27)

그렇다면 왜 경덕왕대에 녹읍이 다시 지급되었는가에 대해서, 직접적인 사료의 부족으로 논의에 한계가 있지만 한번 더 생각해 볼 필요가 있다. 이와 관련하여 녹읍의 폐지와 부활을 역사적 추이를 통해 이해한 견해를 먼저 살펴보자.

녹읍은 고대 초기국가 시기 諸加의 邑落·下戶에 대한 지배·수취와 연계되고, 명분상 기능상 국왕·국가와 신료 사이의 의리관계를 待遇와 奉供으로 묶은 采地·封邑의 정신에 이어지는 것으로 보고, 귀족·관료의 世家로서의 대우조치가 신라의 녹읍 시행의 정신이었다고 보았다.28) 따라서 녹봉으로의 변경은 귀족적 문벌, 그 신분적 우월의 지속까지 승인하는 것이 아니었기 때문에 귀족·관료들은 녹읍의 혁파 후에도 제도상으로 다시 복구할 것을 요청하였다. 이에 녹읍을 다시 실시할 수 있는 여건에 이르러 토지분급을 통한 世祿의 회복을 요구하였을 것이고, 그것이 경덕왕대의 녹읍의 부활이라는 것이다.29) 이 견해는 토지제도로서 녹읍이 가지고 있는 기본적 성격과 녹읍을 선호하는 정치적·경제적 성격을 적절히 설명하고 있다.

녹읍이 당장의 재정문제를 해결하는 데에 유용하다는 것은 일리가 있다. 당시에 국가적으로 재정적인 어려움이 컸었다면, 앞서의 여러 재정적 이점은 국가에서 녹읍을 부활하였던 개연성 있는 이유였다. 그러면 녹읍

27) 이영호, 1995, 『신라 중대의 정치와 권력구조』, 경북대박사학위논문, 70~71쪽.
28) 이경식, 1999, 「신라시기 녹읍제의 시행과 그 추이」, 『역사교육』 72, 17~18쪽.
29) 이경식, 1999, 앞의 논문, 21~25쪽.

의 부활이 가져올 수 있는 위험성을 국왕 등 당시의 지배세력들이 어느 정도 인지하고 있었는지 궁금하다.

이에 대해 부활된 녹읍은 이미 국가의 제도정비의 선상에서 나온 것으로 토지·호구·재산 등에 대한 정확한 파악과 원활한 행정력의 뒷받침 속에서 월봉에서 녹읍으로 바꾸어 지급하는 정책을 할 수 있었다거나,[30] 이후 실시된 漢化政策 등 중앙집권력을 강화할 수 있는 여러 가지 정책의 시행을 통해 당시 집권세력이 정치사회적인 불안을 해소하기 위해 상호보완적인 조치였다고 보는 견해[31] 등은 이와 같은 녹읍의 문제점을 간파한 시각이었다.

이러한 시각은 국왕과 진골귀족들간의 정치적 승리와 견제라는 시각으로 보지 않았다는 점에서 한편으로 일리는 있지만, 또 한편으론 녹읍제의 파행운영에 따른 지배체제의 불안현상을 우려하거나,[32] 시간의 경과에 따른 녹읍주의 私的 수탈이 강화될 것으로 예상하는 것은[33] 녹읍의 부정적 요인을 충분하게 당시의 상황에서 해석하였다고 볼 수 없다. 특히 재정적 문제를 해결하기 위한 녹읍 부활이 국가 지배체제의 불안함을 가져올 수 있는 것을 예상하면서도 그것을 해소하기 위한 조치가 官號와 주군현의 영속관계의 조정에 그치는 것은 선뜻 이해가 가지 않는다.[34]

신문왕대에 지역지배의 성격을 가졌던 진골귀족들의 관료보수를 혁파하고, 국왕 중심의 중앙집권체제를 지향하고 확립하기 위한 조치가 녹읍

30) 김기흥, 1991, 『삼국 및 통일신라 세제의 연구』, 156~157쪽.
31) 전덕재, 1992, 앞의 논문, 48~49쪽.
32) 전덕재, 1992, 앞의 논문, 48쪽.
33) 김기흥, 1991, 앞의 책, 156~157쪽.
34) 물론 전덕재는 이외에 율령박사 2인 설치를 사회기강을 바로잡기 위한 법체계의 강화로 보고 있지만(전덕재, 1992, 앞의 논문, 48~49쪽), 박사가 실무직임을 고려하면 옳은 예는 아니다.

폐지였다고 한다면, 녹읍 부활이 가져올 수 있는 부정적 요인은 능히 짐작된다.[35] 그런 면에서 경덕왕의 지지자들이나 모든 녹읍 수급자들이 찬성했을 것이라는 견해에는 동의하지 않는다.

즉 재정난의 완화라는 면보다 국왕권의 안정이라는 측면에서 부정적 요인으로 작용할 가능성 때문에 일부 관료들의 반대도 상정할 수 있다. 아마도 이러한 녹읍 부활에 대해 관료들 사이에서 치열한 논의가 이루어졌을 가능성이 높은데, 앞서 살펴본 당시의 상대등인 김사인은 녹읍 부활에 반대하였을 것이다.

녹읍의 부활이 어느 정도 국가의 재정난 극복에 실효가 있었는지 알 수는 없다. 하지만 당장 중앙관료의 월봉이 지출되지 않음으로서 일시적으로 국가재정에 가시적인 효과를 거두었거나, 월봉 대신 녹읍을 지급함으로써 안정적인 국가운영을 위한 관료보수로서의 경제적 효과도 있었을 가능성은 충분하다. 또한 기존 견해처럼 중고기의 녹읍과는 달리 일정한 제약과 제도적 장치가 있었을 것으로 생각하므로,[36] 수취 면에서 이전의 녹읍과 동일한 조건은 아니었을 것이다.

그러나 지급단위가 地域이라는 녹읍의 기본적 속성상, 당시의 재정난을 극복하기에는 일시적인 조치로는 효과가 있을지 모르겠지만, 결과적으로는 차후 국왕권의 약화와 국가운영의 난맥을 불러일으킬 수 있는 부정적 요소들이 함축되어 있었다.

이전의 녹읍이 지방통치에 있어서 행정적 성격이 미약한 중고기의 관료보수임을 고려한다면, 경덕왕 때에는 이미 지방관인 현령 등을 통해 민

35) 그런 면에서 녹읍제의 혁파가 국가와 민의 직접 지배관계를 주축으로 한 중대 지배체제의 전형을 형성한 것으로 본 전덕재의 견해(전덕재, 1992, 앞의 논문, 35쪽)는 녹읍 부활에도 역으로 적용할 수 있을 것이다.

36) 김기홍, 1991, 앞의 책, 154~157쪽.

에 대한 직접지배가 이루어지고 있었던 시기였다.「신라촌락문서」에 보이는 '當縣'은 중대의 주군현제에서 4개의 촌을 국가가 직접 지배하기 위한 영속기구임을 보여주는 예이다.

官僚田과 달리 토지가 아닌 지역 단위의 수조권 배분은 그 지역에서 유무형의 수탈을 가능하게 할 소지는 크다. 앞서 기존 연구자들이 진골귀족 관료들이 租보다 녹읍을 선호하는 이유를 지적한 것은, 이러한 점을 고려한 적절한 견해라 하겠다. 즉 그 지역 지방관에 의한 대민지배가 이루어지는 상태에서 녹읍 지급 관료들과 지방관 사이에 대민지배와 관련하여 충돌할 가능성은 높아 보이는데, 그중 수조 외에 力役 관련이 큰 문제로 대두될 수 있었다.

이러한 이해는 축성 등 국가사업시 동원이 필요한 역역과 그 지역 수조를 위한 경작 인력이 충돌할 경우, 국가의 강제력이 어느 정도까지 힘을 발휘할 수 있을지 미지수라는 것이다. 이것은 녹읍을 받은 관료들이 수조권을 명목으로 인민의 역역 동원도 수조지역을 단위로 자의적으로 할 가능성이 그만큼 높아짐을 의미한다.

당면한 국가·인민의 재정적 위기를 극복하기 위해 지역지배의 속성이 강한 녹읍이라는 관료보수로의 변경은 이후 통치영역의 직접지배라는 중대 왕권의 통치체제를 점차 약화시켰던 일면으로 파악할 수 있다. 그러나 한편으론 재정난 극복을 위한 경덕왕의 국가적 경제·재정 정책으로 이해할 수 있다. 이것은 앞서 살펴본 경덕왕 이후 신라 하대에 이르기까지 국가의 재정난 극복의 모습을 통해서 알 수 있다.

앞서 살펴본 바와 같이, 경덕왕 이후에 각 국왕의 재정난 극복방법을 살펴보면 위문과 진휼, 곡식 제공 등이 대부분이다. 이러한 방법들은 민의 생활고에 대한 국가차원의 일반적인 구휼정책으로, 당시의 가뭄과 굶주림에 대한 즉각적인 조치였다. 물론 원성왕대에는 아마도 재정적으로

호전이 되어 상당량의 賑恤米가 민에게 공급되기도 하였지만, 국가재정을 증대하기 위한 그 이상의 재정정책의 실시는 보이지 않는다. 즉 경덕왕 이후 장기적이고, 현실적으로 효율적인 정책 실시는 확인할 수 없었다.

이것은 성덕왕대의 丁田의 실시, 종자의 지급, 경덕왕대의 새로운 군현의 설치를 통한 수조원의 확보와 같은 국가 차원의 장기적이고, 근본적인 정책은 더 이상 실시되지 않았음을 보여준다. 그런 면에서 경덕왕대까지는 중대 왕권의 정치적 안정 속에서 재정적 문제가 발생했을 때 그것을 극복하기 위한 정책적 노력을 기울였던 것 같다.

경덕왕대 녹읍으로의 관료보수의 변경도 이와 같은 국가 정책으로 이해할 수 있다. 즉 현물인 租를 지급하지 않음으로써 민의 생활고를 안정화하기 위한 국가재정의 확보와 관료들의 안정적 보수지급을 통한 원활한 국가운영을 위해 실시한 국가정책의 변경이었다. 그런 면에서 정치적으로 이후 중대 왕권의 지배체제를 약화시키는 빌미를 제공하였지만, 이후 이러한 국가 차원의 정책이 더 이상 실시되지 않았던 것으로 보아 중대 왕권이 현실적으로 재정난에 대해 실시하였던 마지막 재정정책이라 할 수 있다.

녹읍의 부활과 함께 그해 12월에는 9주의 명칭을 唐式으로 바꾸었고, 그 소속 군현의 수를 명기하였다. 그리고 바로 다음 해인 759년 정월과 2월에는 관직 명칭인 大舍·舍知 등을 唐式으로 변경하였다. 이른바 한화정책(2차)이 실시되었다.

> (경덕왕 16년 12월) 사벌주를 상주로 고치고 1주·10군·30현을 거느리게 하였고, … 무진주를 무주로 고치고 1주· 14군· 44현을 거느리게 하였다(良州는 梁州로도 썼다).[37)]

37) '改沙伐州爲尙州 領州一郡十縣三十 良州爲良州 領州一小京一郡十二縣三

(경덕왕 18년 정월) 병부와 창부의 卿과 監을 侍郞으로 고쳤고, 大舍를 郎中으로 고쳤으며, 執事舍知를 執事員外郞으로 고쳤고, 執事史를 執事郞으로 고쳤다. 조부·예부·승부·선부·영객부·좌우의방부·사정부·위화부·례작전·대학감·대도서·영창궁 등의 大舍를 主簿로 고쳤고, 상사서·전사서·음성서·공장부·채전 등의 大舍를 主書로 고쳤다. 2월에 예부의 舍知를 司禮로, 조부의 舍知를 司庫로, 영객부의 舍知를 司儀로, 승부의 舍知를 司牧으로, 선부의 舍知를 司舟로, 예작부의 舍知를 司例로, 병부의 弩舍知를 司兵으로, 창부의 租舍知를 司倉으로 고쳤다.[38)]

녹읍의 부활 이후 경덕왕 16년 12월에 실시되었던 지명의 개명을 이해하는 시각은 연구자들마다 약간의 차이가 있다. 단순한 개명이 아닌 邑格의 승강과 영속관계의 변화도 포함되었을 것으로 보는 견해와[39)] 이때의 改名은 군현제 내부의 재조정과 군현 설치의 재정리를 의미하는 것으로, 주의 문제로 한정할 경우 지명의 개정 수준을 넘어서는 것은 아니라는 시각이 있다.[40)]

물론 이러한 개명작업을 단순한 외피의 변경으로 보기는 힘들다. 그래

十四 菁州爲康州 領州一郡十一縣二十七 漢山州爲漢州 領州一小京一郡二十七縣四十六 首若州爲朔州 領州一小京一郡十一縣二十七 熊川州爲熊州 領州一小京一郡十三縣二十九 河西州爲溟州 領州一郡九縣二十五 完山州爲全州 領州一小京一郡十縣三十一 武珍州爲武州 領州一郡十四縣四十四 良州一作梁州.'(『삼국사기』 권9, 신라본기9 경덕왕 16년 겨울 12월).

38) '改兵部倉部卿監爲侍郞 大舍爲郎中 改執事舍知爲執事員外郞 執事史爲執事郞 改調府禮部乘府船府領客府左右議方府司正位和府例作典大學監大道署永昌宮等大舍爲主簿 賞賜署典祀署音聲署工匠府彩典等大舍爲主書 二月改禮部舍知爲司禮 調府舍知爲司庫 領客府舍知爲司儀 乘府舍知爲司牧 船府舍知爲司舟 例作府舍知爲司例 兵部弩舍知爲司兵 倉部租舍知爲司倉.'(『삼국사기』 권9, 신라본기9 경덕왕 18년 춘정월 및 2월).

39) 木村誠, 1976, 「新羅郡縣制の確立過程と村主制」, 『朝鮮史硏究會論文集』 13, 朝鮮史硏究會.

40) 이문기, 1990, 앞의 논문, 12쪽.

서 녹읍과 관련하여 이해한 견해는 주목된다.[41] 귀족에 대한 타협책으로 녹읍 부활을 제시하였다는 것이다.

정치적인 목적하에 군사력과 경제력 확보를 위한 실질적인 조정이 이루어진 것으로 보는 견해가 있는데,[42] 이러한 漢化政策의 추진은 전제왕권의 성립과 강화를 위함이라는 것이다. 좀더 살펴보면, 신문왕대 9주 5소경의 정비 때 재지질서가 해체되지 않고 그 틀을 유지한 채 편입되었던 고구려·백제의 옛 땅과 촌락질서를 실질적으로 조정하였다는 것이다. 즉 경덕왕대의 군현제 개편을 대내외적 상황 속에서 체제정비로 파악하고, 대외적으로는 발해의 대두와 唐 내부의 혼란이, 대내적으로는 수취체제의 모순 및 정비 등을 위해 지배층의 정치적 타협 위에 시행된 국가체제 정비사업으로 파악하였다. 특히 녹읍 부활도 이와 관련하여 이해하고 있는데, 친왕파는 체제정비를 위한 타협책으로 반왕파에게 '녹읍 부활'을 제시하였다는 것이다. 그러나 군현제 개편과 어떠한 연관이 있는가에 대해서 구체적인 언급이 없어 아쉽다.

경덕왕 18년의 관호개혁에[43] 대해서도 이해에 차이가 있다. 이기백은 몇 가지의 특징과 함께 신라의 고유한 관호를 漢式으로 변혁한 것으로, 한화정책은 경덕왕 혼자만이 아닌 중대에 있어서의 일관된 정책으로 파악하였고, 이것은 과거의 진골귀족의 연합을 부정하고 왕권의 전제화를 촉진시키는 경향의 표현으로 파악하였다. 즉 신라통일기 국왕의 시호가

41) 村上四男, 1978, 『朝鮮古代史硏究』, 171쪽.

42) 한준수, 1998, 「신라 경덕왕대 군현제의 개편」, 『북악사론』 5.

43) 일반적으로 官制改革이라는 용어를 사용하지만, 실질적으로 관제 자체의 변화는 없기 때문에 이영호의 지적대로 官號改革이라는 용어를 사용하고자 한다(이영호, 2014, 앞의 책, 108쪽 주3). 그리고 이영호는 漢化政策이라 용어보다는 唐式化政策, 唐制化政策이 더 정확한 표현이라고 하였지만, 당의 제도가 이후 중국제도의 근간이 되었다는 점에서 한화정책이라는 용어가 더 타당하다.

漢式으로 사용하게 되는 것과 그 의도를 같이 하는 것으로, 태종무열왕 이후의 전제주의적 경향이 표면화된 하나의 사실로 파악하였다.[44)]

이에 대해 8세기 중반 경덕왕 때의 관부 명칭과 군현 명칭을 한식으로 바꾸고자 했던 시도가 궁극적으로 지향한 바는, 고유한 명칭으로 상징되는 전통적인 정치운영 방식의 변화에 있었다고 보는 의견도 있다.[45)]

한편 녹읍제 부활과 관련하여 이해한 시각도 있다. 녹읍제의 파행운영에 따른 지배체제의 불안현상을 불식시키기 위한 중앙집권력 강화정책으로, 당시 집권세력이 정치사회적인 불안을 해소하기 위한 상호보완적인 조치라는 것이다.[46)]

한화정책의 실시는 시기적으로 앞서 1차 한화정책이 김춘추가 실질적으로 정치권력을 장악한 진덕왕대라는 점, 그리고 경덕왕대인 2차 한화정책은 중대의 끝 지점이라는 점에서 홍미로운 현상이 아닐 수 없다. 또한 정책내용에 있어서도 1차가 형식적이면서 실질적인 제도 변경이 중심인 반면, 2차는 명칭의 개명을 시도하였다. 더구나 17년 후인 혜공왕 12년(776)에는 百官之號를 모두 복구하는 조치를 취함으로서[47)] 그 실효성이 의문이 간다.[48)]

기존 연구에서는 경덕왕대의 2차 한화정책을 왕권강화정책의 일환으로 보았다.[49)] 즉 경덕왕 16년(757) 3월의 녹읍 부활이 진골귀족의 왕권에

44) 이기백, 1974, 앞의 책, 245~247쪽.

45) 하일식, 2006, 「신라 '전제정치'의 개념에 관하여」, 『신라 집권 관료제 연구』, 349쪽.

46) 전덕재, 1992, 앞의 논문, 48~49쪽.

47) '下敎 百官之號 盡合復舊.'(『삼국사기』 권9, 신라본기9 혜공왕 12년 정월). 이영호도 이러한 면에서 한화정책이 전제적이라는 데에 동의하지 않는다(이영호, 1990, 앞의 논문, 49쪽).

48) 금석문 등을 통해 보면 이후 지명과 관부·관직의 명칭은 고유의 신라명과 한화명이 혼재되어 보이고 있어, 두 형식의 명칭이 모두 통용되어 사용되고 있었음을 짐작할 수 있다.

대한 승리, 또는 왕권과의 타협으로 보고, 그해 12월과 경덕왕 18년에 이루어진 지명과 관직의 한화는 전통의 타파라는 면에서 진골귀족에 대한 왕권 강화정책으로, 이후 혜공왕대에 진골귀족의 강화로 百官之號가 모두 복구되는 것이 그 반증이라는 것이다. 일면 타당한 면도 있지만, 과연 경덕왕대의 한화정책이 진덕왕대의 그것과는 달리 명칭의 개명이라는 점에서[50] 실질적으로 어느 정도 왕권을 강화시킬 수 있었는지는 의문이다.

지명의 개명은 정치적인 시각보다는 시기적으로 녹읍 부활에 따른 후속조치로 이해할 수 있다. 즉 지역지배라는 녹읍의 기본 속성상, 기존 통치영역의 재정비라는 측면에서 주군현의 명칭 변경을 시도하였던 것으로 보인다. 신라본기에 보이는 경덕왕 16년 12월의 '州○ 小京○ 郡○ 縣○' 식의 기록은 영역의 재획정이라는 면을 잘 보여주는 예이다.

반면 관직명의 개명은 녹읍과 관련하여 이해하기에 어려움이 있다. 이것은 경덕왕대의 개명이 大舍와 舍知라는 실무관직명의 변경이라는 사실 때문인데, 녹읍의 지급대상자가 주로 영(급), 경(급)임을 고려하면 앞의 지명 개정과는 달리 제도의 재정비라는 면으로 이해하여야 할 듯하다.

같은 대사이지만 병부와 창부의 대사는 郎中, 조부 이하 12개 관부의 대사는 主簿, 상사서 이하 4개 관부의 대사는 主書로 변경되었다. 이것은 이전까지 대사라는 동일한 관직명을 가지고 있다가, 관직명의 변경으로 인해 관부들 사이에서 업무의 차이 내지 구별이 가능해졌다는 것이다. 즉 이전까지 大舍와 舍知로만 통칭되던 관직이 大舍는 '郎中', '主簿', '主書'로, 사지는 '司禮', '司庫', '司儀', '司牧', '司舟', '司例', '司兵', '司倉' 등으로 변경됨으로써 각 관직들의 특징과 업무를 명확히 보여주었다. 이것은 관직명의 변경이 실무적인 목적이 있음을 보여준다.

---

49) 이기백, 1978, 「한국정치사의 전개」, 『한국사학의 방향』, 일조각, 177쪽.
50) 이영호, 1990, 앞의 논문, 53쪽.

물론 이러한 실질적인 후속조치라는 의미 이외에, 한편으론 국가재정난과 민고로 인한 어려움 등을 국가제도상의 명칭 변경을 통한 국정 혁신의 의미가 있음은 부인할 수 없다. 녹읍의 부활을 통해 재정난을 극복하고자 하는 기회를 포착한 경덕왕은 바로 이어서 국가통치조직의 주요 부분인 중앙관부와 통치영역명의 고유한 명칭을 당식으로 변경함으로써 대내적으로 국정의 쇄신 의지를 드러내고자 하였음은 충분히 짐작이 된다.

이러한 면에서 경덕왕대의 한화정책이 진골귀족에 대한 왕권강화라는 기존 시각에 대해서는 회의적이다. 이영호는 관직 자체가 바뀌지 않았던 전면적인 개혁이 아니기 때문에 그 의미가 크지 않다고 보았다.[51] 이에 대해 이기백은 신라식 명칭인 대사와 사지가 개명의 대상이었지, 영·경은 이미 당식이므로 고칠 필요가 없었다는 것이다. 즉 개혁의 취지는 명칭에 있었지 제도에 있지 않았다고 본 것이었다.[52] 이러한 견해는 전제왕권을 유지하기 위한 정치적 개혁이 관호의 한화정책이라고 보는 것인데, 물론 개혁의 취지가 명칭에 있었다는 견해에는 동의한다. 그러나 앞서 말한바대로 국정혁신의 의미로 이해한다면 모를까, 이러한 개혁이 어떠한 면에서 전제적인 성격을 갖는지는 알 수가 없다.

관호의 변경을 통해 신라 왕실이 얻을 수 있는 정치적 소득은 무엇이었을까? 신라식 관부·관직의 당식 변경을 통해 진골귀족에게 어떠한 정치적 타격을 주었을까? 이기백의 서술대로 이미 그들이 차지하고 있는 관직명은 당식을 채용한 상태에서 말이다. 물론 이러한 견해는 관호개혁이 의미가 없다는 것은 아니다. 그러나 정치적 개혁이 관호개혁에 있어서 우선의 목표였는지 의심이 든다. 그것보다는 국정쇄신의 의미와 함께 녹읍 부활의 후속조치라는 실질적인 의미로 파악하는 것이 타당하다.

---

51) 이영호, 1990, 앞의 논문, 49쪽.

52) 이기백, 1996, 『한국고대정치사회사연구』, 340~341쪽.

이상 녹읍 부활의 배경과 그 원인에 대해 재정난과 경덕왕의 국정운영과 관련하여 살펴보았다. 경덕왕대 월봉의 폐지와 녹읍의 부활을 재정난과 관련하여 이해하였는데, 기존에 정치적 시각으로 이해한 방법과는 다르다. 신문왕대 녹읍의 폐지가 중앙집권의 강화를 위해 반드시 필요한 조치였다는 점은 녹읍이 가지고 있는 지역지배의 부정적 요소 때문이었다. 그렇기 때문에 이미 어느 정도 지배체제의 기반이 형성이 된 8세기 중반 중대사회에서 녹읍이 부활된 것은 이해하기에 어려움이 있다. 아마도 이것은 민의 생활고를 안정화하고, 관료들의 안정적 보수지급으로 원활한 국가운영을 위한 국가정책의 변경이었을 것이다. 그런 면에서 중대 왕권이 현실적으로 재정난에 대해 실시하였던 마지막 재정정책이라 할 수 있다.

물론 이전과는 달리 녹읍 지급지역에 대해서는 제도적으로 더 철저한 감찰과 관리가 이루어졌을 것이다. 하지만 녹읍이 가지고 있는 지역 지급의 형식은 결국 국가영역지배의 난맥을 초래하는 변수로 작용하였을 것이다. 그것은 중대 왕권이 점차 행정적인 지배와 대민지배권의 확보라는 면에서 많은 제약을 받게 되는 결정적인 요소로 작용, 혜공왕대의 정치적 혼란을 거쳐 하대의 문란하고 혼란스러운 사회로 신라를 유도하게 되었을 것이다.

그런 면에서 경덕왕의 정국운영에서 녹읍 부활이라는 관료보수의 변경을 가져온 8세기 이후 신라사회의 지속적인 재정난은 치열한 전쟁 승리 후 탄탄한 국왕 중심의 중앙집권체제를 유지하였던 신라의 중대 왕권이 점차 쇠퇴하는 배경이었다.

# 3. 혜공왕대의 정치 불안과 정변

## 1) 정치적 불안과 모반의 발생

혜공왕(765~780)은 중대의 마지막 국왕으로, 혜공왕 16년(780)에 이찬 김지정의 반란과 4월에 상대등 김양상과 이찬 경신이 반란을 진압하는 과정에서 사망하였다. 이로써 신라 중대 왕권은 끝이 났다. 이와 같은 정치적 변혁 때문에 이미 혜공왕대에 대한 연구성과는 많이 이루어졌는데,[1] 특히 중대의 붕괴와 하대의 성립이라는 면에서 혜공왕대에 대한 정치사적인 연구는 중대 왕권의 성격 규정으로까지 이어졌다고 할 수 있다.[2] 그러나 김양상으로 대표되는 인물에 대한 성격규정이 각 연구자들

---

1) 이기백, 1958,「신라 혜공왕대의 정치적 변혁」,『사회과학』2 ; 이기백, 1974,『신라정치사회사연구』, 일조각 ; 井上秀雄, 1962,「新羅政治體制の變遷過程-門閥貴族の集團支配と專制王權」,『古代史講座』4(石母田正 外), 學生社 ; 井上秀雄, 1974,『新羅史基礎研究』; 鈴木靖民, 1967,「金順貞·金邕論 -新羅政治史の一考察-」,『朝鮮學報』45 ; 鈴木靖民, 1985,『古代對外關係史の研究』, 吉川弘文館 ; 이호영, 1974,「신라 중대왕실과 봉덕사」,『사학지』8 ; 이호영, 1975,「성덕대왕신종명의 해석에 관한 몇가지 문제」,『고고미술』125 ; 濱田耕策, 1981,「新羅の聖德大王神鍾と中代の王室」,『呴沫集』3, 學習院大 ; 김수태, 1983,「통일신라기 전제왕권의 붕괴와 김옹」,『역사학보』99·100합집 ; 김수태, 1996,『신라중대정치사연구』, 일조각 ; 이영호, 1990,「신라 혜공왕대 정변의 새로운 해석」,『역사교육논집』13·14합집 ; 이영호, 1995,『신라 중대의 정치와 권력구조』, 경북대박사학위논문 ; 박해현, 1997,「혜공왕대 귀족세력과 중대 왕권」,『전남사학』11 ; 2003,『신라 중대 정치사 연구』, 국학자료원.

2) 이에 대해서는 하일식, 1996,「신라 정치체제의 운영원리」,『역사와 현실』20 ; 하

에 따라 상이하여 이해에 어려움이 많다.

혜공왕대는 모반의 빈번한 발생과 국왕의 시해라는 면에서 이와 같은 정치사적인 접근은 적절하다고 할 수 있다. 특히 그동안 사상사적으로만 접근이 이루어졌던 종묘제·오묘제에 대한 연구가[3] 혜공왕대의 오묘제 개정과 관련하여 정치사적으로 접근한 것은[4] 혜공왕대를 이해함에 연구의 폭을 넓혔다고 할 수 있다.

이 글에서는 선행연구를 바탕으로 중대 왕권의 붕괴과정과 그 원인을 간략하게 살펴보고, 중대 왕권이 지향한 국가운영체제의 한계를 이해하고자 한다. 이것은 중대에 꾸준히 추진된 정치세력의 관료화와 국가통치조직이 완비되었음에도 불구하고, 혜공왕대에 이르러 급격히 국왕권이 붕괴되는 현상을 이해하기 위함이다. 즉 국정운영이라는 면에서 볼 때 경덕왕대까지 정치적으로 안정되어 보였던 중대의 국왕권이 한순간에 붕괴되었다고 추측되어지는데, 이러한 현상을 혜공왕대에 한정하여 이해할 수는 없다. 이를 위해 먼저 혜공왕의 즉위과정과 모반의 내용, 오묘제의 개정 등을 중심으로 살펴보고, 혜공왕의 시해와 그 정변의 내용을 검토하겠다. 먼저 혜공왕의 즉위에 대해 살펴보자.

> 혜공왕이 즉위하였다. 이름은 乾運으로 경덕왕의 적자이다. 母는 김씨 滿月夫人인데, 서불한 의충의 딸이다. 왕이 즉위할 때 나이가 여덟 살이었으므로 태후가 섭정하였다.[5]

---

일식, 2006, 『신라 집권관료제 연구』, 혜안 참조.

3) 변태섭, 1964, 「묘제의 변천을 통해 본 신라사회의 발전과정」, 『역사교육』 9 ; 나희라, 1997, 「신라의 종묘제 수용과 그 내용」, 『한국사연구』 98 ; 나희라, 2003, 『신라의 국가제사』, 지식산업사.

4) 이문기, 1999, 「신라 혜공왕대 오묘제 개혁의 정치적 의미」. 『백산학보』 52 ; 채미하, 2000, 「신라 혜공왕대 오묘제의 개정」, 『한국사연구』 108.

8세에 왕이 돌아가 태자가 즉위하니, 이가 혜공대왕이다. 나이가 어렸으므로 태후가 조정에 임하였으나 정사가 다스려지지 못하고, 도적이 벌떼처럼 일어나 미처 막을 수가 없었다. 표훈스님의 말이 맞았다.6)

(혜공왕 3년 7월) 이찬 김은거가 당에 들어가 공물을 바치고 곧 책봉해 주기를 청하였다.7)

혜공왕의 즉위에서 특징적인 것은 8세의 나이에 즉위를 하였고, 王母인 태후의 섭정이 있었다는 것이다. 태후의 섭정은 이미 중고기의 진흥왕의 즉위에서도 보였다.8) 진흥왕은 7세의 나이에 즉위를 하여 태후인 只道夫人이 섭정을 하였다. 반면 중대의 국왕인 효소왕은 6세에 즉위하였지만 실지 섭정 여부와 상관없이9) 섭정 사실은 확인할 수 없다. 국왕이 幼少하다하여 무조건 섭정이 이루어졌다고 할 수는 없다.

그런 면에서 혜공왕대는 일정하게 정치적으로 태후의 정치적 영향력이 커졌을 것으로 추측된다. 외척으로서 만월부인에 주의하여, 이러한 태후의 섭정은 경덕왕 후반부에 성장한 외척세력이 있었기 때문에 가능했다고 보는 견해가 그것이다.10)

---

5) '惠恭王立 諱乾運 景德王之嫡子 母金氏滿月夫人 舒弗邯義忠之女 王卽位 時年八歲 太后攝政.'(『삼국사기』 권9, 신라본기9 혜공왕 즉위).
6) '至八歲王崩 太子卽位 是爲惠恭大王 幼冲故太后臨朝 政條不理 盜賊蜂起 不遑備禦 訓師之說驗矣.'(『삼국유사』 권2, 기이2 경덕왕 충담사 표훈대덕).
7) '遣伊湌金隱居 入唐貢方物 仍請加册命.'(『삼국사기』 권9, 신라본기9 혜공왕 3년 가을 7월).
8) '王幼少 王太后攝政.'(『삼국사기』 권4, 신라본기4 진흥왕 즉위).
9) 김영미와 김수태는 섭정 가능성을 추정하였다(김영미, 1988, 「성덕왕대 전제왕권에 대한 일고찰 - 감산사 미륵상·아미타불명문과 관련하여」, 『이대사원』 22·23합집, 377쪽 ; 김수태, 1996, 『신라중대정치사연구』, 36쪽).
10) 박해현, 2003, 『신라 중대 정치사 연구』, 151~153쪽.

이러한 혜공왕의 즉위와 태후의 섭정에 대한 『삼국유사』의 인식은 부정적이다. 사료에 보이는 '표훈대사의 말이 맞았다.'는 내용은 남자아이가 태어나면 나라가 위태로워질 것을 암시한 혜공왕의 탄생설화를[11] 말하는 것이다. 이 설화와 관련하여 아들을 얻게 해준 표훈의 노력은 경덕왕의 전제주의적 성격을 보여주는 것으로 이해하는 견해가 있으나,[12] 사료 그대로 아들 얻기를 고집하면 국가가 위태로울 것을 일깨워줬지만, 경덕왕이 이를 받아들이지 않아 나라가 어지럽게 되었다는 의미로 해석하는 것이[13] 합당할 것이다. 이러한 내용을 통해 혜공왕의 즉위에는 정치적으로 불안한 요소들이 내재하고 있었다고 할 수 있다.

즉위 내용과 함께 견당사인 김은거가 당에 책봉을 청하는 기록도 유의하여야 할 사실이다. 신라측에서 당에 책봉을 청하였다는 기록은 『삼국사기』의 일반적인 기록방식이 아니다. 선왕인 경덕왕도 당의 신라로의 弔問使 파견과 함께 바로 책봉을 받았다. 그러나 혜공왕은 즉위 3년(767) 7월까지 책봉이 이루어지지 않은 듯하다. 결국 다음 해인 768년 봄에 이르러서야 책봉을 받았다.[14] 이러한 사실을 어떻게 이해를 해야 할까?

이와 관련하여 혜공왕의 책봉과 함께 王母를 대비로 책봉하는 기록은[15] 흥미로운 사실로, 신라 국왕의 책봉시 보이지 않는 경우이다.[16] 아마도 태후의 대비 책봉은 섭정체제를 굳히는데 상당한 효과를 거두었을 것이다. 이것은 태후의 정치적 지위를 강화하고, 당으로부터 인정받고자

11) 『삼국유사』 권2, 기이2 경덕왕 충담사 표훈대덕 참조.

12) 이기백, 1974, 앞의 책, 217쪽.

13) 김상현, 1991, 『신라화엄사상사연구』, 민족사, 287쪽.

14) '唐代宗遣倉部郎中歸崇敬兼御史中丞 持節賚册書 册王爲開府儀同三司新羅王 兼册王母金氏爲大妃.'(『삼국사기』 권9, 신라본기9 혜공왕 4년 봄).

15) 『삼국사기』 권9, 신라본기9 혜공왕 4년 봄 참조.

16) 김수태, 1996, 앞의 책, 127쪽.

하는 의도였을 것이다.[17)]

그러나 혜공왕과 태후가 즉위 4년만에 책봉을 받은 이유에 대해서는 기존 견해에서 특별한 언급이 없다. 보통 신라 국왕에 대한 책봉이 즉위 후 바로 이루어지는 경우와 비교하면 시기적으로 늦었으며, 또한 다른 기록과는 달리 책봉을 청하는 기록이 보이고 있어 의문이 간다. 그런 면에서 혜공왕의 즉위와 관련하여 신라와 당 사이에 모종의 문제가 발생했을 가능성이 있다. 이러한 시각에서 본다면, 태후를 大妃로 책봉하였음이 국왕의 책봉과 함께 보이는 것은 신라의 요청이었을 가능성이 높으며, 이에 대한 당의 거부로 이렇게 책봉이 늦어졌을 가능성이 있다. 그런 면에서 혜공왕대의 정치세력의 이해에는 섭정에 대한 논의가 전제되어야 할 것이다. 이렇게 국왕과 태후의 책봉이 이루어진 몇 달만에 모반이 발생하였다.

> (혜공왕 4년 7월) 일길찬 大恭과 동생 아찬 大廉이 반란을 일으켰는데, 무리를 모아 왕궁을 33일간 에워쌌다. 王軍이 토벌하여 평정하고, 9족을 목 베어 죽였다.[18)]

> (大曆 2년 정미) 7월 3일에 大恭 각간이 (반란을) 일으키자, 王都와 5도 주군의 96명 각간들이 서로 싸워 크게 어지러웠다. 대공 각간의 집이 망하자, 그 집의 재산과 보물 등을 왕궁으로 옮겼다. … 난이 세 달만에 끝났다. 상을 받은 자도 꽤 많았으나 죽은 자도 무수히 많았으니, 표훈의 말에 나라가 위태롭다고 한 것이 이것이었다.[19)]

---

17) 김수태, 1996, 앞의 책, 127쪽 ; 박해현, 2003, 앞의 책, 153~154쪽.
18) '一吉湌大恭與弟阿湌大廉叛 集衆圍王宮三十三日 王軍討平之 誅九族.'(『삼국사기』 권9, 신라본기9 혜공왕 4년 가을 9월).
19) '七月三日 大恭角干賊起 王都及五道州郡 幷九十六角干相戰大亂 大恭角干家亡 輸其家資寶帛于王宮 … 亂彌三朔乃息 被賞者頗多 誅死者無算也 表訓之言國殆 是也.'(『삼국유사』 권2, 기이 2 혜공왕).

(大曆初) 때마침 재상들이 권력을 다투어 서로 싸워서 나라가 크게 혼란스러웠다. 3년만에 진정되었다.[20]

혜공왕대는 빈번하게 모반이 발생하였고, 이로 인해 결국 국왕이 시해당하는 경우에까지 이르렀다. 반란은 피지배층인 민의 반란과 지배세력들인 정치세력에 의한 모반으로 나눌 수 있는데, 혜공왕대는 정치적 인물들에 의해 모반이 일어났다. 그런 면에서 혜공왕대의 이해는 정치적 관점이 우선이고, 모반이 이 시대를 이해하는 핵심요소라 할 수 있다. 그렇기 때문에 연구자들마다 각 정치세력을 이해하기 위해 다각도의 접근을 시도했고, 경우에 따라 동일인물을 상이한 성격으로 규정하기도 하였다.

그러면 혜공왕대의 모반을 살펴보기 전에 먼저 중대에 발생한 모반을 살펴보자. 경덕왕 이전까지는 신문왕 원년(681)에 김흠돌의 모반 이후에 효소왕 9년(700) 5월에 이찬 경영과 효성왕 4년(740) 8월에 영종의 모반만이[21] 확인된다. 대체적으로 중대 사회는 정치적 안정을 유지했다고 할 수 있다. 반면, 경덕왕대에는 모반은 발생하지 않았지만, 충신들인 김사인과 이순의 간언이 있었다. 그리고 다음 왕인 혜공왕 때에 이르러서는 혜공왕 4년(768)부터 16년(780)까지 총 다섯 차례의 모반이 발생하였다.

그러니까 중대에 들어 경덕왕 이전까지는 국정운영의 난맥을 보여주는 정치 혼란이 발생하지 않았지만, 경덕왕 때에는 신하들의 간언인 상소가 보였고, 혜공왕 때는 간언이 아닌 무력 반란이 지속적으로 발생하기 시작

20) '會其宰相爭權相攻 國大亂 三歲乃定.'(『신당서』 권220, 열전145 동이 신라).

21) 『삼국사기』 권8, 신라본기8 효소왕 9년 여름 5월 및 권9, 신라본기9 효성왕 4년 8월 참조. 경영의 모반의 원인에 대해서는 자세히 알 수가 없으며, 이 모반과 관련하여 중시인 순원이 연좌되어 파면되었다. 반면 영종의 모반은 자세한 내막을 알 수가 있는데, 후궁인 딸을 죽이려는 왕비세력에 대항하여 일으킨 모반이었다. 이와 관련된 연구성과는 김수태, 1996, 앞의 책 ; 박해현, 2003, 앞의 책 참조.

하였던 것이다.

즉 중대 말기부터 상소→반란→국왕 살해라는 정치적 혼란의 과정을 겪었는데, 이러한 과정은 경덕왕 때부터 문제가 발생하고 있었음을 암시하는 것으로 이해할 수 있다. 그런 면에서 경덕왕대에 내부적으로 서서히 사회적인 몰락이 일어난 시기로 본 견해는[22] 적절하다고 할 수 있다. 이러한 시각에서 혜공왕대의 모반을 살펴보자.

혜공왕 4년(768) 7월의 대공·대렴 형제의 모반은 규모나 세력면에서 매우 큰 정치적 사건으로 파악할 수 있다. 33일간 왕궁을 에워쌌다거나, 96角干,[23] 5道 주군이라는 용어들은 『신당서』의 표현대로 나라의 대란임을 충분히 보여준다. 또한 이후 모반의 시작점이라는 면에서 대공·대렴 형제 모반에 대한 이해와 성격규정은 혜공왕대의 정치적 혼란을 이해하는 전제라 할 수 있다.

이 모반에 대해서는 이미 여러 견해가 제시되었다. 혜공왕 때의 모반을 반혜공왕적·친혜공왕적으로 보는 견해에 따르면,[24] 혜공왕 초년을 지배하고 있던 경덕왕에 의하여 표징되는 중대적인 정치적 성격의 부정을 의미하는 반혜공왕적 모반으로 이해하였다.[25] 반면 그동안 중대 정국에서 배제되면서 쌓인 귀족들의 불만이 폭발한 것으로, 중대 왕권에서 처음 발생한 태후의 섭정 등에 대한 반발이었을 가능성을 제시하였다.[26]

22) 이기백, 1974, 앞의 책, 216쪽.

23) 김철준은 이 모반에 보이는 96명의 각간은 동시에 있었다기보다는 여러 족장이 서로 다툰 것으로 이해하였다(김철준, 1975, 『한국고대사회연구』, 서울대출판부, 350~351쪽).

24) 이기백은 대공이나 대렴·김융·김양상·김경신 등은 반혜공왕적인 입장이었다면, 김은거나 염상·정문·지정 등은 친혜공왕적 입장에서 난을 일으켰다고 보았다(이기백, 1974, 앞의 책, 232~237쪽).

25) 이기백, 1974, 앞의 책, 231~232쪽.

26) 박해현, 2003, 앞의 책, 157쪽.

이 모반이 당의 태후 책봉 바로 직후에 발생한 모반이라는 점에서 그와 관련하여 이해할 수 있는 여지는 크다. 사실 당으로부터의 大妃 책봉을 통해 섭정체제를 정치체제로 유지 내지는 강화하려는 시도는, 그간 중대 왕권의 통치조직이나 국가운영체제의 정비를 통해 추구하였던 국왕 중심의 중앙집권체제의 방향과는 어긋나는 국정운영 방식이라 할 수 있다. 그에 대한 반발과 지지가 대규모의 정쟁 형태로 나타난 것이고, 왕궁의 포위도 그 대상은 당시의 실질적인 섭정자인 태후가 아니었을까 하는 추측을 해본다. 그런 면에서 경덕왕이 추진하였으나 이루지 못한 성덕대왕신종을 당으로부터 책봉을 받은 혜공왕 4년경에 시작하여 7년에 완성한 것도,[27] 이러한 정치적 현실을 타개하기 위한 상징적 국가사업으로 이해할 수 있을 것이다.

> (혜공왕 6년 8월) 대아찬 金融이 반란을 일으켰다가 목 베어 죽임을 당하였다.[28]

> (혜공왕 11년) 이찬 金隱居가 반란을 일으켰다가 목 베어 죽임을 당하였다. 가을 8월에 이찬 廉相이 시중 正門과 함께 반역을 꾀하다가 목 베어 죽임을 당하였다.[29]

혜공왕 6년(770) 8월의 김융의 모반은 대공·대렴의 난과 같은 성격으로, 김융은 김유신의 후손으로 반혜공적인 모반사건으로 보았다.[30] 더욱

---

27) 이호영, 1975, 「성덕대왕신종명의 해석에 관한 몇가지 문제」, 『고고미술』 125, 13쪽.

28) '大阿湌金融叛 伏誅.'(『삼국사기』 권9, 신라본기9 혜공왕 6년 가을 8월).

29) '伊湌金隱居叛 伏誅 秋八月 伊湌廉相與侍中正門謀叛 伏誅.'(『삼국사기』 권9, 신라본기9 혜공왕 11년 여름 6월 및 가을 8월).

30) 이기백, 1974, 앞의 책, 232쪽.

이 김은거가 김융의 반란 이후 물러나고 있는 것으로 보아 모반이 성공한 것으로 보기까지 하였다.[31] 이때의 성공이 무엇을 의미하는지 모르겠지만, 목 베어 죽임을 당한 모반을 성공이라 한 것은 이해하기 어렵다. 더욱이 김융의 반란과 김은거의 시중직에서 물러나는 것을 연관하여 이해하는 것은 합당하지 않다. 8월의 모반 이후 바로 중시에서 물러났다면 그러한 추측이 가능할 수도 있지만, 4개월 후인 12월의 侍中職의 사직은[32] 시기적으로 차이가 크다. 도리어 시기적으로 보았을 때 대공·대렴의 모반과 같은 성격으로 이해할 수 있다.

이후 혜공왕 11년(775)의 김은거와 염상·정문의 연속적인 모반은 인물들의 歷官을 보았을 때 모두 시중을 역임한 사람들이라 흥미롭다. 국왕의 최측근직이자 중심관부의 수장 노릇을 하였던 관료들이 두 달 내에 연이어 모반을 하였다는 것은 지금까지의 모반 양상과는 다르다. 기존의 견해도 이에 대해서 다양한 견해를 제시하였다.

먼저, 혜공왕 10년(774)의 김양상의 상대등 취임을[33] 획기적인 역사적 의의를 가진 연대로 생각하는 견해는[34] 김양상의 상대등 취임으로 친왕파에서 반왕파로 정권이 교체되자, 친왕파 혹은 왕당파들이 계속 반란을 일으켰으며, 김은거의 반란이 그것이라는 것이다.[35]

외척과 관련하여 이해한 견해도 있다. 즉 당시 정치적으로 소외되어 있었던 김주원·김유신세력과의 연계를 통해 김양상은 세력을 강화해 나갔으며, 이 과정에서 김옹 등의 외척세력에 연계된 자들이 김양상의 정국

31) 김수태, 1996, 앞의 책, 130쪽.
32) '侍中隱居退 伊湌正門爲侍中.'(『삼국사기』 권9, 신라본기9 혜공왕 6년 12월).
33) '拜伊湌良相爲上大等.'(『삼국사기』 권9, 신라본기9 혜공왕 10년 가을 9월).
34) 이기백, 1974, 앞의 책, 233~235쪽.
35) 이기백, 1974, 앞의 책, 232~236쪽 ; 김수태, 1996, 앞의 책, 132쪽.

주도에 반발한 것으로, 왕권에 대한 도전이 아닌 귀족들간의 정쟁으로 이해하였다.[36] 한편 김은거·염상·정문 등은 한화정책 추진자들로, 혜공왕 12년(776) 정월에 百官의 복고정책을 펴려 하자, 그에 대한 반발로 반란을 일으킨 것으로 보기도 하였다.[37]

이러한 다양한 시각들이 주로 인물들의 정치적 성향이나 家系와 관련하여 이해한 반면, 오묘제의 개정을 정치사적으로 접근하여 모반의 성격을 규명한 견해는 좀더 자세히 살펴볼 필요가 있다. 이를 위해 먼저 오묘제의 변경 내용을 살펴보자.

> 신라의 종묘제도를 살펴보면 … 제36대 혜공왕 때에 이르러 처음으로 오묘를 정하였으니, 미추왕을 김성의 시조로 삼고, 태종대왕과 문무대왕은 백제와 고구려를 평정한 큰 공덕이 있어 대대로 헐지 않는 宗으로 삼았으며, 아울러 親廟 둘을 오묘로 하였다.[38]

위의 기록에 따르면 신라의 오묘제도는 혜공왕대에 처음 제정된 듯하다. 그러나 이미 태종무열왕 원년(654) 4월에 왕의 죽은 아버지를 文興大王으로 추봉하였으며,[39] 신문왕 7년(687) 4월의 대신을 조묘에 보내 치제를 지내는 내용으로 보아,[40] 이미 오묘제의 성립을 알 수 있다. 따라서 위

---

36) 박해현, 2003, 앞의 책, 170~172쪽.

37) 전덕재, 1997, 「신라 중대 대일외교의 추이와 진골귀족의 동향 -성덕왕~혜공왕대를 중심으로」, 『한국사론』 37, 10~11쪽.

38) '按新羅宗廟之制 … 至第三十六代惠恭王 始定五廟 以味鄒王爲金姓始祖 以太宗大王文武大王平百濟高句麗 有大功德 爲世世不毁之宗 兼親廟二爲五廟.'(『삼국사기』 권32, 잡지1 제사).

39) '追封王考爲文興大王.'(『삼국사기』 권5, 신라본기5 태종무열왕 원년 여름 4월).

40) '遣大臣於祖廟 致祭曰 王某稽首再拜 謹言太祖大王眞智大王文興大王太宗大王文武大王之靈.'(『삼국사기』 권8, 신라본기8 신문왕 7년 여름 4월).

의 기록은 오묘제에 대한 모종의 개정 사실을 처음 제정한 것처럼 곡해한 것으로,[41] 오묘제에 대한 개정을 보여주는 것이었다.[42] 그런 면에서 종묘는 사직과 함께 종교적 권력뿐만 아니라 정치권력의 상징으로, 혜공왕대의 정치적 혼란과 함께 이에 대한 의미도 검토할 필요가 있다는 견해는[43] 유의해야 한다.

그러나 위의 기록은 그 제정시기가 분명하지 않다. 이에 대해 혜공왕 12년(776)을 오묘제의 개정 시점으로 추정한 견해가 있다. 이것은 『삼국사기』와 『삼국유사』의 미추왕과 김유신 관련 설화에[44] 보이는 大曆 14년(혜공왕 15년)과 『동국통감』과 『삼국사절요』의 혜공왕 12년의 내용을 바탕으로 이해한 것이다. 776년은 백관의 이름을 모두 복구한 해로, 이때에 오묘제의 개정도 함께 이루어졌을 것으로 보았다.[45] 이러한 추정은 혜공왕 12년에 국가 차원의 전면적인 개정이 실시되었음을 보여준다.

그렇다면 이러한 오묘제의 개정은 정치적으로 어떠한 의미를 가질까? 이에 대해 일찍이 태종무열왕의 신주가 遷毁되는 것을 피하기 위하여 태종무열왕과 문무왕을 不遷位로 삼았다는 견해가 있다.[46] 또한 미추왕과 김유신 관련설화를 통해 나라의 중요한 일과 어려운 일을 고하는 대상이 미추왕인 것으로 보아 당대에 미추왕이 시조로 추앙되었기 때문에 가능한 일로 보고, 김씨의 시조가 정해지고, 그가 종묘의 중심이 되는 왕실 조상제사에서의 획기적인 전환이 바로 혜공왕대에 오묘제를 정한 사실로 보았다.[47]

41) 변태섭, 1964, 앞의 논문, 67~69쪽.
42) 이문기, 1999, 앞의 논문, 797~798쪽.
43) 이문기, 1999, 앞의 논문, 798쪽.
44) 『삼국사기』 권43, 열전3 김유신 하 및 『삼국유사』 권2, 기이1 미추왕 죽엽군 참조.
45) 이문기, 1999, 앞의 논문, 801~807쪽.
46) 변태섭, 1964, 앞의 논문, 69~70쪽.

이러한 시각과는 달리 정치사적으로 혜공왕 12년에 주의하여, 혜공왕이 섭정을 벗어나 자신이 정국 운영의 주체가 되는 親政을 시작했던 것으로 보았다. 이것은 18세가 되는 혜공왕 11년부터 친정을 시작하며 오묘제에 대한 개정을 단행, 그가 주도하는 새로운 정치질서의 수립에 활용하려고 했던 것으로 이해하는 것이었다.[48] 이러한 견해는 혜공왕대의 정치세력을 친왕파 내지 반왕파로 나누어 살펴보는 것처럼,[49] 혜공왕의 親政期를 친정지지파와 반대파의 갈등과정으로 바라보는 것이다.

이때 이루어진 미추왕의 始祖大王 확정의 정치적 의미는 김양상과 김경신의 계보를 통해 파악하였다. 즉 그들은 내물왕의 후손을 표방하는 일군의 세력으로, 정치현안에 따라 가변적이었다. 따라서 혜공왕이 친정을 마음껏 펼치기 위해서는 연합을 꾀할 필요가 있었던 정치세력으로, 내물왕을 중시조로 하는 김씨세력을 회유하거나 견제하려는데 있었다고 보았다.[50] 반면 자신이 김씨 왕실의 실질적인 계승자임을 내세우기 위한 것으로 보는 견해도 있다. 즉 미추왕은 무열계뿐만 아니라 내물계에게도 의미가 있었기 때문에, 무열왕 독점의 중대 왕위계승에서 자유로워졌으며, 왕위계승의 권리행사를 대내외적으로 인정받는 선언적 의미로 보는 것이다.[51]

또한 개정된 오묘제의 주요 내용인 태종무열왕과 문무왕의 不毁之宗의 의도는 金周元의 가계 분석을 통해 무열왕계를 끌어들이기 위한 정치적 목적이 있었다고 보았다.[52]

---

47) 나희라, 1997, 「신라의 종묘제 수용과 그 내용」, 『한국사연구』 98 ; 나희라, 2003, 『신라의 국가제사』, 지식산업사, 195~196쪽.
48) 이문기, 1999, 앞의 논문, 813~817쪽.
49) 이기백, 1974, 앞의 책.
50) 이문기, 1999, 앞의 논문, 831~833쪽.
51) 채미하, 2000, 「신라 혜공왕대 오묘제의 개정」, 『한국사연구』 108, 42~47쪽 및 53쪽.
52) 이문기, 1999, 앞의 논문, 834~835쪽 ; 채미하, 2000, 앞의 논문, 54쪽.

이러한 시각에서 본다면 혜공왕 11년(775)은 친정이 시작된 시기였다. 따라서 정문의 퇴임과 김순의 시중 임용은[53] 혜공왕이 친정 지지세력을 중심으로 정치세력을 재편하는 하나의 상징적인 조치로,[54] 혜공왕 11년의 김은거와 염상·정문의 모반은 섭정기 이래의 기득권세력의 반발로 생각하였다.[55] 이러한 시각은 혜공왕대에 시중을 역임한 인물들의 모반 참여 사실을 설명함에 부족함이 없다. 이와 관련하여 百官名을 모두 복고하는 조치는 주의하여 살펴볼 필요가 있다.

(혜공왕 12년 봄) 敎를 내려 백관의 이름을 모두 복구하여 합하였다.[56]

(혜공왕 13년) 상대등 양상이 상소하여 시정을 극론하였다.[57]

이에 대해서는 이미 중대 전제왕권을 부정하고, 귀족(진골)연합을 지향해 나가는 표징으로 중대 이래의 전제 개혁이 실패로 끝났으며, 오히려 귀족세력이 왕권을 능가할 정도로 신장되었음을 알려준다는 견해가 있다.[58] 반면 형식적인 명칭 정비 이상은 아니었으며, 경덕왕대의 唐制化 정책에 대한 부정으로 보기도 하였다.[59]

경덕왕 18년(759)에 한화정책으로 이루어진 관호개혁을 20년이 못되어 다음 국왕이 다시 복고하였다는 것은 이해하기에 어렵다. 특히 경덕왕 18

53) '以伊湌金順爲侍中.'(『삼국사기』 권9, 신라본기9 혜공왕 11년 3월).
54) 이문기, 1999, 앞의 논문, 824쪽.
55) 이문기, 1999, 앞의 논문, 827쪽.
56) '下敎 百官之號 盡合復舊.'(『삼국사기』 권9, 신라본기9 혜공왕 12년 봄).
57) '上大等良相上疏 極論時政.'(『삼국사기』 권9, 신라본기9 혜공왕 13년).
58) 이기백, 1974, 앞의 책, 238~247쪽.
59) 이영호, 1995, 앞의 박사학위논문, 71~78쪽.

년의 한화정책을 국정쇄신과 녹읍 부활의 후속조치로 보는 필자의 입장에서는 더욱 그렇다. 그런 면에서 중대적 혹은 전제주의에 대한 부정이라는 시각보다는, 혜공왕이 친정을 시작하면서 경덕왕대 이래 모후 섭정기 동안 이어져 온 정국운영의 기조를 친정체제에 걸맞게 개혁하려는 의도에서 추진된 것으로 보는 것이[60] 타당할 듯하다. 앞서 경덕왕대의 관호개혁이 그 당시의 국정쇄신이었다면, 혜공왕대의 백관명의 복고도 역시 정국운영의 혁신이라는 측면으로 바라보아야 할 것이다.

그밖에 혜공왕 원년과 12년에 국학에 행차하고, 강의를 들었던 사실과 혜공왕 12년의 두 차례에 걸친 사신 파견도 친정을 시작하면서 혜공왕의 정치력을 강화하기 위한 노력의 소산으로 이해할 수 있다.[61]

이런 면에서 혜공왕 13년의 김양상의 상소는 중대 왕권 복구운동에 대한 일련의 경고는[62] 아니었으며, 혜공왕이 주도하는 연합정치에 대한 반기이자, 김양상으로 대표되는 내물왕계 김씨세력들의 이탈을 보여주는 것도[63] 아니었다. 일련의 재앙과 이변에 적절하게 대처하지 못한 국왕의 실정에 대한 충성된 신하로서의 비장한 간언이자,[64] 권력을 장악하면서 나타나는 반대세력의 움직임을 적극 차단하기 위한 상소로 보인다.[65]

60) 이문기, 1999, 앞의 논문, 826~827쪽.
61) 김수태, 1983, 앞의 책, 129쪽 및 131쪽 ; 채미하, 2000, 앞의 논문, 48~49쪽.
62) 이기백, 1974, 앞의 책, 236~237쪽 ; 김수태, 1996, 앞의 책, 125~135쪽.
63) 이문기, 1999, 앞의 논문, 838~839쪽.
64) 이영호, 1995, 앞의 박사학위논문, 43쪽.
65) 박해현, 2003, 앞의 책, 173~174쪽.

### 2) 정변 발생과 중대 왕권의 붕괴

앞서 김양상에 대해 잠깐 서술하였지만, 김양상은 혜공왕의 시해사건과 관련이 있는 인물이었다. 관련 사료를 먼저 살펴보자.

> (혜공왕 16년) 왕은 어려서 즉위하였는데, 장성하자 음악과 여자에 빠져 돌아다니며 노는 데 절도가 없어 기강이 문란해졌으며, 재앙과 이변이 자주 일어나 인심이 등을 돌려 사직이 불안하였다. 이찬 김지정이 반란을 일으켜 무리를 모아서 궁궐을 에워싸고 침범하였다.66)

> 어린 왕은 이미 여자로서 남자가 되었으므로 돌날부터 왕위에 오를 때까지 언제나 여자들이 하는 장난을 하고, 비단주머니 차기를 좋아하며, 道流와 어울려 희롱하였다. 그러므로 나라에 큰 난리가 있어 마침내 왕은 선덕왕과 김양상에게 살해되었다.67)

> (혜공왕 16년 4월) 상대등 김양상이 이찬 경신과 함께 거병하여 김지정 등을 죽였다. 왕과 왕비는 반란병에게 살해되었다.68)

위의 사료들은 혜공왕 16년(780) 김지정의 모반과 김양상·김경신의 거병, 혜공왕의 시해까지를 보여준다. 김지정의 모반이 언제 발생했는지 정확히 알 수는 없지만, 2월과 4월 기사 사이에 있는 것으로 보아 그 사이에 발생했었다고 추측된다. 궁궐을 에워싸고 침범했으나 伏誅했다는 표현이

---

66) '王幼少卽位 及壯淫于聲色 巡遊不度 綱紀紊亂 災異屢見 人心反側 社稷杌隉 伊湌金志貞叛 聚衆 圍犯宮闕.'(『삼국사기』 권9, 신라본기9 혜공왕 16년).
67) '小帝旣女爲男故 自期晬至於登位 常爲婦女之戲 好佩錦囊 與道流爲戲 故國有大亂 終爲宣德與金良相所弑.'(『삼국유사』 권2, 기이2 경덕왕 충담사 표훈대덕).
68) '上大等金良相與伊찬敬信 擧兵誅志貞等 王與后妃爲亂兵所害.'(『삼국사기』 권9, 신라본기9 혜공왕 16년 여름 4월).

없고, 4월에 이르러서야 진압을 위한 거병을 하는 것으로 보아 그 세력은 강력하였다고 생각된다. 이 기록들을 통해 몇 가지 사실들을 알 수 있다.

먼저, 모반에 대한 서술 이전에 혜공왕에 대한 부정적인 내용이 서술되어 있다. 이러한 서술순서와 내용은 뒤이어 기록된 김지정의 모반을 한편으로 정당화하였다고 할 수 있다. 두 사서 모두 공통으로 보이고 있어, 이것을 두 사서 편찬자의 인식으로만 단정할 수는 없다. 김지정 일파가 반란의 명분으로 내걸었던 내용이 『삼국사기』에 그대로 채록된 것으로 생각하고, 그들을 혜공왕의 친정에 불만을 품은 세력으로 이해하는 것은[69] 이러한 연유 때문일 것이다.

그러나 김지정이 반란의 실패자임을 고려한다면 이와 같은 이해는 한계가 있다. 도리어 하대의 첫 번째 국왕인 김양상(선덕왕)세력의 정치적 입장이 반영된 것으로 파악할 수 있다. 혜공왕의 실제 국정운영에 문제가 있고 없고를 떠나서, 누구에 의해 시해되었는가와 관계없이, 국왕의 시해 이후 즉위한 선덕왕의 입장에서는 혜공왕의 부정적인 면을 보여주는 것이 이후의 국정운영에 이득이 되었을 것이다.

둘째, 『삼국사기』와는 달리 『삼국유사』에는 김양상세력이 살해한 것으로 기록되어 있다. 이것은 각 연구자들이 김지정과 김양상의 정치적 성격을 달리 보는 기본적인 이유이다. 그래서 두 사서의 내용을 좇아 김양상을 반왕파의 중심인물이자, 반전제주의 운동의 기수로 보기도 하였고,[70] 그의 다양한 정치활동을 통해 혜공왕의 적극적인 지지자로 이해하기도 하였다.[71]

먼저 김지정은 왕당파이지만, 혜공왕을 죽인 것은 혜공왕에 대한 정치

69) 이문기, 1999, 앞의 논문, 817~818쪽.

70) 이기백, 1974, 앞의 책, 273쪽 ; 김수태, 1996, 앞의 책, 125~135쪽.

71) 이영호, 1995, 앞의 박사학위논문, 34~38쪽.

적 불만에서 비롯된 것으로 보는 입장이다.[72] 이것은 『삼국사기』를 따라 亂兵에 의해 혜공왕이 시해되었음을 이해하기 위한 방법이다. 그러나 김지정이 왕권을 수호하고, 반전제주의 귀족세력을 제거하고자 모반을 일으켰다면, 모반 과정에서 국왕을 시해하였다는 것은 합리적인 이해방법이 아니다. 먼저 반전제주의 귀족세력을 제거하고, 이후에 거사를 도모하는 것이 순리이다.

반면 김지정은 혜공왕의 정치적 입장과 반대되는 인물로 보고, 혜공왕의 정국운영에 불만을 가지고, 김양상에 반대된 세력으로 이해하였다.[73] 즉 혜공왕은 김지정의 병사에 의해 시해된 것으로 보는 것이다. 이것은 김지정의 난은 2월에 일어났으나 김양상의 거병은 4월에 있었음에 주의하여, 김양상이 반김지정파를 규합하여 거병하는 데에 2개월 가량 소요되었기 때문에 그렇게 이해하는 것이었다.[74] 물론 정치인물들은 당시의 정치현안이나 이해관계에 따라 정치적 입장이 변화며, 김양상은 섭정의 지지자이자, 친정의 지지자였다는 견해는 적절하다.[75]

김지정에 대해서는 알려진 바가 없기 때문에, 결국 김양상을 통해 이 모반의 정치적 성격을 규명해야 할 것이다. 김양상이 실질적으로 왕권 쟁취를 위해 혜공왕을 시해했는지에 대해서는 두 사서의 내용에 차이가 있기 때문에 정확히 판단할 수는 없다. 기존 견해에서도 서로 다른 입장을 보이는 것은 당연하다고 할 수 있다. 그러나 특히 김양상이 즉위한 후 遜位를 하려고 했다거나, 그의 下詔의 내용을 보아,[76] 왕권 탈취를 위한 정

72) 김수태, 1996, 앞의 책, 133~135쪽.
73) 박해현, 2003, 앞의 책, 175~178쪽.
74) 이영호, 1995, 앞의 박사학위논문, 27쪽.
75) 이문기, 1999, 앞의 논문, 822~823쪽.
76) 『삼국사기』 권9, 신라본기9 선덕왕 5년 여름 4월 및 선덕왕 6년 춘정월 참조.

치적 의도는 없었던 것으로 이해된다.

김양상이 처음부터 반왕파가 아니며, 혜공왕을 시해하면서까지 왕위를 차지할 인물도 아니었음은 그의 유조를 통해서도 알 수가 있다.77) 물론 『삼국사기』에 보이는 내용을 정치적 修辭로 이해할 일면이 있음도 부정할 수는 없다. 그렇지만 성덕대왕신종비에 보이는 활발한 정치활동 등을 보건데, 그는 혜공왕의 국정운영에 적극적으로 참여한 인물로 보인다.

이상의 검토를 통해 볼 때 혜공왕대의 빈번한 모반의 발생은 연구자들에 따라 각 관련 인물들에 대해 다양한 시각을 제시하고 있음을 알 수가 있다. 이 글에서도 기존의 연구성과를 바탕으로 혜공왕의 즉위 이후 섭정과 친정에 따른78) 정치세력들의 정쟁을 모반 발생의 주요 원인으로 이해하고 혜공왕대를 간략히 살펴보았다. 특히 섭정 이후에 발생하는 모반 등은 그간 중대 왕권의 국가운영체제의 정비를 통한 국왕 중심의 중앙집권체제라는 방향과는 어긋나는 국정운영 방식에 대한 반발과 지지로 이해를 하였다.

이처럼 국왕의 시해로 중대 왕권은 끝났으며, 하대 왕권이 시작되었다. 물론 이를 전제왕권에서 귀족연립으로 변경되는 중요한 시기로 이해하기는 하지만,79) 무열왕계에서 내물왕계로의 왕계 변동이 신라사 전체에서 정치적으로 어떠한 의미를 가질지는 좀더 숙고해야할 문제이다.

중고기에서 중대로의 변동은 聖骨에서 眞骨로 왕위 신분이 변동되었으며, 삼국간의 치열한 전쟁과 승리로 통치영역이 확장되었고, 이와 함께 민의 증대를 가져왔다. 이러한 변화는 국가운영체제의 변화와 정비를 가져오는 결과로 이어졌다. 반면 『삼국사기』의 시기구분 방법인 중대에서

---

77) 이영호, 1995, 앞의 박사학위논문, 44쪽.
78) 이문기, 1999, 앞의 논문.
79) 이기백, 1974, 앞의 책, 일조각.

하대로의 전환이 왕계 변동 외에 어떠한 역사적 의미를 가질지는 의문이다. 도리어 이러한 하대의 성립은 국가통치조직 면에서는 중대와 연속선상에서 이해할 수 있다. 비록 정치세력들, 그중 진골귀족세력의 관료화가 제도로 정착되지 못하여 중대 말에 이르러 다시 정치적 혼란이 일어났지만, 이와 관련 없이 중대에 정비된 국가운영체제와 제도는 하대에까지 지속적으로 그 기능을 발휘하였다고 할 수 있다.

# 제6장

## 맺음말

7세기에 성립된 신라 중대는 성골에서 진골로의 왕위 계승자 신분의 변동을 기준으로 한 『삼국사기』의 분류법이다. 『삼국유사』도 이때부터 下古期로 설정을 하였으니, 태종무열왕의 즉위가 신라사에서 하나의 획기가 됨은 분명하다. 진덕왕 즉위 이후 김춘추는 정치적 실권을 잡았고, 이후 약 120년간 태종무열왕계에 의한 왕위 승계가 이어졌다.

중대 왕권은 이른바 '전제왕권[전제정치]'으로 설명되어졌다. 이기백의 전제왕권이라는 용어는 신라의 중대사회를 설명하는 역사용어로 굳어졌다고 할 수 있다. 전제정치는 절대적 개념으로, 중고기와 하대와는 달리 한 사람의 군주에게 권력이 집중되어 있는 정치형태로 이해하였다.

이에 대해 1980년대 중반에 이르러서야 비판이 시작됐다. 그러나 그러한 비판적인 시각은 전제왕권를 부정하는 것이 아니라, 그 용어의 사용시기를 중고기와 하대로 확대하는 결과를 초래하였다. 그 이후 1990년대에 들어서 본격적인 비판은 시작되었으며, 현재까지도 그 개념과 용어에 대한 논쟁은 진행 중이라 할 수 있다. 이러한 논의와 쟁점사항들이 신라사에서 중대 사회를 이해하는 데에 일조를 하였음은 분명하다.

이러한 논쟁의 중심은 상대등과 중시·병부령이라는 관직과 거기에 임명되었던 인물들을 중심으로 이루어졌다고 해도 과언이 아니다. 즉 상대등, 집사부와 병부가 국가 운영을 위한 통치기구이자 조직이라는 사실로부터의 접근이 아니라, 사료에서 확인되는 상대등·중시·병부령 전·현직 인물들의 정치 성향과 그 활동 경향의 파악을 통해 중대 사회의 특징을 추출하는 경향이 강하였다. 이것은 이기백의 신라사 구분방법인 '귀족연립'과 '귀족연합'이라는 용어 사용을 통해 다시 한번 확인할 수 있다. 물론 최근에 이르러서는 구체적인 정치양상뿐만 아니라 실질적인 국가제도의 분석 등을 통해 보다 더 개념화하고 구체화하여 중대 사회의 성격을 그려내고 있다.

이 글에서는 신라의 중대 사회를 이해하는 방법으로 7세기 국가운영체제의 변동이라는 시각에서 접근하였다. 즉 다양한 제도와 정책을 통해 국가를 운영하는 틀인 지배체제의 내용을 통해 신라사에서 중대 사회의 의미와 특징을 드러내고자 하였다. 이를 위해 지배체제를 크게 권력구조, 통치조직, 정치세력으로 나누어 그것의 변화양상과 성격을 살펴보았다

먼저, 김춘추의 정치성향을 살펴보았다. 김춘추는 중대를 개창하였던 인물로, 김유신 세력과 연합하여 비담·염종의 모반을 제압한 후 진덕왕 때부터 실질적으로 정치적 실권을 장악하였고, 이후 진골로서 처음으로 왕위에 오른 인물이었다. 이러한 과정에 대해서는 많은 연구자들이 동의하고 있다고 할 수 있다.

비담·염종의 모반을 제압한 이후에 김춘추가 실질적으로 정치적 실권을 장악하였으며, 그에 의해 이루어진 다양한 정책과 제도정비는 기존의 견해에 동의하는 내용이 많다. 그러나 필자는 진덕왕 즉위 이전 김춘추에 대한 이해는 기존 견해와 약간의 차이가 있다.

먼저, 김춘추의 본격적인 정치적 활동시기가 대야성 전투에서 그의 딸 사망과 고구려 청병외교라는 시점에 주의하여, 선덕왕 11년(642)을 기준으로 김춘추의 정치성향은 달리 볼 여지가 있었음을 논하였다. 김춘추는 신라의 전략적 요지인 대야성의 상실과 함께 딸의 죽음을 계기로 신라정치에 능동적으로 참여하기 시작하였으며, 비담·염종의 모반을 진압한 김유신 세력과의 정치적 결합을 통해 진덕왕대부터 신라왕실의 든든한 정

치적 실세로 활동을 하였던 것이다. 이러한 김춘추의 모습은 적국인 고구려로의 청병외교를 통해 다시 한번 확인할 수 있었다

이러한 김춘추세력의 진덕왕대의 정치적 활동은 집사부의 성립이라는 정치기구 말고도, 이른바 漢化政策(1차)을 통해 권력을 집중하고, 상징화하는 조치들을 통해서도 그 목적을 알 수 있었다. 비담·염종의 모반을 제압한 후, 대백제전쟁을 위한 당의 청병에 성공하여 정치적 입장이 강화된 김춘추세력은 바로 당의 다양한 제도를 도입하였다. 당식 복식 도입, 신라 고유연호의 폐지 및 진골귀족을 대상으로 한 牙笏制의 실시, 賀正之禮의 도입 등이 그것이다.

이러한 한화정책은 형식적이고 의례적인 제도이자 정책이었다. 이것은 당시의 女主不能論에 대응하는 김춘추세력의 제도적 강화책이라 할 수 있는데, 이러한 의례와 제도의 도입을 통해 당의 군사적 지원이라는 실질적 효과와 함께, 성골인 여왕의 권위세우기라는 명분하에 국왕을 진골(백관)과 분리하고자 하는 것이었다. 성골 출신의 여왕이었기 때문이 아니라 국왕이라는 지위로 진골(백관)을 서열화함으로써, 정치적으로는 진골 출신의 왕위계승을 정당화하기 위한 사전 정지작업으로 이해할 수 있었다.

이러한 권력의 집중화는 중대인 태종무열왕과 문무왕대에도 이어졌다. 그러나 이때에는 진덕왕대와는 달리 백제·고구려와의 전쟁이라는 외부적 요인에 주의하였다. 이러한 필자의 시각은 전투지휘자의 전쟁에서의 승리는 정치적 권위의 상승을 가져온다는 사실에 입각한 것으로, 이 시기가 676년 당과의 전쟁를 승리로 이끌기까지 약 20년간의 치열한 전쟁시기였음을 감안한 것이었다.

이러한 면을 확인하기 위해 먼저 대외적으로 태종무열왕과 문무왕의 전쟁수행 과정을 살펴보았다. 중고기 때인 진평왕과는 달리 태종무열왕은 摠管으로, 문무왕은 총관의 지휘체계에서 벗어나 전쟁 통솔자의 위치

에서 전쟁을 수행하였음을 확인하였다. 이러한 지휘체계의 변화가 권력의 집중화를 이끌어냄은 태종무열왕과 문무왕의 전쟁 수행과정에서의 국왕의 모습을 통해서 다시 한번 확인할 수 있었다.

그리고 중대의 첫 번째 국왕인 태종무열왕은 군사적 협력을 구하기 위해 당시의 정치세력들인 진골귀족과의 마찰을 피하고, 타협과 절제된 왕권행사의 모습을 보여주었다. 반면 문무왕 때에는 진골귀족에 대해 강력한 정치행위를 보여줬다. 眞珠의 처형은 그 단적인 예였다. 이러한 문무왕의 모습은 백제전의 승리에서 기인한 점이 많다고 추정된다. 즉 치열한 전쟁에서의 승리는 문무왕에게 태종무열왕과는 달리 강력한 왕권을 행사할 수 있는 정치적 여건을 조성하였던 것이다.

이상의 내용은 주로 진골귀족과 왕권과의 권력관계 측면에서, 진골 신분의 국왕이 진골(백관)세력을 정치적으로 제압하고, 권력의 집중화를 강화하여 권력구조에 일정한 변화를 초래하였음을 보여주기 위한 것이었다.

이러한 전쟁의 승리 후, 안정기라 할 수 있는 신문왕대부터 본격적인 국가체제의 정비가 이루어졌다. 그러나 신문왕 원년(681)에 국왕의 장인이 모반을 일으키는 사건이 발생하였다. 이 모반에 대해 기존 연구자들은 친왕세력과 반왕세력간의 대결로 보는 것이 일반적이었다. 물론 이것이 정치세력간의 다툼이라는 것은 분명하다.

이 글에서는 일련의 권력 집중화 과정에서 발생한 사건으로 보았다. 즉 정치세력간의 대결이라는 관점이 아닌, 권력의 집중화와 강화를 위해 진골귀족들을 대상으로 관료화 과정이 진행되었으며, 그러한 과정에서 소외되고 열세인 기성 진골귀족들이 김흠돌을 주축으로 정치적 모반을 감행한 것이었다.

특히 김흠돌 모반에 관여되어 自盡刑을 당한 金軍官을 진골귀족의 관료화 과정을 보여주는 인물로 파악하였다. 일반적으로 김흠돌과 군관은 같은 정치적 성격을 가졌으며, 그러한 결과 직접적으로 참여하지 않은 군관도 정치적 목적으로 인해 처형당하였다고 바라보았다.

그러나 김흠돌과 김군관을 처형하는 과정에서 내린 교서의 내용을 검토해 보면, 김군관은 김흠돌과는 달리 진골귀족이지만, 어느 정도 관료화 과정을 겪고 있는 인물이었다. 이것은 骨品制 내의 권력구조라는 면에서, 이전까지 정치적으로 국왕권과 동등하였던 진골귀족세력들이 국왕권 아래에 점차 관료화, 서열화되고 있었던 모습을 확인할 수 있는 하나의 예였다.

이러한 중대 진골귀족의 관료화와 함께 문무관료전의 설치와 녹읍의 폐지라는 관료보수의 변화는 짝하여 이해하여야 할 요소였다. 문무관료전과 녹읍은 비록 사료는 소략하지만, 경제적·정치적 의미가 강하기 때문에 많은 연구자들에 의해 논의가 이루어졌으며, 그에 따라 그 실체를 이해하는 데에 많은 성과를 얻었다. 그런 면에서 이 글의 논의도 이미 일정한 한계를 가지고 있다고 할 수 있다.

그럼에도 불구하고 문무관료전과 녹읍 폐지를 주요 논의대상으로 삼은 것은 토지제도·경제제도로서 이해하는 시각보다는 중대 이후 정비된 관료보수라는 면으로 이해를 하고 접근을 하면 그 성격이 좀더 드러날 수 있다는 판단에서이다.

문무관료전은 賜田으로 보는 시각도 있지만, 일반적으로 관료들의 보수로서 준 官僚田으로 파악하였다. 이러한 견해에 동의하며, 이를 위해 신문왕 7년(687) 5월의 문무관료전 설치 이전까지의 신문왕대 정치현황과 제도의 정비과정을 살펴보았다. 이를 통해 신문왕이 즉위한 후 지속적으로 추진한 제도정비가 어느 정도 이루어진 후, 이전까지 존재하지 않았던 관료보수인 田의 지급을 처음으로 도입하였던 것으로 이해하였다.

즉 문무관료전의 설치는 신문왕의 국정운영 과정에서 증가하는 관료에 대한 경제적 대우라는 현실적 필요성으로, 확대된 영역을 이용하여 분급한 새로운 보수형식이자 정책이라 할 수 있다.

녹읍의 폐지도 역시 그와 같은 면에서 이해할 수 있는데, 관료보수라는 현실적인 이유 이외에 정치적으로도 더 이상 허용을 할 수 없는 보수형식이었다. 녹읍의 수취내용은 연구자들 사이의 뜨거운 논쟁점인데, 租와 力役, 貢賦에 대한 총체적인 지배보다는 수조권만이 있었다고 보는 것이 다수 의견이었다.

녹읍이 식읍과 달리 보수임을 고려하면, 식읍과 같이 전면적 지배를 허용하는 내용은 아닐 것이다. 문제는 녹읍이 6세기부터 실시되었다고 할 때, 녹읍지역에 대한 신라의 영역지배 수준과 녹읍 수취자들의 인식이었다. 즉 중고기의 주군제에서 각 지역에 대한 긴밀한 영역지배가 아직 미약한 상태에서, 녹읍 수취자들이 그것을 식읍과 달리 인식하였는가 하는 것이다.

중고기의 녹읍 수취자들이 관부의 令·卿 취임자인 진골귀족임을 고려하면, 그들의 녹읍 지배방식은 수조권만을 주었던 국가의 의도와는 달리 식읍과 같은 형태를 가질 가능성은 농후하였다. 이러한 녹읍의 경제적·정치적 성격은 국왕권의 강화와 진골귀족의 관료화를 추진하는 중대 왕권의 입장에서는 당연히 허용할 수 없는 관료보수였다.

따라서 녹읍을 폐지하고 現物인 租를 지급하여, 관료전과는 달리 처음부터 지역과의 연계성을 배제하는 형식을 취하였다. 이러한 보수형식은 중앙관부와 지방제도의 완비라는 제도적 기반이 이루어졌기 때문에 가능했을 것이다.

이상 신문왕대 진골귀족의 관료화정책과 그에 조응하는 관료보수의 변화를 살펴보았다. 이를 통해 국왕권의 강화와 함께 진행되었던 진골귀족의 관료화 실례를 확인하였으며, 이러한 관료화를 위해서 녹읍은 중대에 허용할 수 없는 관료보수임을 알 수 있었다. 이것은 관료화가 권력구조의 요소인 정치세력의 변화를 초래하는 動因으로 작용하였음을 보여준다.

중앙관부는 국가운영을 위한 공식조직이라는 면에서 그 성립과정과 성격을 파악하는 것은 그 사회의 정치구조를 이해함에 중요한 요소이다. 때문에 이에 대한 연구성과는 무수히 많다고 할 수 있으며, 특히 사료상에 보이는 주요 관부들의 인물들인 상대등·중시·병부령에 대한 검토는 신라 중대 사회를 이해하는 핵심어라고 할 수 있다.

이에 신문왕대의 관부 정비과정과 그 지향점을 살펴보고자, 먼저 진덕왕대부터 문무왕대까지 이루어진 중앙관부의 정비과정을 간략하게 살펴보았다. 이것은 신문왕대 이전의 관부정비의 방향을 확인함으로써 신문왕대의 특징을 추출하고자 하는 의도였다.

중고기인 진평왕 때부터 활발한 관부 설치와 정비는 이루어졌다. 그러나 진평왕 때까지는 주로 영·경 등 관부의 책임자급만이 임명이 되었고, 실무관직은 아직 활발하게 설치가 되지 않았다.

실무관직의 설치는 진덕왕 5년부터 본격적으로 실시되었다. 이것은 시기적으로 중고기이지만, 김춘추가 이미 실질적인 정치적 실권을 장악한 때이고, 국왕권의 강화를 위한 한화정책이 실시된 이후라는 점에서 주목할 필요가 있다. 즉 김춘추세력은 진덕왕 때에 이르러 이전부터 정비되어 왔던 관부·관직에 주로 大舍級을 집중적으로 설치하여 관부의 체계화·조직화를 시도하였다. 이러한 관부의 체계화에 진골귀족만이 취임할 수 있는 令이 포함됨을 생각하면, 그 정치적 의도는 쉽게 감지할 수 있다.

이러한 관부정비는 문무왕대를 거쳐 신문왕 때에는 중앙관부들이 거의 완비되었다. 특히 位和府와 國學의 정비는 신문왕 때의 가장 특징적인 모습이라 할 수 있다. 이것은 중대 진골귀족의 관료화 과정과 짝을 이루는 관부 정비의 방향인데, 진평왕 이후 100년만에 이루어진 人事 업무 책임자인 위화부령의 설치는 본격적인 관료화를 위해서는 필수적인 과정이었다. 아울러 인재양성기관인 국학의 강화도 이와 같은 과정을 생각한다면 이해가 가능하다.

또다른 특징은 실무관직인 大舍에 이어 舍知의 설치가 본격적으로 이루어졌다는 것이다. 이로서 신라 관부는 令 - 卿 - 大舍 - 舍知 - 史라는 5등급 관직체계를 갖추게 되었고, 국가운영을 위한 보다 체계적인 관부조직을 구성하였다.

신문왕 5년(685)의 지방제도의 始備는 이미 많은 연구자들의 관심으로 꾸준히 연구가 이루어졌다. 중대의 지방제도인 주군현제에 대해서는 중고기의 주군제에 비해 어느 정도 합의가 이루어졌다고 할 수 있으며, 縣令이나 각 영역단위별 운영방식 등 개별적인 분야에서는 아직도 논의가 진행되고 있다고 할 수 있다.

이 글에서는 이러한 견해들을 바탕으로 기존의 논의들을 검토해보고, 주군현제가 성립된 신문왕대의 지방제도 정비 현황과 그 의미를 자세히 살펴보았다. 이러한 논의는 중앙관부뿐만 아니라 지방제도의 완비가 가지는 정치적 의미를 다시 한번 확인하고자 하는 의도였다.

신문왕대에는 구백제지역에 대한 정비가 본격적으로 이루어졌다. 또한 원신라지역에 대한 조정도 이루어졌다. 이것은 전체 9주의 영역을 염두해두고, 각 지역의 중심지인 주의 위치를 조정하여 좀더 효과적으로 통치하고자 하는 의도였다.

또한 구백제지역에 縣을 설치하는 기록도 보였는데, 이러한 기록이 가지는 의미를 지방관 파견의 본격적인 실시라는 면으로 파악하였다. 즉 현의 설치는 구백제지역에 지방관의 파견을 통한 신라 중앙 차원의 통치행위가 이루어지기 시작했음을 보여주는 사실이었다.

이렇듯 신문왕대는 제도정비라는 면에서 완비의 시기라고 할 수 있다.

이와 같은 사실은 전쟁 종료 후라는 점이 작용을 하였겠지만, 이후 신문왕대에 진행되는 정책변화의 내용을 보면 신문왕 개인의 적극적인 의지가 있었음을 추측할 수 있다.

즉 신문왕 초기에는 주로 중앙관부의 정비가 먼저 이루어졌고, 이어서 지방제도의 정비가 이루어지는 등 일정한 계획 아래에 실시되었으며, 이러한 통치조직의 정비 후 신문왕대 후반기에 이르러 관료전의 지급, 녹읍의 폐지, 천도의 시도라는 정책 변화를 시도하였던 것이었다. 아마도 이러한 정책의 실시를 위해서 제도의 완비는 현실적으로, 정치적으로 필요한 요소였을 것이다.

이상의 내용은 통치조직의 완비라는 점을 집중적으로 서술하였는데, 이것은 신문왕대의 제도정비는 일정한 계획 아래에 실시되었으며, 차후 신문왕의 정책 실행을 위한 기반으로 작용하였음을 보여주기 위한 것이었다.

7세기에 진행되었던 국왕으로의 권력 집중화, 진골귀족의 관료화, 통치조직의 완비라는 정치적 과정은 국가지배체제 면에서 이전 중고기와는 달리 중대 사회가 한층 더 성숙되었음을 확인할 수 있는 요소들이었다. 비록 천도는 실패하였지만, 중대 왕권의 안정적인 국정운영은 경덕왕 때까지 이어졌다고 할 수 있다.

그러나 경덕왕 16년(757) 3월에 녹읍은 다시 부활하였다. 이에 대해 기존 연구자들은 왕권과 진골귀족과의 대립에서 진골귀족의 승리, 이어 실시된 지역명과 관직명의 개칭인 한화정책은 왕권의 승리로 이해하는 시각들이 있었다.

이미 녹읍의 부활을 재정적인 면과 관련하여 이해한 연구성과가 있었지만, 이 글에서는 8세기 이후 신라 중대 사회에서 자연재해가 빈번하게 발생하고 있었음에 주목하였다. 이러한 자연재해는 결과적으로 국가의 재정문제를 야기할 소지가 컸다. 이를 위해 먼저, 이에 대처하는 신라 국왕들의 구휼정책을 9세기 중반까지 개략적으로 살펴보았다.

이러한 검토를 통해보면 자연재해는 8세기 이후 지속적으로 발생하였으며, 이에 대해 신라 중앙은 지속적인 구휼정책을 펼쳤다. 그렇지만 경덕왕대 이후를 보면 재정지출에 따른 국가 재정난을 극복하기 위한 장기적이고, 근본적인 정책의 실시는 확인할 수 없었다. 그런 면에서 성덕왕대의 丁田 지급과 종자의 지급, 경덕왕대의 새로운 영역에 군현의 설치는 재정난을 극복하기 위한 정책적 노력이었다.

이러한 시각에서 녹읍은 민의 생활고를 안정화하기 위한 국가재정의 확보 및 관료들의 안정적 보수지급을 통한 원활한 국가운영을 위해 실시한 국가 재정정책의 변경이었다. 녹읍의 부활은 단기적으로 재정문제를 해결할 수 있는 방법으로, 진골귀족의 요청에 의해 논의가 진행되었을 가능성이 높다. 이에 정치세력간의 분분한 논의가 이루어졌고, 결국 녹읍은 부활되었을 것이다. 이러한 논의과정에서 상대등 김사인은 정치적 책임을 지고 물러났다. 아마도 김사인은 관료보수로서 녹읍의 문제를 간파하고 있은 듯하다.

그런 면에서 정치적으로는 중대 왕권의 지배체제를 약화시키는 빌미를 제공하였지만, 이후 이러한 국가 차원의 정책이 실시되지 않았던 것으로 보아 중대 왕권이 현실적으로 취한 마지막 재정정책이라 할 수 있다. 이후 바로 실시된 한화정책(2차)은 국정쇄신의 의미와 함께 지역을 바탕으로 하는 녹읍의 특성상, 각 지역의 경계를 다시 한번 획정할 필요성에 의해서 나온 결과였다.

중대의 마지막 왕인 혜공왕은 모반에 의해 시해를 당하였으며, 이로써 중대 왕권은 끝이 났다. 특히 빈번한 모반의 발생은 혜공왕 이해의 핵심요소라 할 수 있다. 이에 선행연구를 바탕으로 중대 왕권의 붕괴과정과 그 원인을 혜공왕의 즉위과정과 모반의 내용, 오묘제의 개정 등을 중심으로 간단히 살펴보았다. 이것은 중대에 꾸준히 추진된 정치세력의 관료화와 국가통치조직이 완비가 됐음에도 불구하고 혜공왕대에 이르러 급격히 국왕권이 붕괴되는 현상을 이해하기 위함이었다.

이에 혜공왕의 즉위 이후 攝政과 親政에 따른 정치세력들의 정쟁을 모반 발생의 주요 원인으로 이해하고, 그 내용과 관련인물들의 성격 등을 검토하였다. 특히 섭정 이후에 발생하는 모반 등은 그간 중대 왕권의 국가운영체제의 정비를 통해 꾸준히 추진한 국왕 중심의 중앙집권체제의 방향과는 어긋나는 국정운영 방식에 대한 반발과 지지로 이해를 하였다.

이상의 내용은 중대 말기의 재정적 위기에 따라 녹읍이 부활됐으며, 이러한 조치는 재정지출이 증가됨에 따라 국왕인 경덕왕이 현실적으로 효율적이라 판단된 관료보수의 변경을 통한 국가의 재정정책으로 파악하였다. 이것은 권력구조라는 면에서 진골귀족의 경제적·정치적 입지를 강화하는 결과를 가져왔으며, 통치조직이라는 면에서 민의 직접지배라는 영역지배의 난맥을 초래하는 변수로 작용을 하였을 것이다.

신라 중대 왕권이 추구하였던 국왕 중심의 중앙집권체제가 이후에 국가운영의 틀로써 지속적이었는지는 의문이다. 그러나 그러한 신라 중대 사회의 경험이, 비록 하대에 이르러 지배체제의 약화와 나약함으로 그 의미가 많이 쇠잔되었지만, 신라 멸망 이후에도 그 맥락이 이어졌다는 것은 주의를 요하는 사실이다.

물론 이를 위해서는 좀더 세밀하고 진전된 논의가 필요하지만, 특히 신라 중대에 완성되었던 국가통치조직인 지방제도와 중앙관부는, 그 강약과 변동의 차이는 있었지만, 이후에도 그 제도적 틀은 지속적으로 계승되었다고 할 수 있다. 그런 면에서 신라 중대는 중고기의 지배체제와 연속선상에 놓을 수는 없다.

# 후 기

이 책은 2010년 필자의 박사논문 『신라 중대 지배체제 연구』를 정리하여 간행한 것이다. 부족한 부분은 채우고, 몰랐던 내용은 공부하여 좀더 나은 책을 내고자하는 욕심은 말그대로 욕심으로 끝나고 5년의 시간이 그대로 흘러갔다. 부족한 연구 내용과 글솜씨로 출간을 하는 것이 과연 잘 하는 것인지 지금도 망설여지고 부끄럽지만, 한 단계 성장하는 계기로 삼고자, 더 넓은 연구분야를 공부할 수 있는 기회를 갖고자 과감히 출판을 결심했다.

필자가 역사를 전공하고자 결심한 때는 고등학교 2학년 여름방학 때이다. 늦게 찾아온 '인생의 사춘기'로 많은 생각과 고민 끝에 얻은 결론은 '역사 공부'였다. 그러나 입시에서 중요한 고등학교 한 학기를 허송세월한 필자는 결국 학부에서 역사를 전공하지 못하고 대학원 때부터 본격적인 공부를 시작하였다. 그중 관심은 한국고대사, 특히 발해의 멸망에 깊은 관심을 가지고 공부를 시작하였다. 그 이유는 정확히 생각나지는 않지만 아마도 한반도 밖에 존재하였던, 그렇지만 지금은 한국사의 일부분인 한 국가에 대한 치기 어린 향수가 작용한 것이 아닌가 한다.

이후 공부를 시작하면서 우연히 접한 신라촌락문서는 나에게 매력적인 자료였다. 1,200여년 전 신라 국가가 작성한 4개 촌에 대한 정밀한 보고서는 비록 이름은 알 수 없지만 당시에 살았던 다양한 연령층의 사람들을 만나볼 수 있었고, 삼국통일 이후 신라가 어떻게 국가를 운영하고자 하였는지를 선명하게 보여줬다. 당시 아직까지 역사를 잘 모르는 필자에게는 생생한 역사였다. 그 결과물이 1997년 석사논문인 「신라촌락문서에 보이는 내시령과 마·우의 성격」이다. 지금은 한없이 부끄러운 논지이지만 당시 밤을 새며 준비했던 기억이 떠오른다.

이렇게 시작된 역사공부는 그리 순탄하지는 않았다. 역사공부에 대한 회의, 현실생활에 대한 압박 등으로 몇 년 동안 필자는 공부를 포기하였다. 가까스로 여러 선배들의 격려로 다시 공부를 시작하였다. 이후 박사과정에서는 한국 고대사에서의 공동체 개념과 국가가 일반민들을 어떠한 '시스템'으로 어떻게 지배하는지에 대해 관심을 가지고 공부를 하였다. 그러한 관심은 지배체제, 관료제, 지방제도, 중앙관부로 집중되었고, 그 결과물이 2010년 박사논문 『신라 중대 지배체제 연구』이다.

이렇게 역사공부가 인생의 '업'이 되었지만 지금도 필자는 역사공부에 대해 가끔은 회의를 갖는다. 그것은 미련한 사람이 다른 고대사 연구자들에게 '연구성과'를 주기는커녕 누만 끼치는 것이 아닌가 하는 회의 때문이다. 서울시라는 행정기관에 있었기 때문에 그동안 제대로 공부를 못하였다는 핑계보다는 게을렀다는 표현이 더 적절하다. 이번 책이 필자에게 그 동안의 공부를 뒤돌아보게 하는 계기가 될 것을 믿어 의심치 않는다.

20여년 전 익숙하지 않은 학교에서 대학원 생활을 시작할 때 여러모로 많은 도움을 주신 고려대의 여러 선생님과 선배들이 생각난다. 그 분들이 아니었으면 어쩌면 역사공부를 시작도 못했을지도 모른다. 처음 공부를 시작할 때 아직 공부가 모자란 필자를 다독이며 격려와 채찍을 해주신 두 분의 지도교수님께는 지금도 감사한 마음뿐이다.

20대에 만나 치열하게 고민하고, 어쩔 때는 얼굴을 붉히며 논쟁을 하기도 하였던 고려대의 존경하는 여러 선배 연구자들은 필자가 한국사를 공부하는 든든한 밑천이다. 단지 그분들의 기대만큼 많은 공부를 하지 못한 미안함만이 남아 있다. 필자에게는 선학이자 연구자가 아닌 지금도 가끔씩 만나 회포를 풀며, 연을 이어가고 있는 인생의 선배들이다. 아울러 고려대의 여러 후배들은 필자를 항상 긴장시키는 연구자들이다. 가끔씩은 후배 연구자들을 보면서, 연구성과를 접하면서 마음을 다시 잡는 못난 선배가 되기도 한다. 자주 만나지는 못하지만 항상 열심히 공부하는 후배들이 자랑스럽다.

필자에게 암사동선사주거지는 첫 번째 직장이자 소박하고 착한 분들이 많았던 곳으로 기억된다. 2002년, 암사동선사주거지 직원 분들은, 아직은 젊고 젊은 필자를 연구자로 대해주었고, 익숙하지 않은 공무원 생활을 따뜻한 시선으로 대해주었다. 4년밖에 안 되는 짧은 기간이었지만 나의 인생에서 어느 때보다도 따뜻한 시절로 기억한다. 이 책의 시작은 암사동선사주거지에서의 생활에서부터 시작되었다 해도 과언이 아니다. 다시한번 같이 생활했던 강동구 직원 분들께 감사의 말씀을 드린다.

'서울시사편찬위원회'가 더 익숙하지만 2015년부터 기관명이 바뀐 서울역사편찬원은 필자가 근무하는 곳으로 이미 11년이나 되었다. 서울시라는 행정기관에 근무하면서 '연구자'로 살아가는 것은 그리 만만하지 않다. '연구'와 '행정'을 겸비해야 하는, 이른바 '能文能吏'는 다른 사람들보다 10배의 노력이 더 필요하다. 필자가 서울역사편찬원에서 근무하면서 박사논문을 쓸 수 있었던 것은 오로지 좋은 선배, 동료 연구자들을 만나서이다. 같이 생활했던 선생님들, 지금 같이 생활하고 있는 여러 선생님들께 많은 도움을 주셔서 감사하다는 마음을 전한다.

하나밖에 없는 아들이 이 세상에서 가장 잘난 사람이라 생각하는 어머니께는 고마움과 미안함이 항상 공존한다. 팔순이 넘으셨지만 건강하게, 그리고 유쾌하게 사시기를 바랄 뿐이다. 그리고 나의 어린 시절은 물론 지금까지도 항상 우애 있고, 밝게 사는 누나들과 여동생에게 감사의 말을 전한다.

무탈하게, 성실하게, 그리고 바르게 자라고 있는 두 아들은 내 인생의 선물이다. 공부 핑계로 어린 시절 많이 못 놀아 준 기억으로 가끔은 미안한 마음도 들지만, '훌륭한 사람'이 아닌 필시 '좋은 사람'으로 인생을 살아갈 것을 믿어 의심치 않는다.

공부만 하던 백수 시절, 나의 반려자가 된 윤현선 씨에게는 有口無言이다. 아무 것도 없는 사람에게, 아무런 조건 없이 나의 반려자가 된 윤현선 씨에게, 그래도 입이 있어 말을 한다면 고맙다는 그것뿐이다. 지금처럼, 그리고 평생 좋은 사람으로 반려자의 기억 속에 남아 있기를 바랄 뿐이다.

이미 돌아가신지 9년이 되었지만, 1·4후퇴 때 혈혈단신 월남하셨던 아버지에 대한 미안함은 지금도 여전하다. 살아 생전 아들의 공부살이를 좋아하시던 아버지께 책 1권 드리지 못했던 필자의 무능함이 새삼 다시 떠오른다. 이 책을 아버지께 전한다.

2016년 12월

저자

# 참고문헌

## 사료

『삼국사기』, 『삼국유사』, 『구당서』, 『신당서』, 『당회요』 『자치통감』, 『책부원귀』, 『일본서기』,

## 단행본

강봉룡, 1994, 『신라 지방통치체제연구』, 서울대박사학위논문.
강진철, 1980(1993), 『고려토지제도사연구』, 고대출판부.
권덕영, 1997, 『고대한중외교사』, 일조각.
김기흥, 1991, 『삼국 및 통일신라 세제의 연구』, 역사비평사.
김상현, 1991, 『신라화엄사상사연구』, 민족사.
김상현, 1999, 『신라의 사상과 문화』, 일지사.
김수태, 1996, 『신라중대정치사연구』, 일조각.
김영하, 2002, 『한국고대사회의 군사와 정치』, 고려대 민족문화연구원.
김영하, 2007, 『신라중대사회연구』, 일지사.
김정배 편, 2006, 『한국고대사입문』 3, 신서원.
김철준, 1975(1990), 『한국고대사회연구』, 서울대출판부.
나희라, 2003, 『신라의 국가제사』, 지식산업사.
노태돈, 2009, 『삼국통일전쟁사』, 서울대출판부.
박순교, 1999, 『김춘추의 집권과정 연구』, 경북대대박사학위논문.
박시형, 1960, 『조선토지제도사』(상) 과학원출판사 ; 1994, 신서원 재발간.
박찬흥, 2001, 『신라 중·하대 토지제도 연구』, 고려대박사학위논문.
박해현, 2003, 『신라 중대 정치사 연구』, 국학자료원.
백남운, 1933, 『조선사회경제사』, 개조사, 동경 ; 1994, 이론과실천 재발간.
백남운, 1937, 『조선봉건사회경제사』(상) ; 1993, 이론과 실천 재발간.
서영교, 2000, 『나당전쟁사 연구』, 동국대박사학위논문.

서영교, 2006,『나당전쟁사 연구』, 아세아문화사.
서울역사편찬원, 2015,『서울2천년사』 7.
신형식, 1984,『한국고대사의 신연구』, 일조각.
신형식, 1985,『신라사』, 이대출판부.
신형식, 1990,『통일신라사연구』, 한국학술정보(주).
이경식, 2005,『한국 고대·중세초기 토지제도사』, 서울대출판부.
이기동, 1984,『신라골품제사회와 화랑도』, 일조각.
이기동, 1997,『신라사회사연구』, 일조각.
이기백·이기동, 1982,「한국사강좌』(고대편), 일조각.
이기백, 1974,『신라정치사회사연구』, 일조각.
이기백, 1986,『신라사상사연구』, 일조각.
이기백, 1996,『한국고대정치사회사연구』, 일조각.
이문기, 1997,『신라병제사연구』, 일조각.
이병도·김재원, 1959,『한국사』 고대편, 을유문화사.
이영호, 1995,『신라 중대의 정치와 권력구조』, 경북대박사학위논문.
이영호, 2014,『신라 중대의 정치와 권력구조』, 지식산업사.
이우태, 1991,『신라 중고기의 지방세력연구』, 서울대박사학위논문.
이인재, 1995,『통일신라기 토지제도연구』, 연세대박사학위논문.
이인철, 1993,『신라정치제도사연구』, 일지사.
이인철, 2003,『신라정치경제사연구』, 일지사.
이종욱, 1999,『신라골품제연구』, 일조각.
이희관, 1999,『통일신라토지제도연구』, 일조각.
전덕재, 2006,『한국고대사회경제사』, 태학사.
전봉덕, 1968,「한국법제사연구」, 서울대출판부.
정효운, 1995,『고대한일정치교섭사연구』, 학연문화사.
주보돈, 1998,『신라 지방통치체제의 정비과정과 촌락』, 신서원.
천관우, 1982,『인물로 본 한국고대사』, 정음문화사.
하일식, 2006,『신라 집권관료제 연구』, 혜안.
한국고대사학회, 2007,『한국고대사 연구의 연구의 새 동향』, 서경문화사.
한국고대사회연구소, 2003,『강좌 한국고대사 3 -고대국가의 구조와 사회(2)』, 가락국사적개발연구원.

한국정신문화연구원 편, 1995, 『한국사의 시대구분에 관한 연구』.
한준수, 2012, 『신라 중대 율령정치사 연구』, 서경문화사.
末松保和, 1954, 『新羅史の諸問題』, 東洋文庫.
山尾幸久, 1989, 『古代の日韓關係』, 塙書房.
三池賢一, 1974, 『古代の日本と朝鮮』, 學生社.
石母田正 外, 1962, 『古代史講座』 4, 學生社.
井上秀雄, 1974, 『新羅史基礎研究』, 東出版.
村上四男, 1978, 『朝鮮古代史研究』, 開明書院.

## 개별논문

강봉룡, 1992, 「6~7세기 신라 정치체제의 재편과정과 그 한계」, 『신라문화』 9.
강봉룡, 1994, 「신라 통일기의 지배체제」, 『역사와 현실』 14.
강봉룡, 1996, 「통일기 신라의 토지 분급제도의 정비」, 『국사관논총』 69.
강봉룡, 1997, 「신라하대 패강진의 설치와 운영 -주군현체제의 확대와 관련하여-」, 『한국고대사연구』 11.
강봉룡, 1999, 「통일신라 주군현제의 구조」 『백산학보』 52, 백산학회.
강성원, 1983, 「신라시대 반역의 역사적 성격」, 『한국사연구』 43.
강진철, 1969, 「신라의 녹읍에 대하여」, 『이홍식박사회갑기념한국사학논총』.
강진철, 1987, 「신라의 녹읍에 대한 약간의 문제점」, 『佛敎와 諸科學』.
고경석, 1995, 「비담의 난의 성격문제」, 『한국고대사논총』 7.
고경석, 1997, 「신라 관인선발제도의 변화」, 『역사와현실』 23.
김갑동, 1986, 「신라 군현제의 연구동향 및 그 과제」 『호서사학』 14, 호서사학회.
김갑동, 1994, 「신라·고려의 왕조교체와 군현제의 변화」, 『한국고대사연구』 7.
김기섭, 1999, 「통일신라 토지분급제의 전개와 중세의 기점」, 『부대사학』.
김기흥, 1989, 「신라<촌락문서>에 대한 신고찰」, 『한국사연구』 64.
김상현, 1981, 「만파식적 설화의 형성과 의의」, 『한국사연구』 34.
김상현, 1995, 「자장의 정치외교적 역할」, 『불교문화연구』 4.
김선숙, 2004, 「나당전쟁 전후 신라·일본간 외교관계의 추이와 그 배경」, 『일본학』 23.
김수태, 1983, 「통일신라기 전제왕권의 붕괴와 김옹」, 『역사학보』 99·100합집.

김수태, 1991, 「신라 효소왕대 진골귀족의 동향」, 『국사관논총』 24.
김수태, 1992, 「신라 신문왕대 전제왕권의 확립과 김흠돌난」, 『신라문화』 9.
김영미, 1985, 「통일신라시대 아미타신앙의 역사적 성격」, 『한국사연구』 50·51합집.
김영미, 1988, 「성덕왕대 전제왕권에 대한 일고찰 - 감산사 미륵상·아미타불명문과 관련하여」, 『이대사원』 22·23합집.
김영심, 2009, 「6~7세기 삼국의 관료제 운영과 신분제 -의관제에 대한 검토를 기반으로-」, 『한국고대사연구』 54.
김영하, 1988, 「신라 중고기의 정치과정시론」, 『태동고전연구』 4.
김영하, 1988, 「신라의 삼국통일을 보는 시각」, 『한국고대사론』, 한길사.
김영하, 1991, 「신라의 발전단계와 전쟁」, 『한국고대사연구』 4.
김영하, 1999, 「신라의 백제통합전쟁과 체제변화」, 『한국고대사연구』 16.
김영하, 2004, 「신라 중대왕권의 기반과 지향」, 『한국사학보』 16.
김영하, 2005, 「신라 중대의 유학수용과 지배윤리」, 『한국고대사연구』 40.
김영하, 2007, 「신라 중대의 전제왕권론과 지배체제」, 『한국 고대사 연구의 새 동향』, 서경문화사.
김재홍, 2003, 「신라 통일기 전제왕권의 강화와 촌락지배」, 『신라문화』 22, 동국대 신라문화연구소.
김창석, 「신라 縣制의 성립과 기능」, 『한국고대사연구』 48, 2007.
김철준, 1962, 「신라 귀족세력의 기반」, 『인문과학』 7, 연세대.
김철준, 1964, 「한국고대국가발달사」, 『한국문화사대계』 I.
김현구, 1983, 「日唐關係의 성립과 羅日同盟 -『일본서기』 '김춘추의 渡日' 기사를 중심으로-」, 『김준엽교수화갑기념중국학논총』.
김희만, 1992, 「신라 신문왕대의 정치상황과 병제」, 『신라문화』 9.
김희만, 2003, 「신라의 왕권과 관직제」, 『신라문화』 22
나희라, 1997, 「신라의 종묘제 수용과 그 내용」, 『한국사연구』 98.
남동신, 1992, 「자장의 불교사상과 불교치국책」, 『한국사연구』 76.
남재우, 1992, 「신라상고기의 '국인'층」, 『한국상고사학보』 10.
노중국, 1990, 「국사학 연구의 현황과 과제 -통일신라의 지방통치조직의 편제를 중심으로-」 『한국학논집』 17, 계명대 한국학연구원.
노태돈, 1978, 「통일기 귀족의 경제기반」, 『한국사』3.
노태돈, 1989, 「연개소문과 김춘추」, 『한국사시민강좌』 5, 일조각.

노태돈, 2002, 「연개소문」, 『한국사시민강좌』 31, 일조각.
문경현, 1981, 「신라왕경고」, 『신라문화제학술발표회논문집』 16(신라왕경연구).
림건상, 1978, 「신라의 《정전제》에 대하여(1)」, 『력사과학』 1978 제1호.
박남수, 1987, 「통일주도세력의 형성과 정치개혁」, 『통일기의 신라사회 연구』, 동국대 신라문화연구소.
박남수, 2003, 「신라 화백회의에 관한 재검토」, 『신라문화』 21.
박명호, 1999, 「신라촌락문서에 보이는 내시령의 성격」 『사학연구』 58·59, 한국사학회.
박명호, 2006, 「신라의 지방통치와 촌」, 『한국고대사입문』 3, 신서원.
박명호, 2008, 「신문왕의 교서를 통해 본 김군관의 정치적 성격」, 『한국사학보』 31.
박명호, 2015, 「통일신라의 체제정비와 9주」, 『서울2천년사』 7, 서울역사편찬원.
박명호, 2016, 「신라 진덕왕대 대사 설치와 그 정치적 의미」, 『한국사학보』 64.
박순교, 1998, 「선덕왕대 정치운영과 비담의 난(Ⅰ)」, 『청계사학』 14.
박용국, 1996, 「신라 중대 지배세력의 형성과정과 그 성격」, 『경상사학』 12.
박찬홍, 1999, 「신라 녹읍의 수취에 대하여」, 『한국사학보』 6.
박해현, 1988, 「신라 진평왕대 정치세력의 추이 -왕권강화와 관련하여-」, 『전남사학』 2.
박해현, 1993, 「신라 효성왕대 정치세력의 추이 -효성왕의 즉위과정을 중심으로」, 『역사학연구』 12.
박해현, 1996, 「신라 중대의 성립과 신문왕의 왕권강화」, 『호남문화연구』 24.
박해현, 1997, 「혜공왕대 귀족세력과 중대 왕권」, 『전남사학』 11.
배종도, 1989, 「신라하대의 지방제도 개편에 대한 고찰」, 『학림』 11, 연세대 사학연구회
배종도, 1995, 「전제왕권과 진골귀족」, 『한국역사입문』 2.
변태섭, 1964, 「묘제의 변천을 통해 본 신라사회의 발전과정」, 『역사교육』 9.
서영교, 2004, 「신문왕의 혼례의 - 『고려사』 예지와 비교를 통하여-」, 『백산학보』 70.
서영수, 1987, 「신라 통일외교의 전개와 성격」, 『통일기의 신라사회 연구』, 동국대 신라문화연구소.
신종원, 1987, 「신라오대산사적과 성덕왕의 즉위배경」, 『최영희기념사학논총』, 탐구당.
신형식, 1974, 「신라 병부령고」, 『역사학보』 61.

신형식, 1974, 「신라군주고」, 『백산학보』 19.
신형식, 1977, 「무열왕권의 성립과 활동」, 『한국사논총』 2.
신형식, 1977, 「신라사의 시대구분」, 『한국사연구』 18.
신형식, 1983, 「삼국시대 전쟁의 정치적 의미」, 『한국사연구』 43.
신형식, 1990, 「신라 중대 전제왕권의 전개과정」, 『산운사학』 4, 산운학술문화재단.
신형식, 1990, 「신라 중대 전제왕권의 특질」, 『국사관논총』 20.
안병우, 1992, 「6~7세기의 토지제도」, 『한국고대사논총』 4.
양기석, 1981, 「삼국시대 인질의 성격에 대하여」, 『사학지』 15.
양기석, 1993, 「신라 오소경의 설치와 서원경」, 『호서문화연구』 11.
양정석, 1999, 「신라 공식령의 왕명문서양식 고찰」, 『한국고대사연구』 15.
여호규, 2002, 「한국고대의 지방도시 -신라 5소경을 중심으로」, 『강좌 한국고대사』 7, 가락국사적개발연구원.
윤선태, 1998, 「신라의 역녹과 직전」, 『한국고대사연구』 13.
윤선태, 2000, 「신라의 사원성전과 금하신」, 『한국사연구』 108.
이강래, 1987, 「백제 '비사벌'고」, 『최영희선생화갑기념한국사학논총』.
이경식, 1988, 「고대·중세의 식읍제의 구조와 전개」, 『손보기박사정년기념한국사학논총』.
이경식, 1999, 「신라시기 녹읍제의 시행과 그 추이」, 『역사교육』 72.
이기동, 1972, 「신라 내물왕계의 혈연의식」, 『역사학보』 53·54합집.
이기동, 1976, 「신라하대의 패강진-고려왕조의 성립과 관련하여-」 『한국학보』 4, 일지사.
이기동, 1980, 「신라 중대의 관료제와 골품제」, 『진단학보』 50.
이기동, 1991, 「신라 흥덕왕대의 정치와 사회」, 『국사관논총』 21.
이기백, 1958, 「신라 혜공왕대의 정치적 변혁」, 『사회과학』 2.
이기백, 1962, 「대등고」, 『역사학보』 17·18합집.
이기백, 1962, 「상대등고」, 『역사학보』 19.
이기백, 1962, 「경덕왕과 단속가·원가」, 『한국사상』 5.
이기백, 1964, 「신라 품주고」, 『이상백박사회갑기념논총』.
이기백, 1964, 「신라 집사부의 성립」, 『진단학보』 25·26·27합집.
이기백, 1973, 「유교 수용의 초기형태」, 『한국민족사상사대계』 2.
이기백, 1978, 「한국정치사의 전개」, 『한국사학의 방향』, 일조각.

이기백, 1993, 「신라 전제정치의 성립」, 『한국사 전환기의 문제들』, 한국사연구회 편, 지식산업사.
이기백, 1993, 「통일신라시대의 전제정치」, 『한국사상의 정치형태』(이종욱 외), 일조각.
이기백, 1995, 「신라 전제정치의 붕괴과정」, 『학술원논문집 -인문·사회과학편」 34.
이명식, 1985, 「신라시대의 지방통치체제」, 『신라문화』 2.
이명식, 1985, 「신라 문무왕의 민족통일 위업」, 『대구사학』 25.
이명식, 1989, 「신라 중대왕권의 전제화과정」, 『대구사학』 38.
이문기, 1983, 「신라 중고의 국왕근시집단」, 『역사교육논집』 5.
이문기, 1984, 「신라시대의 겸직제」, 『대구사학』 26.
이문기, 1986, 「신라 시위부의 성립과 성격」, 『역사교육논집』 9.
이문기, 1990, 「통일신라의 지방관제 연구」, 『국사관논총』 20.
이문기, 1999, 「신라 혜공왕대 오묘제 개혁의 정치적 의미」. 『백산학보』 52.
이순근, 2004, 「녹읍 수취의 내용에 대하여」, 『역사와 현실』 52.
이영호, 1983, 「신라중대 왕실사원의 구조와 기능」, 『한국사연구』 43.
이영호, 1990, 「신라 혜공왕대 정변의 새로운 해석」, 『역사교육논집』 13·14합집.
이영호, 1992, 「신라 귀족회의와 상대등」, 『한국고대사연구』 6.
이영호, 1999, 「통일신라 정치사 연구의 현황과 방향」, 『백산학보』 52.
이영호, 2003, 「신라의 왕권과 귀족사회 -중대 국왕의 혼인문제를 중심으로-」, 『신라문화』 22.
이영호, 2004, 「신라의 천도 문제」, 『한국고대사연구』 36.
이우태, 1981, 「신라의 촌과 촌주 -삼국시대를 중심으로-」, 『한국사론』 7, 서울대 국사학과.
이우태, 1992, 「신라 삼국통일의 일요인 -대지방민 정책을 중심으로-」, 「한국고대사연구』 5.
이우태, 1994, 「토지소유관계와 신분편제」, 『한국사』 4, 한길사.
이인철, 1989, 「신라 중고기의 지방통치체계」, 『한국학보』 56.
이인철, 1991, 「신라의 군신회의와 재상제도」, 『한국학보』 65.
이인철, 1994, 「신라 중대의 정치형태」, 『한국학보』 77, 일지사.
이정숙, 1986, 「신라 진평왕대의 정치적 성격 -소위 전제왕권의 성립과 관련하여」, 『한국사연구』 52.

이정숙, 1999, 「진평왕 말기의 정국과 선덕왕의 즉위」, 『백산학보』 52.
이정숙, 2005, 「중고기 신라의 중앙정치체제와 권력구조」, 『신라문화』 25.
이종욱, 1974, 「남산신성비를 통하여 본 신라의 지방통치체제」, 『역사학보』 64.
이종욱, 1980, 「신라 중고시대의 성골」, 『진단학보』 50.
이종욱, 1980, 「신라장적을 통하여 본 통일신라의 촌락지배체제」, 『역사학보』 86.
이종항, 1972, 「화백 -그 기원과 구성과 권한을 중심으로-」, 『국민대논문집』 3.
이호영, 1974, 「신라 중대왕실과 봉덕사」, 『사학지』 8.
이호영, 1975, 「성덕대왕신종명의 해석에 관한 몇가지 문제」, 『고고미술』 125.
이호영, 1981, 「신라 삼국통일에 대한 재검토」, 『사학지』 15.
이희관, 1990, 「신라의 녹읍」, 『한국상고사학보』 3.
이희관, 1992, 「통일신라시대 관료전의 지급과 경영」, 『신라문화제학술발표논문집』 13.
이희관, 1995, 「통일신라 토지제도의 성립」, 『한국학보』 81.
이희관, 1998, 「신라 중대의 국학과 국학생」, 『신라문화제학술발표회논문집』(신라의 인재양성과 선발) 19.
임경빈, 1993, 「신라 진덕여왕대의 정치개혁; 무열왕의 즉위와 관련하여」, 『북악사론』 3, 국민대 국사학과.
임기환, 2003, 「보덕국고」, 『강좌 한국고대사 -고대사 연구의 변경』 10, 가락국사적개발연구원.
임병태, 1967, 「신라소경고」, 『역사학보』 35·36합집.
전덕재, 1992, 「신라 녹읍제의 성격과 그 변동에 관한 연구」, 『역사연구』 1.
전덕재, 1997, 「신라 중대 대일외교의 추이와 진골귀족의 동향 -성덕왕~혜공왕대를 중심으로」, 『한국사론』 37.
전덕재, 2000, 「신라시대 녹읍의 성격」, 『한국고대사논총』 10.
전덕재, 2009, 「이기백의 사학과 한국고대사연구」, 『한국고대사연구』 53.
전봉덕, 1956, 「신라 최고관직 상대등론」, 『법조협회잡지』 5-1·2·3.
전영래, 1975, 「완산과 비사벌론」, 『마한·백제문화연구』 창간호.
정선용, 2008, 「수·당 초기 중국적 세계질서의 변화과정과 삼국의 대응」, 『신라사학보』 12.
정용숙, 1994, 「신라 선덕왕대의 정국동향과 비담의 난」, 『이기백선생고희기념한국사학논총』(상).

정운용, 2006,「신라 중대의 정치」,『한국고대사입문』 3.
정중환, 1977,「비담·염종난의 원인고」,『동아논총』 14.
정효운, 1990,「7세기대의 한일관계의 연구 -백강구전에의 왜군파견 동기를 중심으로-」(상),『고고역사학지』 4·5.
조법종, 1999,「신라 문무왕 사회정책의 성격검토」,『신라문화』 16, 동국대 신라문화연구소.
주보돈, 1979,「신라 중고의 지방통치조직에 대하여」,『한국사연구』 23.
주보돈, 1987,「신라 중고기 6정에 대한 몇 가지 문제」,『신라문화』 3·4.
주보돈, 1989,「통일기 신라 지방통치체제의 정비와 촌락구조의 변화」,『대구사학』 37.
주보돈, 1993,「김춘추의 외교활동과 신라 내정」,『한국학논집」 20, 계명대 한국학연구소.
주보돈, 1994,「비담의 난과 선덕왕대 정치운영」,『이기백선생고희기념한국사학논총』(상).
주보돈, 1994,「남북국시대의 지배체제와 정치」,『한국사』 3, 한길사.
주보돈, 1997,「6세기 신라 지방통치체제의 정비과정」,『한국고대사연구』 11.
조이옥, 1993,「통일신라 경덕왕대 전제왕권과 녹읍에 대한 재해석」,『동양고전연구』 1.
천관우, 1979,「마한제국의 위치 시론」,『동양학』 9.
채미하, 2000,「신라 혜공왕대 오묘제의 개정」,『한국사연구』 108.
채미하, 2004,「신라의 오묘제 시정과 신문왕권」,『백산학보』 70.
채상식, 1984,「신라통일기의 성전사원의 구조와 기능」,『부산사학』 8.
최의광, 2005,「『삼국사기』『삼국유사』에 보이는 신라의 '국인' 기사 검토」,『신라문화』 25.
최현화, 2004,「7세기 중엽 나당관계에 관한 고찰」,『사학연구』 73.
최홍조, 1999,「신문왕대 김흠돌 난의 재검토」,『대구사학』 58.
하일식, 1996,「신라 정치체제의 운영원리」,『역사와 현실』 20.
하일식, 2001,「삼국통일후 신라 지배체제의 추이」,『한국고대사연구』 23.
하일식, 2003,「통일신라기의 나당 교류와 당 관제의 수용」,『강좌 한국고대사』 4, 가락국사적개발연구원.
한우근, 1960,「고대국가 성립과정에 있어서의 대복속민시책(상·하)」,『역사학보』

12·13.
한준수, 1998, 「신라 경덕왕대 군현제의 개편」, 『북악사론』 5, 국민대 북악사학회.
한준수, 2005, 「신라 신문왕대 10정의 설치와 체제정비」, 『한국고대사연구』 38.
한국역사연구회, 1994, 「종합토론문 : 신라통일기의 사회성격」, 『역사와 현실』 14.
吉田孝, 1972, 「公地公民について」, 『坂本太郎古稀記念 續日本古代史論集』 中卷.
藤田亮策, 1953, 「新羅九州五京巧」, 『朝鮮學報』 5, 朝鮮學會.
末松保和, 1954, 「新羅三代考」, 『新羅史の諸問題』, 東洋文庫.
末松保和, 1962, 「朝鮮古代國家の軍事組織」, 『古代史講座』 5, 學生社.
末松保和, 1975, 「新羅の郡縣制, 特にその完成期の二三の問題」 『學習院大學文學部研究年譜』 21.
木村誠, 1976, 「新羅郡縣制の確立過程と村主制」 『朝鮮史研究會論文集』 13, 朝鮮史研究會.
木村誠, 1976, 「新羅の祿邑制と村落構造」, 『歷史學研究』 428 別册 『世界史の新局面と歷史像の再檢討』.
木村誠, 1982, 「統一新羅の官僚制」, 『日本古代史講座』 6.
武田幸男, 1976, 「新羅の村落支配-正倉院所藏文書の追記をめぐつて-」, 『朝鮮學報』 81.
武田幸男, 1985, 「新羅'毗曇の亂'の一視角」, 『三上次男博士喜壽紀念論文集』, 平凡社.
濱田耕策, 1977, 「新羅の村城設置と郡縣制の施行」, 『朝鮮學報』 84.
濱田耕策, 1981, 「新羅の聖德大王神鍾と中代の王室」, 『呴沫集』 3, 學習院大.
浜中昇, 1983, 「新羅村落文書にみえる計烟について」, 『古代文化』 35.
三池賢一, 1966, 「『日本書紀』 '金春秋の來朝記事'について」, 『駒澤史學』 13.
三池賢一, 1968·1969·1970, 「金春秋小傳」 (1)·(2)·(3), 『駒澤史學』 15·16·17.
三池賢一, 1971, 「新羅內廷官制考」 上, 『朝鮮學報』 61.
三池賢一, 1971, 「新羅內廷官制考」 下, 『朝鮮學報』 62.
鈴木靖民, 1967, 「金順貞·金邕論 -新羅政治史の一考察-」, 『朝鮮學報』 45.
井上秀雄, 1961, 「三國史記地理志の史料批判」, 『朝鮮學報』 21·22, 朝鮮學會.
井上秀雄, 1962, 「新羅政治體制の變遷過程-門閥貴族の集團支配と專制王權」, 『古代史講座』 4(石母田正 外), 學生社.

井上秀雄, 1969,「三國史記にあらわれた新羅の中央行政官制について」,『朝鮮學報』51.

鮎貝房之, 1931,「全北全州及慶南昌寧の古名に就きて」,『青丘學叢』4.

村上四男, 1953,「新羅の村主について」『東洋史學論集』1, 東京教育大文理學部.

村上四男, 1976,「新羅における縣の成立について」,『和歌山大學教育學部紀要』.

# 찾아보기

## ㅅ



## ㅇ

ㅈ



ㅊ



ㅌ



ㅍ

ㅎ

**박명호**朴明浩

1968년 서울에서 태어났다. 성균관대학교 한문학과를 졸업하고 고려대학교 사학과 대학원에서 석사박사과정을 마쳤다. 2010년 『신라 중대 지배체제 연구』로 박사학위를 받았다. 고려대학교 강사, 고려대학교 아세아문제연구소 연구원, 암사동 선사주거지 학예연구사를 거쳐 지금은 서울역사편찬원 전임연구원으로 재직 중이다. 한국 고대국가의 지배체제에 대해 지속적인 관심을 가지고 관료제, 중앙관부, 지방제도, 대민지배 등에 역점을 두고 연구를 진행하고 있다.

7세기 신라 정치사의 이해

2016년 12월 7일 초판 인쇄
2016년 12월 15일 초판 발행

저　　자 : 박 명 호
발 행 인 : 한 정 희
발 행 처 : 경인문화사
파주시 회동길 445-1 경인빌딩 B동 4층
전화 : 031-955-9300, 팩스 : 031-955-9310
이메일 : kyunginp@chol.com
홈페이지 : http://kyungin.mkstudy.com
출판번호 : 406-1973-000003호

ISBN : 978-89-499-4235-3 93910